Paul Bartsch

LiveRillen No. 5

Konzerte aus sechs Jahrzehnten
Rockmusikgeschichte –
direkt vom Plattenteller abgedreht

Radio CORAX auf UKW 95.9 KHz und weltweit im Netz:

https://radiocorax.de

Hinweise in eigener Sache:

Aufgrund der Vielzahl und des Alters der im Text erwähnten Schallplatten ist es schier unmöglich, die jeweiligen Bild- und Urheberrechte für die Cover bei den größtenteils nicht mehr existierenden Labels zu klären. Ich habe die Cover hier *in durchaus werbender Absicht* in den Text eingefügt. Als *Quelle* sind die konkreten Plattenausgaben mit Label und Erscheinungsjahr angegeben. Sollte(n) sich der oder die Inhaber der jeweiligen Rechte dennoch benachteiligt fühlen, bitte ich um entsprechende Information – sicher finden wir gemeinsam eine probate Lösung.

Falls Sie Interesse haben, die eine oder andere LiveRillen-Sendung komplett nachzuhören, stelle ich Ihnen diese gern zur Verfügung. Die mp3-Datei wird Ihnen per *WeTransfer* übertragen und ist *ausschließlich für den privaten Gebrauch* gedacht!

Anfragen richten Sie bitte per Mail an: LiveRillen@gmx.de

Titelfoto: © Hannes Wiedemann | Leipzig | 2021
© 2024 Paul Bartsch
Herstellung und Verlag: BoD – Books on Demand, Norderstedt
2. korrigierte Auflage | Juni 2024
Preis: 9,00 Euro
ISBN 978-3-739224-37-4

Noch 'ne Rille vorneweg

Only bad News seien *good News*, wird behauptet? Von wegen! Hier kommen *wirklich gute* Nachrichten, liebe Schallplatten-Freunde: Der Boom hält nämlich ungebrochen an! Erstmals seit über 35 Jahren wurden in den USA im Jahr 2022 mehr Schallplatten als CDs verkauft – 41 Millionen mal Vinyl gegenüber 31 Millionen Silberscheiben. Die Umsätze bei Schallplattenverkäufen wuchsen damit um 17 Prozent auf 1,2 Milliarden US-Dollar, es handelt sich um das 16. Wachstumsjahr in Folge. Im Zuge der Verbreitung von Streaminginhalten haben sich allerdings die Präferenzen der Hörer offenbar geändert: Wer unkompliziert Musik hören will, verwendet heute meist Spotify, Apple Music, Tidal oder einen anderen Streamingdienst – und keine CDs. Der Schallplatte hängt mittlerweile dagegen ein Retro-Bonus an; viele Menschen unterschiedlicher Generationen scheinen deren Klang und Handhabung als etwas Besonderes zu empfinden. [1]

Wohl auch deshalb genießen Schallplatten seit einigen Jahren wieder mehr Wertschätzung, heißt es bei „Musiker-Online" weiter; es habe sich zwischenzeitlich ein regelrechter Hype um die (meist) schwarzen Scheiben entwickelt. Mittlerweile ist es ja nicht unüblich, dass auch bekannte Künstler neue Alben zusätzlich (und manchmal sogar ausschließlich) auf Vinyl herausbringen. Nach dem Siegeszug der CD in den 1980er und 1990er Jahren war der Schallplattenmarkt zunächst eingebrochen, das Medium gar totgesagt, da die Compact Disc wesentlich praktischer schien und eine vermeintlich bessere Audioqualität bot – was Vinyl-Puristen schon seinerzeit bezweifelten und mit letztlich stark subjektiv gefärbten Argumenten und „Beweisen" zu widerlegen suchten. Nun, wie dem auch sei – ich persönlich bin sehr froh, vor sieben, acht Jahren den Salto rückwärts vollzogen zu haben und (nachdem ich trotz vinylorientierter Jugend auch zweieinhalb Jahrzehnte lang auf die CD gesetzt hatte) zur Schallplatte zurückgefunden zu haben. Inzwischen stehen rund 1200 Alben in meinen Regalen – ausschließlich Konzertmitschnitte, was ahnen lässt, dass da noch Material für etliche weitere LiveRillen wartet.

In einem Interview mit dem *Rolling Stone* kam übrigens auch Helge Schneider, der selbsternannte Kulturromantiker, jüngst auf diverse Retrotrends zu sprechen, die er als wichtigen Teil seiner Welt so beschreibt: *„Zum Beispiel Schallplatten. Manche haben jetzt erkannt – was ich wiederum schon lange weiß –, dass eine Schallplatte anders klingt als eine Kassette, anders klingt als eine CD und vor allem noch mal anders als Spotify. Wer heute mit einer Plattenfirma verhandelt, kriegt zu hören: Das muss aber auch bei Spotify rein! Der Künstler verdient daran bekanntermaßen null. Streamingdienste sind völliger Quatsch. Die Atomsphäre eines Konzerts ist eins zu eins nicht übertragbar. Natürlich kann sich nicht jeder eine Plattensammlung leisten. Aber ich bemerke die Tendenz, dass immer mehr Leute ein Stück*

---

[1] Vgl. https://www.musiker-online.com/erstmals-seit-1987-mehr-platten-als-cds-verkauft/.

Kultur in den Händen halten und mit nach Hause nehmen wollen. Vinyl sieht besser aus als eine CD und besser als die Musik auf dem Handy, denn in dem Handy befindet sich ja nichts, zumindest kein Tonträger. Diese virtuelle Welt ist auf dem Vormarsch – aber es gibt eben immer noch das andere. Und das andere finde ich gut." [2]

Danke, Helge – du sprichst mir aus dem Herzen! Nicht zuletzt deshalb gestalte ich nun im sechsten Jahr die monatliche LiveRillen-Sendung auf Radio Corax und darf mit Freude konstatieren, dass eine wachsende Zuhörerschaft diese doppelte Leidenschaft – Livemusik und Schallplatten – mit mir teilt. Zumal die LiveRillen offenbar auch kommunikationsfördernd sind, wenn ich an die zahlreichen Rückmeldungen per Mail denke, die mich nach den Radiosendungen oder auch nach der Lektüre der LiveRillen-Bücher erreichen und durch die einige Fehler oder Ungenauigkeiten in den Texten korrigiert und ergänzt werden konnten – vielen Dank, Freunde!

Eventuell hat das Plattenhören ja sogar noch einen positiven gesundheitlichen Effekt? Ich darf dazu noch einmal aus dem Helge-Schneider-Interview zitieren: *„Und dazu kommt die Bewegung des Hörers. Man steht auf, man nimmt den Tonträger in die Hand, man macht was mit ihm. Das wünsche ich mir mal von meiner 15-jährigen Tochter: Dass sie vom Bett aufsteht, um Musik zu hören. Einen Tonarm aufsetzt, ohne gleich einen Kratzer auf der Platte zu machen. Dann kann sie sich von mir aus wieder hinlegen und die Platte hören. Und wieder aufstehen, um die andere Seite aufzulegen. Das passiert aber nicht mehr. Die jungen Leute liegen den ganzen Tag im Bett mit ihren Handys. Nach einem Jahr sehe ich das Kind dann mal wieder, nicht mehr im Bett, sondern aufrechtstehend – und sie ist seitdem zehn Zentimeter gewachsen! Aber ich gebe die Hoffnung nicht auf, manchmal sieht man noch Kinder mit Schallplatten in der Hand."* [3]

Kann man es besser, optimistischer sagen? Ich schließe mich jedenfalls vollinhaltlich an und übergebe dieses Buch voller Schallplatten allen Kindern, Eltern und Großeltern als Köder, sich doch mal wieder vom Fernseher zu lösen, die Spotify-Kopfhörer abzustreifen, die Plattensammlung zu entstauben und sich von ihrem Klang gefangen nehmen zu lassen. Oder einfach mal wieder selbst in ein gutes Konzert zu gehen. Vielleicht sehen wir uns dort sogar?

Ein erster Schritt wäre ja, hin und wieder mal in die aktuellen Sendungen hineinzuhören?!

Die LiveRillen auf Radio Corax laufen nach wie vor am ersten Freitag des Monats von 16 bis 18 Uhr sowie als Wiederholung am jeweils dritten Sonntag desselben Monats von 12 bis 14 Uhr auf UKW 95.9 (Raum Halle/Leipzig/Magdeburg) und weltweit im Netz unter https://radiocorax.de/ > Livestream.

Und nun – viel Freude und gute Unterhaltung bei der Lektüre des fünften Bandes der LiveRillen…

---

[2] https://www.rollingstone.de/helge-schneider-im-interview-kulturelle-aneignung-nicht-die-bohne-relevant-2552501/.
[3] Ebenda.

No. 51: Paul McCartney | Brian Wilson | Ronnie Wood
Juni 2022

In dieser LiveRillen-Ausgabe weht uns der Atem der Rockhistorie sozusagen ganz direkt an, denn es gilt, anlässlich ihrer Geburtstagsjubiläen drei Protagonisten zu würdigen, die seit Jahrzehnten bereits ganz oben auf dem Olymp der populären Musik residieren – als da wären der *Beatles*-Mitbegründer Sir *Paul McCartney*, der kreative Kopf der *Beach Boys*, *Brian Wilson*, und schließlich *Ron Wood*, der manchen Puristen bis heute nicht als „echter *Rolling Stone*" gilt, obwohl er die selbsternannte größte Rock'n'Roll-Band der Welt nun schon seit 47 Jahren verstärkt. In diesen LiveRillen soll deshalb nachgewiesen werden, dass *Ron Wood* weit mehr ist als nur der Sideman der Herren *Jagger* und *Richards!* Doch der Reihe nach…
Und die beginnt mit *Paul McCartney*, der im Juni seinen 80. Geburtstag begehen und somit auf eine schier unglaubliche, mehr als sechs Jahrzehnte währende Karriere zurückblicken kann, die durchaus Höhen und Tiefen beinhaltet. Die in Gänze auszubreiten würde unsere Sendezeit hoffnungslos überfordern; zudem gehe ich mal davon aus, dass euch Vieles bekannt sein dürfte. Also in Kurzform: Am 18. Juni 1942 in Liverpool als Sohn eines Baumwollhändlers zur Welt gekommen; ein Kriegskind also, das in der Schulzeit zum leistungsstarken und kunstinteressierten Musterschüler heranwuchs. Als Teenager [4] stieg der Linkshänder in die Skifflegruppe *Quarrymen* ein, die ein gewisser *John Lennon* gerade gegründet hatte. Dass daraus wenige Jahre später eines der erfolgreichsten Songwriter-Duos der Popgeschichte werden sollte, war da noch nicht abzusehen. Nachdem mit *George Harrison* ein weiterer Gitarrist zur Gruppe gestoßen war, die sich nunmehr *Johnny and the Moondogs* nannte, und schließlich mit *Pete Best* ein Schlagzeuger hinzukam, trat das nunmehrige Quartett Ende Dezember 1960 erstmals unter dem Namen *The Beatles* im Gemeindesaal eines Liverpooler Vororts auf. Durch den Gitarristen *Stu Sutcliffe* zum Quintett *The Silver Beatles* erweitert, gelangte die Gruppe auch nach Hamburg, wo sie im *Star Club* den britischen Barden *Tony Sheridan* begleiten durfte. Da war von eigenem Profil allerdings noch wenig zu spüren.
Der entscheidende Schritt erfolgte 1962, und das recht dramatisch: *Stu Sutcliffe* verstarb an einem Hirntumor, *Ringo Starr* ersetzte den kränkelnden *Pete Best* am

---

[4] Das Rocklexikon von Graves/Schmidt-Joos/Halbscheffel (im Weiteren RL) nennt für den Einstieg McCartneys bei den Quarrymen das Jahr 1955 (siehe S. 585); andere Quellen datieren die erste Begegnung McCartneys mit John Lennon allerdings auf den 6. Juli 1957!

Schlagzeug, der im Schallplattenhandel zu Geld gekommene *Brian Epstein* übernahm das Management, und mit *George Martin* wurde bei *EMI* ein Produzent gefunden, der den vier Rohdiamanten den soundtechnischen Feinschliff verlieh. Vor knapp 60 Jahren – im Oktober 1962 – erschien die erste *Beatles*-Single „Love Me Do", die immerhin auf Platz 17 der britischen Charts kam, bevor ein Vierteljahr später die zweite Single „Please Please Me" die Spitzenposition erreichte. Nun folgte Hit auf Hit, ohne dass die *Lennon/McCartney*-Produkte nach Fließband klangen, und brachte weltweit die „Beatlemania" ins Rollen, und auch modisch setzten die Pilzköpfe nun bis zu ihrer Trennung am Ende des Jahrzehnts Maßstäbe innerhalb der Jugendkultur.

Zur Erinnerung an die Geburtsstunde der Beatmusik hier nun drei Liveaufnahmen der *Beatles* aus ihren Anfangsjahren. Zunächst „From Me To You", aufgenommen im Juni 1963 für eine *BBC*-Radiosendung im Londoner *Playhouse Theatre*. Danach ein Mitschnitt aus der *Hollywood Bowl* aus dem Jahr 1964, als die *Beatles* längst auch die Neue Welt erobert hatten: „Things We Said Today". Und schließlich aus der *Budokan Hall* in Tokio „I Feel Fine" – das Konzert fand am 30. Juni 1966 statt. Alle drei Stücke tragen sowohl kompositorisch als auch stimmlich die unverkennbare, harmoniebetonte Handschrift von *Paul McCartney*...

The Beatles: From Me To You / Things We Said Today / I Feel Fine

Dabei war in der *Beatles*-Ära zweifellos die kreative Auseinandersetzung mit *John Lennon* der wichtige Katalysator, der diese frühen Höchstleistungen ermöglichte, an die *Paul McCartney* nach der Trennung der *Beatles* nicht wieder herankam – ohne sein späteres Werk damit schmälern zu wollen.

Dass Verschwörungstheorien, mit denen wir in den vergangenen beiden Jahren ja reichlich konfrontiert waren, auch vor *Paul McCartney* nicht haltmachen, zeigt die Tatsache, dass seit dem Ende der 1960er Jahre das Gerücht kursiert, er wäre bereits 1966 bei einem Autounfall ums Leben gekommen und durch einen Doppelgänger ersetzt worden. Ein US-Radiomoderator führte seinerzeit das LP-Cover von „Abbey Road" als Beweis an – ihr kennt die ikonische Szene mit den *Fab Four* auf dem Zebrastreifen: *McCartney* geht als Einziger der Vier barfuß, was in England als Todessymbol gedeutet werde; zudem halte er – bekanntlich Linkshänder – die Zigarette in der rechten Hand. Nun ja, wem das als Beweis reicht, der mag bis heute daran glauben... (müsste aber wohl zugeben, dass auch der angebliche Doppelgänger seine Sache keineswegs schlecht gemacht hat). Wikipedia hat dieser Fabel unter dem Titel „Paul Is Dead" inzwischen eine eigene Seite eingeräumt... Aus dem Reich der Fantasie zurück zu den Fakten.

Bis *Sir James Paul McCartney* – so sein voller Name, seitdem ihn die Queen 1997 in den Adelsstand erhoben hat – zum erlauchten Kreis der Milliardäre zählt, scheint es nicht mehr weit: Das *Vermögen Magazin* gibt seinen Reichtum aktuell mit 910 Millionen Euro an, wobei 50 Millionen allein in diesem Jahr (2022) hinzukommen werden.[5] Die Tantiemen sprudeln also, selbst wenn er keine neuen Songs veröffentlicht und keine Bühne betritt: *Beatles*-Songs laufen im Radio hoch und runter, werden noch immer ...zigtausendfach von Musikportalen gestreamt, in immer neuen Kompilationen und tontechnischen Überarbeitungen auf den Musikkonservenmarkt geworfen und natürlich auch gern von anderen Künstlern gecovert. All das bringt Geld – und in *McCartneys* Fall viel Geld! Verdientermaßen, steht er doch in der vom *Rolling Stone* 2015 veröffentlichten Liste der 100 weltbesten Songschreiber auf Platz Zwei [6] und damit immerhin einen Rang vor seinem langjährigen Kontrapunkt *John Lennon*. Platz Eins – das nur am Rande – gebührt dort *Bob Dylan*...

Zwei ganz unterschiedliche Beispiele, wie man *Beatles*-Titel auch darbieten kann, habe ich mal rausgesucht: Zunächst „Yesterday", das trotz der üblichen Zuschreibung *Lennon/McCartney* wohl allein aus Pauls Feder stammt und der meistgecoverte Song der Popgeschichte sein soll – hier eine *Beatles*-Liveversion aus dem schon erwähnten Japan-Konzert der *Fab Four* und anschließend der US-amerikanische Country-Star *Willie Nelson,* der sich Mitte der 1970er Jahre daran versuchte. Und da wir gerade beim Geld waren: In einem Ranking der erfolgreichsten Songs der Musikgeschichte wird „Yesterday" auf Platz 4 gelistet; zudem sei es das zweithäufigste im Radio gespielte Lied aller Zeiten: Insgesamt werde „Yesterday" bis jetzt auf einen Wert von 30 Millionen Dollar beziffert. [7]

---

5 https://www.vermoegenmagazin.de/paul-mccartney-vermoegen/.
6 https://de.wikipedia.org/wiki/Die_100_besten_Songwriter_aller_Zeiten.
7 https://www.vermoegenmagazin.de/erfolgreichste-songs/.

Danach „I Saw Her Standing There" – erst als *Beatles*-Mitschnitt aus einer *BBC*-Sendung Mitte 1963 und anschließend eine Version, die 1978 auf dem Doppelalbum „What Do You Want From Live?" der US-amerikanischen *The Tubes* zu finden ist, die *Siegfried Schmidt-Joos* in seinem Rock-Lexikon „*für ihre hemmungslose Mischung aus Rock, Theater und Satire*" lobte. Das hören wir uns doch gleich mal an…

The Beatles / Willie Nelson: Yesterday
The Beatles / The Tubes: I Saw Her Standing There

Nach der Trennung der *Beatles* geriet Pauls erste Solo-LP zum Flop. 1971 gründete er mit den *Wings* eine neue Band. Das war keineswegs eine Supergroup, wie sie *McCartney* nach eigener Aussage auch hätte gründen können – nein, er wollte bewusst nach der Beatlemania „*eine neue Ochsentour … (als) Therapie gegen die Depressionen wegen des Beatles-Splits*"[8], wie in der Musikzeitschrift *GoodTimes* zu lesen war. Immerhin war der *Moody-Blues*-Mitbegründer *Denny Laine* als Gitarrist mit von der Partie; Schlagzeuger *Denny Seiwell* hatte zuvor vor allem im Studio getrommelt, und *Linda McCartney*, die Paul 1969 geheiratet hatte, war zwar eine begnadete Fotografin, aber an den schwarzweißen Keyboardtasten eine absolute Anfängerin. So ätzte der *Rolling Stone* nach Erscheinen der ersten *Wings*-LP „Wild Life" denn auch, diese sei „*musikalisch eher schlaff und lyrisch impotent, trivial und unberührend*". Harte Worte, die auch ein Ex-*Beatle* erstmal verdauen musste. Seine Antwort war eine erste Tour mit der neuen Band, nicht etwa in den großen Hallen, sondern an britischen Universitäten.
Die politisch ziemlich naive und musikalisch simple Single „Give Ireland Back To The Irish" erschien 1972 nicht einmal vier Wochen nach jenem „Blutigen Sonntag", an dem britische Fallschirmjäger im nordirischen Derry dreizehn Bürgerrechtler, darunter sechs erst 17jährige Jugendliche, erschossen hatten. Immerhin ungewohnt deutliche Worte, die *McCartney* für das Desaster gefunden hatte.

---

[8] GoodTimes Nr. 173, 4/2021, S. 12.

Eine Europatour der *Wings* im Sommer desselben Jahres geriet fast zur Nebensache, als Paul und Linda in Schweden wegen des Besitzes von Marihuana zu 1200 Dollar Geldstrafe verurteilt wurden. Weiteren Auftrieb brachte der erste James-Bond-Film mit *Roger Moore* in der Hauptrolle: „Live And Let Die", zu dem die *McCartneys* den Titelsong beisteuerten.

Und damit wird es Zeit für Livemusik von den *Wings*. Von ihrem opulenten, Ende 1976 erschienen Dreifach-Album „Wings Over America" habe ich „Long And Winding Road" ausgewählt, das hier – anders als in der schwülstigen, streicherbetonten *Beatles*-Version – zur schlichten Pianoballade wird, und danach den Bond-Song „Live And Let Die".

Wings: Long And Winding Road / Live And Let Die

Im Folgejahr hatte die Band mit „Mull Of Kintyre" und schottischen Dudelsäcken ihren einzigen Nummer-Eins-Hit in Deutschland, doch diverse Umbesetzungen – einzig *Denny Laine* blieb als Konstante –, dazu eine gewisse Tourmüdigkeit, die inzwischen auf drei Kinder angewachsene McCartney-Familie und die Arbeit an einem neuen Projekt, das sich *Rockestra* nannte, brachten zum Ende der 70er das Aus für die *Wings*.

Ein letztes Mal live zu erleben waren sie Ende Dezember 1979 bei einem mehrtägigen Benefiz für die unter dem Terror der Roten Khmer leidende Bevölkerung von Kambodscha, zu dem *McCartney* unter anderem *The Who*, *Queen*, *The Clash* und die *Pretenders* ins Londoner *Hammersmith Odeon* eingeladen hatte und bei dem mit *Rockestra* nun auch eine echte Supergroup unter seiner Leitung agierte. Dem illustren Ensemble gehörten beispielsweise *Robert Plant* und *John Bonham* von *Led Zeppelin*, *Gary Brooker* von *Procol Harum*, der *Pink-Floyd*-Gitarrist *David Gilmour*, *Dave Edmunds* von *Rockpile*, ex-*Small-Faces*-Drummer *Kenney Jones* und der *Who*-Mastermind *Pete Townshend* an. Das gesamte Konzertereignis – einige erinnern sich vielleicht? – habe ich in der 20. Sendung der LiveRillen im November 2019 ausführlich vorgestellt – nachzulesen auch im Band 2 der Buchausgabe der „LiveRillen".

Und so beende ich die Gratulation für *Sir Paul* heute mit zwei Titeln aus den „Concerts For The People Of Kampuchea" – zunächst „Coming Up", das dann 1980 die Solo-LP „McCartney II" eröffnen sollte und in dieser Liveversion als Single bis an die Spitze der US-Charts kletterte, und danach das unverwüstliche „Let It Be" mit der Unterstützung der gesamten *Rockestra*-Besatzung.

Wings: Coming Up / Let It Be

Unverkennbar – die Stimme von *Paul McCartney*, der am 18. Juni sein achtes Lebensjahrzehnt vollendet. Privat durchlebte er nach dem Krebstod von Linda, die 1998 starb und deren Fotos uns bis heute immer wieder in Ausstellungen intime Momente der Stars jener Jahre nahebringen, etliche Höhen und Tiefen. Die zweite Ehe mit dem ex-Model *Heather Mills* endete in einem teuren Rosenkrieg, eine junge Deutsche strengte eine letztlich erfolglose Vaterschaftsklage gegen den ex-*Beatle* an, der seit nunmehr 11 Jahren in dritter Ehe mit der Geschäftsfrau *Nancy Shevell* verheiratet ist. Seit Jahrzehnten ernährt sich *McCartney* streng vegetarisch; schon mit Linda hatte er sich seinerzeit für den weltweiten Tierschutz engagiert, und vor einem Auftritt in *Alfred Bioleks* Fernsehshow „Mensch Meier" im Frühjahr 1989 kam es fast zum Eklat, als das Ehepaar am Flughafen Köln-Bonn von einer Limousine mit echten Ledersitzen abgeholt wurde – ein absolutes NoGo für die engagierten Tierschützer! In einem Interview mit *GoodTimes* auf die zunehmende Umweltzerstörung angesprochen, sagte *McCartney*: *„Einige scheinen den Ernst der Lage … nicht erkannt zu haben. Noch immer werden in Südamerika tagtäglich riesige Flächen Regenwald abgeholzt, werden weltweit Luft und Wasser verschmutzt … Wenn unsere Natur zerstört ist, gibt es für die Menschen keine Überlebenschance mehr. Wir müssen die Erde gemeinsam retten. … Ich jedenfalls fühle mich verpflichtet, etwas zu unternehmen."* [9]
Worte, die heute aktueller denn je sind – möge Sir Paul für sein Engagement noch lange Kraft und Gelegenheit haben!

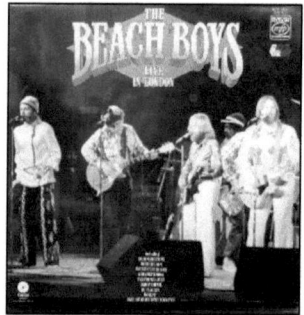

Zum nächsten Jubilar leite ich über mit der ebenfalls in *GoodTimes* dokumentierten Behauptung, seine Komposition „God Only Knows" sei *„bis heute Paul McCartneys absoluter Lieblingssong",*[10] wie dieser selbst gesagt habe. Und wenn es eine weitere Verbindung zwischen ihm und *McCartney* bräuchte, dann wäre wohl die Tatsache, dass die *Beach Boys* in den 1960er Jahren in den USA zeitweise einen ähnlichen Stellenwert besaßen wie die *Beatles*, nicht zu weit hergeholt. Dass *Brian Wilsons* Leben einen insgesamt weit tragischeren Verlauf genommen hat als das von *Paul McCartney*, werden wir gleich etwas näher beleuchten. Zunächst aber drei Songs der *Beach Boys*, die *Brian Wilson*, der am 20. Juni 80 Jahre alt wird, komponiert hat: zunächst

---

[9] GoodTimes 168, 5/2020, S. 27.
[10] GoodTimes 175, 6/2021, S. 57.

besagtes „God Only Knows" vom legendären Album „Pet Sounds", danach mit „Do It Again" und „Wouldn't It Be Nice" weitere typische Beispiele für den unverwechselbaren Sound der kalifornischen Strandjungs. Die Aufnahmen stammen von der 1970 bei *Capitol* erschienen LP „The Beach Boys Live In London". Einziger Wermutstropfen: Die Stimme von *Brian Wilson* ist auf keiner dieser Liveaufnahmen zu hören – dazu dann gleich mehr.

Beach Boys: God Only Knows / Do It Again / Wouldn't It Be Nice

Tja – *Wäre es nicht schön, wenn wir älter wären und am Morgen gemeinsam aufwachen könnten? Vielleicht wird es wahr, wenn wir denken und wünschen und hoffen und beten / Oh, Baby, dann gäbe es nichts, was wir nicht tun könnten…* - die vielen Konjunktive in diesem Text über eine junge Liebe lassen sich unschwer auf das Schicksal des musikalischen Kopfes der *Beach Boys* übertragen: *Brian Wilson*. Wäre es nicht schön, wenn er die Unbeschwertheit und Lebensfreude, die viele seiner Kompositionen beschwören, selbst hätte ausleben können. Aber nein, der älteste der Wilson-Brüder war ganz im Gegensatz zum gewollten Image der Band keineswegs ein Strandjunge, kein sportlich durchtrainierter und braungebrannter Surfer-Sunny-Boy, sondern ein korpulenter, etwas unbeholfener und ängstlicher Grübler, der schon Mitte der 1960er Jahre seinem ehrgeizigen und tyrannischen Vater Murray, der die *Beach Boys* als Familienband der Brüder *Brian, Dennis* und *Carl Wilson* sowie ihres Cousins *Mike Love* initiiert hatte und mit harter Hand managte, erklärte, er, Brian, werde nie mehr mit den anderen gemeinsam auf die Bühne gehen. Er sah sich viel mehr als Komponist abseits der ausgetretenen Pop-Pfade, als Soundtüftler, als Innovator bei den Studioaufnahmen, die er gern im Alleingang durchzog. Die Texte, die anfangs vor allem vom Cousin *Mike Love* gekommen waren, lieferte nun der Werbetexter *Tony Asher*, der schon für die *Carpenters* geschrieben hatte. *Mike Love* anerkannte zwar die Qualität der *Asher*-Lyrics, die die jeweiligen inhaltlichen Vorgaben von *Brian Wilson* in sangliche Worte fassten, zeigte sich aber frustriert, dass er selbst keinerlei Credits als Songtexter erhalten hatte. Die musste sich der einzige in der aktuellen *Beach-Boys*-Besetzung verbliebene Gruppenmitbegründer (81 Jahre alt ist er inzwischen!) erst später vor Gericht erstreiten…

„Pet Sounds", die bereits erwähnte LP, die als Brians Antwort auf die *Beatles*-Platte „Rubber Soul" konzipiert war und zu einem Meilenstein der Rockgeschichte werden sollte, erschien dann im Mai 1966. Zum Desaster allerdings geriet die Arbeit am geplanten Nachfolger „Smile", für den der US-amerikanische Musiker und Schauspieler *Van Dyke Parks* als Texter verpflichtet worden war. *Mike Love* erinnerte sich später so an diese Phase: „*Besonders schlimm wurde es, als Brian ... mit dem Musiker Van Dyke Parks zusammenarbeitete. Brian und er hauten sich Drogen rein ohne Ende, bis zur totalen Besinnungslosigkeit. ... Ich habe Brian deutlich meine Meinung gesagt, und es kam zu einem heftigen Streit.*" [11]

Auch Brians 1964 geschlossene Ehe mit der damals erst 16jährigen *Marylin Rutherford* wurde in dieser Zeit ein Opfer der harten Drogen, und „Smile", geplant als „Teenage Symphony to God" [12], blieb unvollendet im Archiv. Erst 2004 erschien der Songzyklus als Platte unter dem Titel „Brian Wilson Presents Smile", nachdem dieser sich gemeinsam mit *Parks* erneut an das Großprojekt gewagt hatte.

Der Musikexperte *Lutz Stolberg* fasst in seinem Oldie-Buch über die 60er Jahre die komplizierte Persönlichkeit von *Brian Wilson* so zusammen: „*Eigentlich müsste Brian die Musik fürchten, denn sie war das Diktat des Vaters. Aber sie erschien ihm als Zufluchtsstätte. Sie enttäuschte ihn nie. Sie sprach zu ihm, und er sprach durch sie. Und sie half ihm, trübe Stimmungen zu verscheuchen.*" [13]

Ganz ist ihm das aber doch nicht gelungen; exzessiver Drogenkonsum kam hinzu und verstärkte die psychischen Probleme des Genies, die auch zahllose Therapieversuche nicht wirklich lösen konnten. Der 2014 erschienene Spielfilm „Love & Mercy" in der Regie von *Bill Pohlad* bebildert die Leidensgeschichte des *Brian Wilson* eindrucksvoll. Heute lebt der inzwischen sechsfache Großvater sehr zurückgezogen mit seiner zweiten Frau *Melinda Ledbetter*, die er 1995 heiratete und die auch seine Geschäfte führt. Er komponiert noch immer, wie man hört, und ich wünsche ihm von hier aus alles Gute zum 80. Geburtstag!

Die beste Gratulation ist zweifellos seine Musik, die ihm unter den besten Songschreibern aller Zeiten[14] immerhin Rang 12 sichert. Vom 1973 erschienenen Doppelalbum „The Beach Boys In Concert", das Mitschnitte aus New York und Los Angeles präsentiert, hier zunächst „Help Me, Ronda", das 1965 als Single aus der LP „The Beach Boys Today!" ausgekoppelt wurde.

Danach „Good Vibrations", das eigentlich schon auf dem „Pet-Sounds"-Album erscheinen sollte, aber nicht rechtzeitig fertig geworden war. So kam der Song erst Ende 1966 als Single heraus und eroberte die Charts in England und den USA im Sturm – jeweils Platz Eins! Und schließlich mit „Fun, Fun, Fun" noch einer dieser sonnigen Surfer-Songs, in denen *Brian Wilson* den Rock'n'Roll der späten 50er Jahre a la *Chuck Berry* auf geniale Weise mit dem Harmoniegesang von

---

[11] GoodTimes 175, 6/2021, S. 57.
[12] Vgl. https://de.wikipedia.org/wiki/Smile_(Album).
[13] Lutz Stolberg: Die 60er – Das Oldie-Buch. Projekte Verlag, Halle, 2010, S. 64.
[14] Siehe: https://de.wikipedia.org/wiki/Die_100_besten_Songwriter_aller_Zeiten.

Vokalgruppen wie den *Delroys* oder den *Four Freshmen* verschmolz – der Titel erreichte 1964 immerhin Platz Fünf der Billboard Hot 100 in den USA.

Beach Boys: Help Me Ronda / Good Vibrations / Fun, Fun, Fun

Was wäre aus den *Beach Boys* ohne ihr scheues Genie geworden: *Brian Wilson,* der seine jüngeren Brüder Carl und Dennis überlebt hat, was bei seinem jahrelangen Drogenmissbrauch und den damit verbundenen psychischen Problemen fast an ein Wunder grenzt. Alles Gute zum 80. Geburtstag!
Wenn in einer Sendung die *Beatles* und die *Beach Boys* zu ihrem Recht kommen, dann dürfen sie natürlich nicht fehlen – die *Rolling Stones.* Und falls es auch dafür einer weiteren Begründung bedarf: *Ron Wood,* der zur verschworenen *Jagger/Richards*-Gemeinschaft passt wie der jüngere Bruder von Keith, ist am 1. Juni 75 Jahre alt geworden. Ihm gehört die restliche Sendezeit, denn natürlich hat Ronnies Musiker-Dasein weder mit den *Rolling Stones* begonnen noch ist es auf die größte Rock'n'Roll-Band der Welt begrenzt geblieben – und damit meine ich nicht nur den Umstand, dass er sechs Kinder mit drei Frauen gezeugt hat. Aber der Reihe nach...
Der gebürtige Londoner *Ronald David Wood* ist in einer Sozialsiedlung im Nordwesten der Stadt aufgewachsen, wenn er nicht gerade mit seinen Eltern, die Binnenschiffer waren, auf den südenglischen Kanälen zwischen London, Stratford-upon-Avon und Manchester herumschipperte. Die Atmosphäre seiner Kindheit beschreibt *Ron Wood* so: *„Musik lag unserer Familie immer am Herzen. Wir sind von der Abstammung Roma. Gypsy-Blut passt temperamentsmäßig perfekt zum Rock'nRoll."* [15] Irgendwann müssen ihm dabei zeitgleich eine Gitarre und eine Farbpalette in die Hände gefallen sein; bis heute ist die Malerei für ihn mehr als ein Hobby, und in Kunstkreisen werden seine Bilder nicht nur wegen des Promi-Bonus geschätzt – immerhin hat er das berühmte *Ealing Art College* in London besucht.
Musikalisch habe ihn in seiner Jugend vor allem *Chuck Berry* geprägt, gibt *Ron Wood* immer wieder gern zu Protokoll – vor wenigen Jahren hat er ihm mit „Mad Lad" eine ganze Platte gewidmet. Mit 17 Jahren spielte er bereits in einer Band, wurde dann Mitglied der *Jeff-Beck*-Group, wo er den Bass zupfte, und zeitweise auch von

---

[15] GoodTimes 176, 1/2022, S. 59.

Creation. Ob deren Hit „Painterman" sich auf den malenden Gitarristen bezieht, ist allerdings nicht überliefert... 1969 stieg er gemeinsam mit dem Sänger der aufgelösten *Jeff-Beck-Group*, *Rod Stewart*, bei den *Small Faces* ein, die den Weggang von *Steve Marriott* kompensieren mussten. Das „Small" im Bandnamen entfiel, und die *Faces* waren geboren, die fünf Jahre lang einen ziemlich rauen, ungeschliffenen Rhythm&Blues zelebrierten, bei dem sich *Ron Wood* bereits als Songschreiber beweisen konnte, zu dessen Kompositionen *Rod Stewart* häufig die Lyrics

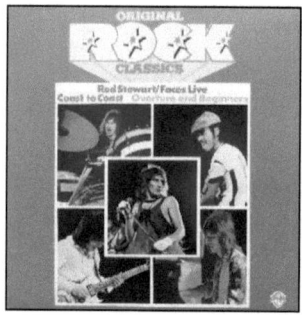

beisteuerte. Dafür nun ein aussagekräftiges Beispiel: „Stay With Me", aufgenommen im Oktober 1973 während einer US-Tour der Band. In den Linernotes auf dem Plattencover heißt es, *Ron Wood* habe als Leadgitarrist dem früheren Sound eine ganz neue Dimension hinzugefügt. Und so klang das...

Faces: Stay With Me

Unverkennbar, das Reibeisen-Organ von *Rod Stewart* und dazu passend die raue Bluesgitarre des Mittzwanzigers *Ronnie Wood*. Verantwortlich für die gemeinsamen Jahre bei den *Faces* war übrigens letztlich deren Bassgitarrist *Ronnie Lane*. Als sich nämlich die *Rolling Stones* 1969 vom untragbar gewordenen Exzentriker *Brian Jones* trennten, rief *Mick Jagger* persönlich bei den gerade gegründeten *Faces* an, um *Ron Wood* als neuen Mann an der Gitarre zu verpflichten. *Ronnie Lane* ging zufällig ans Telefon und gab Mick eine knappe Abfuhr; *Ron Wood* fühle sich sehr wohl bei den *Faces* und habe kein Interesse, vielen Dank! Die *Stones* engagierten dann bekanntlich *Mick Taylor*, und *Ron Wood* selbst erfuhr davon erst Jahre später... Nun gut, es sollte ja dann doch noch klappen mit den *Rolling Stones*, aus deren Bewunderung *Ron Wood* keinen Hehl macht: „Ich war immer Stones-Fan"[16], lässt er sich gern zitieren – wohl nicht zuletzt aufgrund der Tatsache, dass die erste Single der *Rolling Stones* mit „Come On" einen Titel seines Idols *Chuck Berry* präsentierte. Bevor ich das *Stones*-Kapitel aufschlage, will ich noch zwei besondere Konzertaufnahmen vorstellen, an denen *Ron Wood* maßgeblich beteiligt war. Zunächst ein Mitschnitt aus dem *Rainbow-Concert*, das im Januar 1973 dem immer mehr im Drogensumpf versinkenden *Eric Clapton* zurück auf die Bühne verhalf. *Pete Townshend*, Gitarrist von *The Who*, hatte befreundete Musiker eingeladen, und mit *Steve Winwood*, *Jim Capaldi*, *Ric Grech* und eben *Ron Wood* waren etliche

---

[16] Ebenda.

namhafte Größen der damaligen Bluesrock-Szene gefolgt. Zehn Tage lang wurde in *Ronnie Woods* Haus in Richmond geprobt, dann stand die illustre Riege als *Eric Clapton and the Palpitations* für einen Abend auf der Bühne des Londoner *Rainbow Theatre*, wobei das Konzert eher biografisch als musikalisch bedeutsam ist; *Clapton* selber sagte später, er habe wenig mitbekommen, weil er noch immer zugedröhnt gewesen sei.

„*Die Star-Truppe spielt eher lässig als konzentriert*", ist über das Konzert zu lesen, „*und Claptons Solo-Features lassen seine Genialität relativ selten richtig strahlend aufblitzen; mehr als mittelmäßige Durchschnittskost aber liefert der Ausnahmegitarrist allemal.*" [17]

Seinerzeit erschien mit sechs Titeln nur ein kleiner Ausschnitt des Konzertes auf Vinyl; sehr viel später gab es eine remasterte CD-Ausgabe mit 14 Songs. Ich greife natürlich zur Platte und lege „Roll It Over" auf, das *Clapton* gemeinsam mit *Bobby Whitlock*, dem Keyboarder von *Derek And The Dominos*, geschrieben hat und das 1970 als Single erschienen war. Trotz der erwähnten Einschränkungen begeistert mich hier das kraftvolle Zusammenspiel der drei Gitarristen *Clapton, Townshend* und *Wood*. Danach dann ein neuerliches Zusammentreffen von *Ronnie Wood* mit *Clapton*, das unter einem sehr viel besseren Stern stand: 2004 hatte der inzwischen geläuterte Ex-Junkie *Eric Clapton* das *Crossroads Guitar Festival* initiiert, das in der Folge alle drei Jahre herausragende Könner auf den sechs Saiten zu einem guten Zweck versammelte: Die Einnahmen der Konzerte sowie der Plattenverkäufe kommen dem *Crossroads Centre* zugute, einem Drogentherapiezentrum auf Antigua, das *Clapton* eingedenk der eigenen bitteren Erfahrungen in den 1990er Jahren gegründet hatte. 2010 war auch *Ronnie Wood* zum Festival eingeladen, und gemeinsam mit den Bluesmusikern *Buddy Guy* und *Jonny Lang* zelebrierte er „Five Long Years", einen Standard, den der Bluespianist und Sänger *Eddie Boyd* 1952 veröffentlicht hatte.

Rainbow Concert: Roll It Over
Crossroads Festival: Five Long Years

---

[17] https://www.amazon.de/Rainbow-Concert-Rmst-Eric-Clapton/dp/B000001EEN.

Nun müssen wir aber das *Rolling-Stones*-Kapitel endlich aufschlagen, das für *Ron Wood* keineswegs erst 1975 begann. Bereits im Jahr zuvor hatte er den Herren *Jagger* und *Richards* geholfen, „It's Only Rock'n'Roll (But I Like It)" zu komponieren, auch wenn sein Name (wie üblich) bei den Credits keine Erwähnung fand. *Keith Richards* hatte zudem auf der ersten Solo-LP von *Ron Wood*, die 1974 unter dem Titel „I've Got My Own Album To Do" erschienen war, kräftig mitgemischt.

Zur Arbeit am neuen Stones-Album „Black And Blue" wurde *Wood* dann nach München eingeladen, und da die *Faces* ohnehin in Auflösung begriffen waren, nahm er das Angebot gern an. Im Studio durfte er hin und wieder auch zum Bass greifen, und spätestens diese Vielseitigkeit gab den Ausschlag: 1975 ersetzte er den Interims-Gitarristen *Mick Taylor,* der sich wohl nie so recht wohl in seiner Rolle neben den Glimmer-Twins *Jagger* und *Richards* gefühlt hatte. Ab 1976 galt für *Ron Wood* dann so eine Art Angestellten-Status bei der größten Rock'n'Roll-Band der Welt, aber erst 1993 – nach dem Ausstieg des *Stones*-Bassisten *Bill Wyman* – wurde er vollwertiger Finanzpartner im bis heute florierenden Wirtschaftsunternehmen

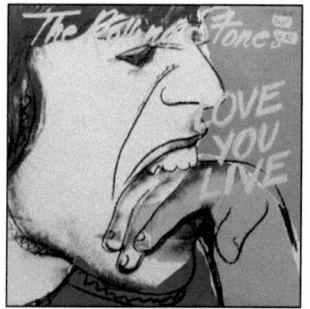

Rolling Stones. Auch für die Bühnenpräsenz der *Stones* war und ist *Ronnie Wood* eine echte Bereicherung; wenn er sich tänzelnd und grinsend auf die Gitarrenduelle mit seinem Kumpel *Keith Richards* einlässt, dann geht die Post richtig ab. Beispiele gefällig? Aber gern!

Zunächst vom 1977 erschienenen Doppelalbum „Love You Live", das in Paris und Toronto mitgeschnitten wurde, „Tumbling Dice" vom 72er Meilenstein „Exile On Mainstreet" – seinerzeit hatte *Mick Taylor* übrigens den

Bass eingespielt, da *Bill Wyman* mal wieder im Studio fehlte.

Danach vom Album „Still Life", 1981 in den USA mitgeschnitten, „Let Me Go", das im Jahr zuvor auf „Emotional Rescue" erschienen war. Die *Rolling Stones* mit *Ronnie Wood* an der Gitarre.

Rolling Stones: Tumbling Dice / Let Me Go

Gerade gehen sie wieder auf Tour, die ganz im Gedenken an den im Vorjahr verstorbenen Schlagzeuger *Charlie Watts* stehen wird. Dass diese jahrzehntelange Gemeinsamkeit noch immer funktioniert, ist wohl auch der Tatsache geschuldet,

dass alle *Stones* neben dieser Band noch eine ganze Reihe eigener Aktivitäten betreiben. *Charlie Watts* hat in einer Bigband getrommelt, *Bill Wyman* sich dem Oldtime-Jazz gewidmet, *Mick Jagger* auf Solopfaden sogar mit dem Discosound geliebäugelt, und *Keith Richards* sein geschundenes Stimmorgan bei den *X-Pensive Winos* eingesetzt. Und auch *Ronnie Wood* hat in seiner *Stones*-freien Zeit nicht nur getrunken, geraucht und gemalt, sondern fleißig musiziert – sieben Soloplatten hat er im Laufe der Zeit eingespielt. Er sei halt ein „*Sieben-Tage-die-Woche-Typ*", [18] habe *Charlie Watts* dereinst dem umtriebigen *Wood* als passendes Etikett verpasst.
Dass manches auf seinen Soloplatten durchaus nach den *Stones* klingt, liegt wohl an der Unterstützung durch *Keith Richards,* der fast immer dabei war, und das gern auch live, wie die 1979 aktiven *New Barbarians* belegen. Das Projekt, das *Ron Wood* für zwanzig Shows in den Vereinigten Staaten und Kanada sowie als Support für *Led Zeppelin* beim 79er *Knebworth Festival* ins Leben rief, sollte hauptsächlich *Woods* neueste LP „Gimme Some Neck" promoten. Außer *Wood* und *Richards* spielten der neben *Jaco Pastorius* wohl bedeutendste Fusion-Bassist *Stanley Clarke,* der ehemalige *(Small) Faces*-Keyboarder *Ian McLagan,* der bei den *Rolling Stones* immer gern gesehene Saxophonist *Bobby Keys* sowie der Schlagzeuger *Joseph Zigaboo Modeliste* von *The Meters.*
In dieser Besetzung debütierten die *New Barbarians* am 22. April 1979 bei zwei Wohltätigkeitskonzerten in Kanada, übrigens als Support-Act der *Rolling Stones,* und sie erfüllten damit eine der Auflagen, die ein Gericht *Keith Richards* 1978 wegen Heroinbesitzes aufgebrummt hatte.
Das in Maryland am 5. Mai 1979 mitgeschnittene Konzert der *New Barbarians* erschien unter dem Titel „Buried Alive" – lebendig begraben – im Oktober 2006 auf *Wooden Records,* dem Plattenlabel von *Ronnie Wood.* Schneller gewesen waren allerdings die Luxemburger Bootleger von *Swingin' Pig Records,* die die von der Northeimer Soundschmiede *Pauler Acoustics* veredelten Aufnahmen bereits in den 90ern auf den halblegalen Plattenmarkt warfen. Diese Version steht auch in meinem Regal, und den Titelsong des Dreifach-Albums, „Buried Life", komplett aus der Feder von *Ron Wood,* den gibt's jetzt, gemeinsam mit den *New Barbarians.*

New Barbarians: Buried Alive

---

[18] GoodTimes 176, 1/2022, S. 59.

„Buried Alive" – lebendig begraben, das ist *Ron Wood,* der nunmehr 75Jährige, zum Glück noch längst nicht! Selbst den 2017 bei ihm diagnostizierten Lungenkrebs hat der einstige Kettenraucher überwunden, der sich seitdem um einen gesünderen Lebensstil bemüht und seit mehreren Jahren auch dem Alkohol abgeschworen hat: *„Mein Leben ist wunderbar und ein wirklicher Segen. Ich bin dankbar und demütig für jeden Tag, den ich erleben darf"* [19], gab er 2019 in einem Interview zu Protokoll.

Und mit Blick auf seine Familie darf man ihm das durchaus abnehmen – mit der Theaterproduzentin *Sally Humphreys* ist er nun schon fast zehn Jahre in dritter Ehe verheiratet, und ihre Zwillingsmädchen *Gracie Jane* und *Alice Rose* sind gerade sechs Jahre alt geworden, genau einen Tag vor dem 75. Geburtstag von Papa Ronnie! Mit dieser nachträglichen Gratulation neigt sich nun auch diese LiveRillen-Ausgabe ihrem Ende zu.

Was unbedingt noch erwähnt werden soll: In einem Punkt fühle ich mich *Ronnie Wood* durchaus etwas verwandt: Er hat seit 2010 mit der „Ronnie Wood Show" eine eigene Radiosendung, in der er regelmäßig seine Lieblingsmusik vorstellt und kommentiert, so wie ich das nunmehr seit über vier Jahren hier auf Radio Corax mit den LiveRillen ebenfalls machen darf. Wie schön, kann ich da nur sagen und zugleich auf die nächste Sendung verweisen, die ganz im Zeichen eines

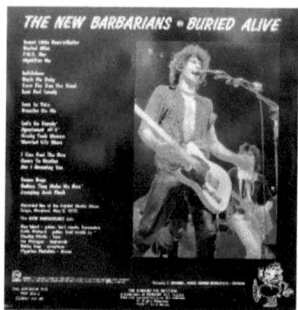

unverkennbaren Gitarrensounds stehen wird: *Carlos Santana* wird am 20. Juli 75 Jahre alt, und das ist mir eine ganze Sendung wert!

Zum Schluss noch einmal *Ronnie Wood* und seine *New Barbarians:* „Breath On Me" heißt das Stück, von dem wir uns jetzt noch einige Takte lang beatmen lassen…

New Barbarians: Breath On Me

---

[19] GoodTimes 163, 06/2019, S. 28.

Quellen:

- The Beach Boys: Live In London, LP, EMI, 1970
- The Beach Boys: In Concert, Do.-LP, Warner, 1973
- The Beatles: Radio-Active Vol. 1, LP, Piramid, 1988
- The Beatles: Live At The Hollywood Bowl 1964/65, LP, Apple/Universal, 2016
- The Beatles: Live In Japan 1966, LP, Limited Edition (0207/1000), Red Vinyl, o.J.
- Eric Clapton: Eric Clapton's Rainbow Concert, LP, RSO, 1973
- Willie Nelson: I Gotta Get Drunk / Live, LP, RCA, 1976
- The New Barbarians: Buried Alive, 3-LP-Set, Swingin' Pig Records, 1992
- The Rolling Stones: Love You Live, Do.-LP, EMI, 1977
- The Rolling Stones: Still Live / American Concert 1981, LP, Promotone, 1982
- The Tubes: What Do You Want From Live, Do.-LP, A&M Records, 1978
- Wings: Over America, 3-LP-Set, EMI Electrola, 1976

No. 52:   Carlos Santana wird 75
Juli 2022

Heute soll einem schlicht unverwechselbaren Gitarrensound gehuldigt werden, dessen Urheber in diesem Monat seinen 75. Geburtstag begehen kann und der glücklicherweise noch immer nicht genug hat von den Bühnen und den Studios dieser Welt. Sein Name ist längst zum Markenzeichen geworden, das nicht nur seine stets hochkarätig besetzte und oft geradezu entfesselt aufspielende Band trägt, sondern das auch als stilistisches Etikett für die Verschmelzung westlich geprägter Rockmusik mit karibischer und lateinamerikanischer Rhythmik sowie jazzigen Ethno-Elementen gilt – lange bevor es den Begriff Weltmusik im musikkulturellen Vokabular überhaupt gab.

Sicher ahnt ihr längst, wer oder was gemeint ist, und um letzte Zweifel auszuräumen, gibt's gleich als musikalischen Leckerbissen den Mitschnitt jenes Ereignisses, mit dem die Weltkarriere des damals 22Jährigen dereinst begann: Wir reisen dafür zurück ins Jahr 1969 und finden uns wieder auf den Kuhwiesen von

Bethel im US-Bundesstaat New York am zweiten Tag des legendären *Woodstock*-Festivals, der genau so eröffnet wurde.

Und falls ihr irgendwas zum Klappern, Schütteln oder Rasseln zur Hand haben solltet, tut euch bitte keinen Zwang an – diese Musik lädt einfach zum Mitmachen ein…

Santana: Soul Sacrifice

Dieser Sound lässt keinen Zweifel: Heute geht es in den LiveRillen um *Carlos Santana*, der am 20. Juli 1947 im mexikanischen Städtchen Autlán de Navarro im Bundesstaat Jalisco geboren wurde. Schon im Vorschulalter erhielt er vom Vater Geigenunterricht, wechselte dann unter dem Eindruck des aufkommenden Rock'n'Roll zur Gitarre. Sechs Jahrzehnte steht der demnächst 75Jährige nun auf der Bühne, seit er mit 15 Jahren seine Gitarre erstmals in den Kneipen und Bordellen der berüchtigten Vergnügungsstadt Tijuana singen ließ. Der Durchbruch kam 1969, als er mit seiner ein Jahr zuvor in San Francisco gegründeten buntgemischten *Santana*-Band die Blumenkinder der Flower-Power-Generation in Woodstock verzückte – wie eben gehört. Der ZEIT-Journalist *Christoph Dieckmann* nannte die späten 1960er Jahre mit Blick auf Santana eine

„*Zeit, da Musik mehr war als nur Musik: weltweites Instrumentarium für Phantasie, Toleranz und Gewissen*". [20]
Genau das drückte sich auch in dem stilistischen Gemisch aus, das die kulturell ganz unterschiedlich vorgeprägten Musiker der *Santana*-Band in ihre mitreißende und Genregrenzen bewusst ignorierende Performance einbrachten. „*Santana wirkte wie eine donnernde, aber perfekt geölte Rhythmusmaschine, die in ihren besten Momenten hochdifferenzierte, durchaus poetische Klangmuster hervorbrachte*", lobt *Siegfried Schmidt-Joos* in seinem Rocklexikon.
Die Motoren dieser Maschine waren lateinamerikanische Perkussionisten wie *Victor Pantoja, James Mingo Luis, Michael Carabello, Jose „Chepito" Areas* oder *Coke* und *Pete Escovedo*. Dazu jazzerfahrene Bläser wie der Trompeter *Luis Gasca* und der Saxofonist *Hadley Caliman*, während *Ron Johnson* am Bass, die Keyboarder *Gregg Rolie* [21] und *Robert Hogins* sowie der junge, hochtalentierte Gitarrist *Neil Schon* ihre Rockambitionen einbrachten – alles gut verschnürt durch den Bandleader, der zumindest in den ersten Jahren homogener Teil der Gemeinschaft war – *Primus inter pares* sozusagen.
Gleich die zweite, 1970 unter dem Titel „Abraxas" erschienene LP wurde zum Millionen-Seller und gehört noch heute zu den Meilensteinen der sich Ende der 1960er Jahre stilistisch ausdifferenzierenden populären Musik. Im Januar 1972 wurde ein Konzert mitgeschnitten, das *Santanas* Band gemeinsam mit dem Jazz-, Soul- und Bluesrock-Drummer *Buddy Miles*, der zuvor unter anderem mit *Wilson Pickett, The Electric Flagg* und *Jimi Hendrix* gespielt und dabei durchaus auch gesangliche Akzente gesetzt hatte, im imposanten Krater des erloschenen Vulkans *Diamond Head* auf Hawaii gab. Die Aufnahme erschien noch im selben Jahr als LP bei *CBS*. Daraus jetzt drei Titel am Stück: „Evil Ways", das auch schon in *Woodstock* zum *Santana*-Set gehört hatte, „Faith Interlude" als meditative Atempause und schließlich „Them Changes", in dem *Buddy Miles* als Komponist ein bekanntes Volkslied verarbeitet hat. Ihr werdet es erkennen…

Santana: Evil Ways / Faith Interlude / Them Changes

---

[20] Christoph Dieckmann: My Generation. Christoph Links Verlag, 1999, 1. Auflage als E-Book (März 2017), S. 26.
[21] … oft auch als *Greg* Rolie geschrieben…

Im selben Jahr 1972 trennte sich *Santana* von seinem Manager und Förderer, dem jüdischen Musikimpresario *Bill Graham*, der 1931 als *Wolfgang Grajonca* in Berlin geboren wurde und nach einer Fluchtodyssee schließlich in den USA gelandet war. Er hatte Ende der 1960er Jahre das *Fillmore West* und den *Winterland Ballroom* in San Francisco sowie das *Fillmore East* in New York zu Kultorten der US-amerikanischen und internationalen Musikszene entwickelt. Seinem Leben, das schon 60jährig durch einen Hubschrauberabsturz tragisch endete, und seinem Wirken werde ich mal eine ganze LiveRillen-Ausgabe widmen. *Woodstock*-Organisator *Michael Lang* sagte später über ihn, *Bill Graham* habe „*das Konzertveranstaltungsbusiness überhaupt erst erfunden*", [22] eng verbunden mit der Förderung von Bands und Musikern wie den *Allman Brothers, Grateful Dead, Quicksilver Messenger Service* oder eben *Carlos Santana*.

Vielleicht hing die Neuorientierung von *Santana* einfach auch mit der Tatsache zusammen, dass *Bill Graham* sich in diversen Projekten etwas verzettelt hatte und 1972 das *Fillmore West* aufgeben musste. Vor der Schließung des Musiktempels gaben sich an mehreren Abenden aber noch einmal jene Szenegrößen die Klinke in die Hand, die auf ebenjener Bühne legendäre Momente erlebt hatten: *Hot Tuna* und *It's A Beautiful Day*, die *Elvin Bishop Group* und *Tower Of Power, Grateful Dead* natürlich, *Quicksilver Messenger Service*, die *New Riders Of The Purple Sage, Boz Scaggs, Taj Mahal* und eben auch *Santana*.

Bill Graham, der die Konzerte moderierte, stellte höchstpersönlich aus den Mitschnitten eine drei Platten umfassende Box unter dem Motto „Fillmore – The Last Days" zusammen, und aus dem Set, das *Carlos Santana* und seine Band spielten, lege ich „Incident Of Neshabur" auf, das *Santana* gemeinsam mit seinem Pianisten *Alberto Gianquinto* für die schon erwähnte LP „Abraxas" aus Versatzstücken kreiert hatte, zu denen auch *Aretha Franklins* „The Girl's In Love With You" gehört, wie *Santana* später einräumte [23]. Inhaltlich inspiriert ist der Song durch den haitianischen General *Toussaint Louverture*, der Napoleons Truppen auf Haiti besiegte – ein schwarzer Revolutionär, wie *Santana* über ihn sagte. Und damit hinein ins Fillmore West…

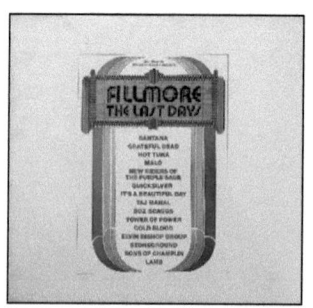

Santana: Incident At Neshabur

---

[22] Michael Lang: Woodstock. Hamburg 2019, S. 109.
[23] Vgl. https://en.wikipedia.org/wiki/Incident_at_Neshabur.

Nun aber widerfuhr dem Mittzwanziger jene religiöse Erleuchtung, die auch sein Gitarrenkollege *John McLaughlin* als *Mahavishnu* soeben bei dem seit 1964 in den Staaten lebenden Guru *Sri Chinmoy* gefunden hatte. Die gemeinsame LP „Love, Devotion, Surrender" von *McLaughlin* und *Santana* gilt als Zeugnis ihrer Hinwendung zur kontemplativen Innerlichkeit, gehüllt in weiße, wallende Gewänder und begleitet vom Verzicht auf Drogen und fleischliche Nahrung. Santanas nunmehriger Namenszusatz *Devadip* bedeutet *„Leuchte, Licht und Auge Gottes"*.

Mehrere soundprägende Musiker verließen daraufhin *Santanas* Band, darunter Keyboarder *Gregg Rolie*, der 1973 *Journey* gründete und den Gitarristen *Neil Schon* hinzuholte, oder Schlagzeuger *Michael Shrieve*, der sich 1974 neuen, eigenen Projekten zuwandte.

Das folgende Jahrzehnt brachte für den erleuchteten *Santana* dann doch eher die Mühen der Ebenen, auch wenn die regelmäßig erscheinenden Platten durchweg gutes Niveau besaßen. Mit „Moonflowers" kam 1977 ein Doppelalbum heraus, das neuere Studioproduktionen wie „She's Not There" mit Liveaufnahmen von Konzerten in München, Paris und London vereinte. Daraus jetzt das feurige „Dance, Sister, Dance", das im Jahr zuvor auf „Amigos" erschienen war, und danach eine der großen Instrumentalhymnen, bei denen sich *Santanas* unvergleichlich singender Gitarrenton voll entfalten kann: „Europa (Earth's Cry Heaven's Smile)".

Santana: Dance Sister Dance / Europa

Die übertriebene Frömmelei der Jugend hat er übrigens lange hinter sich gelassen. Auch die DDR kam glücklicherweise nicht an *Santana* vorbei – beim Staatslabel *AMIGA* war in den 80ern eine Best-Of-LP erschienen, und am 5. April 1987 spielten *Carlos Santana* (am Schlagzeug übrigens mal wieder *Buddy Miles)* und *John Mayall* gemeinsam mit ihren Bands im Ostberliner „Palast der Republik", im Volksmund *Erichs Lampenladen* genannt. *Christoph Dieckmann* schrieb seinerzeit über das *Santana*-Konzert, der Star sei keineswegs als Star gekommen: *„Santana war der Geist seiner Band. Er spielte in ihr und auf ihr – gelöst, ein wenig in sich gekehrt und ganz an den Moment hingegeben. Kein Gedanke an Routine."* [24]

---

[24] Christoph Dieckmann: My Generation, a.a.O., S. 28.

In einem Interview hat *Santana* mal geäußert, dass selbst die alten Songs wie „Black Magic Woman" oder „Oye Como Va" *„für ihn immer wie ein leeres Glas (seien), das er jedesmal neu füllen müsse".* [25] Und ja – das hört man den Stücken an, die gerade aufgrund des pulsierenden Rhythmusfundaments und der beseelt singenden Gitarre keine Patina ansetzen und immer wieder frisch daherkommen.

Als Beweis soll gleich eine Aufnahme aus dem Jahr 2016 vom Dreifach-Album

„Live At The House Of Blues Las Vegas" folgen, das 2016 anlässlich der Veröffentlichung des 24. Studiowerks von *Santana* in herausragender Tonqualität in Las Vegas aufgezeichnet wurde. Daraus zunächst – ineinander übergehend – Black Magic Woman" aus der Feder von *Peter Green,* gefolgt von „Gypsy Queen" und „Oye Como Va".

Santana: Black Magic Woman / Gypsy Queen / Oye Como Va

Im Untertitel heißt die Platte übrigens „SANTANA IV", was darauf zurückzuführen ist, dass erstmals seit der 1971 erschienenen LP „Santana 3" mit *Michael Shrieve, Neil Schon, Gregg Rolie* und *Mike Carabello* quasi die klassische Urbesetzung der *Santana*-Band wiedervereint im Studio – und nun auch live – zugange war. Und auf ganz wunderbare Weise sind dabei zeitlose Titel entstanden, die kompositorisch von allen Bandmitgliedern getragen werde, wobei der bei *Journey* wieder ausgestiegene Keyboarder *Gregg Rolie* am häufigsten in den Credits vertreten ist. So stammen auch diese beiden Stücke aus seiner Feder: „Anywhere You Want To Go" und das gemeinsam mit *Carlos Santana* und dem Drummer *Michael Schrieve* geschriebene „Leave Me Alone".

Santana: Anywhere You Want To Go / Leave Me Alone

---

[25] Ebenda.

Natürlich war *Carlos Santana* neben seinen eigenen Projekten auch häufiger und gern gesehener Gast bei Konzerten von Musikerkollegen *all over the world,* was die folgenden drei Titel auf ganz unterschiedliche Weise belegen sollen. So war er 1968 an den von *Mike Bloomfield* und *Al Kooper* in *Bill Grahams Fillmore West* unter dem Titel „Live Adventures" veranstalteten Sessions dabei und spielte die Gitarre zu der von *Al Kooper*

gesungenen Huldigung, die *Jack Bruce* und *Paul Jones* für ihr Idol „Sonny Boy Williamson" verfasst – und auch genauso benannt - hatten. Das hören wir gleich. Als *Bob Dylan* dann 1983/84 mit einer heftig rockenden Band auf Tour ging, zu der unter anderem der ex-*Rolling-Stone Mick Taylor* an der Gitarre, *Small-Faces*-Keyboarder *Ian McLagen* und Jazzrock-Drummer *Colin Allen* gehörten, entstanden die Aufnahmen zur Platte „Real Live". Darauf findet sich als Rausschmeißer der „Tombstone Blues", bei dem als Überraschungsgast *Carlos Santana* mitwirkte.

Zwanzig Jahre später war *Santana* dann eingeladen zur ersten Ausgabe des *Crossroads Festivals,* das der dem Drogensumpf entkommene *Eric Clapton* zur Unterstützung des von ihm auf der Antilleninsel Antigua gegründeten Suchttherapiezentrums *Crossroads* ins Leben gerufen hatte.
Unter dem Titel „Drums Of Passion" finden sich da diverse typische *Santana*-Melodien, etwa aus dem unverwüstlichen Klassiker „Jingo", als Anregung für *Eric Clapton,* der tapfer mithält – ein gitarristisches Feuerwerk der Extraklasse! *Santana* an der Seite von *Al Kooper, Bob Dylan* und *Eric Clapton…*

Santana und Al Kooper: Sonny Boy Williamson
Santana und Bob Dylan: Tombstone Blues
Santana und Eric Clapton: Drums Of Passion

Dass der *Latin Jazz* eine der wichtigsten Inspirationsquellen für *Carlos Santana* darstellt, ist wohl kaum zu überhören. Mitverantwortlich für das polyrhythmische Fundament vieler früher *Santana*-Titel war der Perkussionist *Pete Escovedo*, 1935 in Pittsburgh geboren – am 13. Juli wird er 87 Jahre alt! Gemeinsam mit zwei Brüdern gründete er dereinst das *Escovedo Bros Latin Jazz Sextet*, bevor *Santana* ihn und seinen Bruder *Coke* in seine Band holte. Später leitete er dann die Latin Big Band *Azteca*. Berühmt ist *Pete Escovedo* bis heute insbesondere für sein variables Spiel auf Timbales und Steeldrum; seine Tochter *Sheila* ist übrigens in seine musikalischen Fußstapfen getreten, wobei sie neben ihrer herausragenden Perkussionskunst auch noch singt!

Von der auf dem Jazz-Label mit dem programmatischen Namen *Crossover* 1987

erschienenen Liveplatte „Yesterday's Memories – Tomorrow's Dreams" hier das *Escovado*-Medley mit den Teilen „Azteca Mozambique", „Ah Ah" und „Cueros" – *Pete Escovado* und seine Band in der *Mills College Concert Hall* im kalifornischen Oakland.

Pete Escovedo: The E Medley: Azteca Mozambique / Ah Ah / Cueros

Nun noch ein rascher Blick auf das, was der singende Keyboarder *Gregg Rolie* und Gitarrist *Neil Schon* nach ihrem Ausstieg bei *Santana* unter dem Namen *Journey* auf den Weg gebracht haben – eine der großen Stadion-Rockbands der 1970er und 80er Jahre, bis heute existent und noch immer von ihren Fans geliebt (zu denen ich mich auch zählen darf). Anders als bei *Pete Escovado* sind allerdings kaum *Santana*-typische Elemente im Fusion-Stil des anfänglichen Quartetts zu entdecken, das durch den britischen Schlagzeuger *Aynsley Dunbar*, der zuvor unter anderem bei *John Mayall*, *Peter Green*, *Frank Zappa* und *Eric Burdon* gespielt hatte,

sowie den Bassisten *Ross Valory* aus dem *Steve-Miller*-Dunstkreis komplettiert wurde. Erst 1977 kam mit *Steve Perry* ein echter Frontmann dazu, der fortan *Gregg Rolie* am Mikrofon entlastete. Unmittelbar vor *Perrys* Einstieg spielten *Journey* noch als Quartett ein Konzert im *Cow Palace* von Daly City, an der Stadtgrenze von San Francisco gelegen, das von einem Radiosender übertragen und aufgezeichnet wurde und 2018 auf dem *Live-*

On-Vinyl-Label als Doppel-LP erschienen ist. Daraus jetzt die Ballade „Look Into The Future" – und diese Zukunft gestaltete sich ja für *Journey* durchaus erfolgreich bis hin zu ihrer Aufnahme in die *Rock and Roll Hall of Fame* im Jahr 2017.

Journey: Look Into The Future

Unser Blick in die Zukunft verrät zunächst, dass auch diese LiveRille sich dem Ende zuneigt. Noch ein paar abschließende Worte zu *Carlos Santana*, dessen bevorstehender 75. Geburtstag dieser Sendung das Thema gab. Aktuell ist er in den USA unterwegs auf seiner *Miraculous Supernatural Tour,* gemeinsam mit den Soul-Poppern von *Earth, Wind & Fire.* Das gleichnamige Album „Supernatural", das 1999 erschienen ist, zählt übrigens mit rund 30 Millionen Verkäufen zu den erfolgreichsten Musikproduktionen überhaupt und erreichte in Deutschland, Österreich, der Schweiz, Großbritannien, den Vereinigten Staaten, Kanada, Frankreich, den Niederlanden, Schweden, Norwegen, Italien, Australien und Neuseeland jeweils Platz Eins der Album-Charts; zudem gab es dafür acht *Grammys*, darunter die für das beste Album und das beste Rockalbum des Jahres. Das brachte reichlich Dollars in die Kasse, und die setzt *Santana* bis heute auch für caritative Projekte [26] ein, wie man auf seiner attraktiven Website www.santana.com nachlesen kann. Die aktuellen Termine dort reichen bis zum 13. November – das Abschlusskonzert wird ihn wieder mal ins *House of Blues* in Las Vegas führen. Und vielleicht stehen dann im kommenden Jahr auch wieder Termine in Europa auf dem Tourplan des Gitarristen, den der *Rolling Stone* auf Platz 20 der weltbesten Saitenvirtuosen aller Zeiten listet und der im Vorjahr mit „Blessings And Miracles" sein bislang letztes Studio-Album veröffentlicht hat. Seit 2010 ist er übrigens in zweiter Ehe mit der Jazz- und Fusion-Schlagzeugerin *Cindy Blackman* verheiratet, der er seinerzeit während eines Konzertes auf der Bühne den Antrag gemacht hat – sie sitzt schließlich seit langem in seiner Band an den Drums! Alles Gute also zum 75. und darüber hinaus!
Im August werde ich aus leider gegebenem Anlass eine LiveRille unter dem Motto „Give Peace A Chance – Lieder gegen den Krieg" präsentieren. Bis dahin: Bleibt gesund und optimistisch. Den Schlusspunkt der heutigen Sendung setzt *Carlos Santana* mit der Melodie, auf die viele wahrscheinlich schon gewartet haben. Und dazu

---

[26] Siehe https://www.santana.com/carlos-santana-we-care-about/.

noch ein Zitat von *Christoph Dieckmann*: „*Carlos Santana spielt … konservative Musik. Das meint aber nicht Musik von oder gar für gestern. Diese Musik … hütet ihre Vision; sie lebt aus dem, was immer gilt: ganz einfach Menschlichkeit.*"[27] Besser kann man es nicht sagen…

Santana: Samba Pa Ti

Quellen:

- Mike Bloomfield: The Live Adventures of Mike Bloomfield and Al Kooper (Fillmore), Do.-LP, CBS, 1969
- Eric Clapton and Guests: Crossroads Revisited / Selections from the Crossroads Guitar Festivals, 6-LP-Set, RHINO/Reprise Records/Duck Records, 2019
- Bob Dylan: Real Live, LP, CBS, 1984
- Pete Escovedo: Live And In Concert: Yesterday's Memories – Tomorrow's Dreams, LP, Crossover, 1987
- Journey: Live At The Cow Palace 1977, Do.-LP, LOV, 2018
- Carlos Santana & Buddy Miles: Live!, LP, CBS, 1972
- Santana: Moonflower, Do.-LP, CBS, 1977
- Santana: Live At The House Of Blues Las Vegas, 3-LP-Set, Universal, 2016

---

[27] Christoph Dieckmann, a.a.O., S. 29.

No. 53: Give Peace A Chance – Songs Against War
August 2022

Diese LiveRillen-Ausgabe kommt – wie man so sagt – aus gegebenem Anlass, auch wenn dieser Anlass selbst alles andere als schön ist: Ende August dauert der russische Angriffskrieg Russlands gegen die Ukraine nun schon ein halbes Jahr. Die Musikzeitschrift *GoodTimes* hat in ihrer jüngsten Ausgabe[28] ihre Mitarbeiter deshalb um deren persönliche Top Five der Antikriegslieder gebeten, und ich habe diese Anregung aufgegriffen und der heutigen Sendung das Motto „Give Peace A Chance – Songs Against War" gegeben. Sicher – Lieder werden diesen Krieg nicht beenden können, aber ich denke, in Zeiten wie diesen zählt jede Geste der Solidarität. Zumal ich bei der Vorbereitung der Sendung und der Auswahl der Künstler und Titel so manche Entdeckung machen konnte, die ich euch gern weitergebe, wobei leider nicht alles in diese zwei Stunden passen wird, was ich auf dem Zettel habe…

Zum musikalischen Einstieg gibt es zunächst den Titelsong der Sendung, den ihr zweifellos alle im Ohr habt: „Give Peace A Chance" von der *Plastic Ono Band*. Die hatte *John Lennon* 1969 noch vor dem offiziellen Ende der *Beatles* zunächst nur als Marke ins Leben gerufen, um genau diesen Song, den er *„mit seiner seltsamen Gefährtin Yoko Ono und ein paar Freunden in einem Hotelzimmer in Montreal"* [29] eingeschunkelt hatte, als Single zu veröffentlichen.

Als daraufhin die Einladung zu einem Rockfestival in Toronto im September 1969 erfolgte, stellte *Lennon* rasch eine Liveband zusammen, die erst im Flieger nach Kanada aufeinandertraf und den Flug für eine erste Probe nutzte. Klingt irre, aber wenn man weiß, wer mit an Bord war, wird klar, welch geballte Kompetenz *John Lennon* da zur Verfügung stand.

Am Bass wirkte mit *Klaus Voormann* einer der *Beatles*-Freunde der ersten Stunde mit – ihre Wege hatten sich erstmals 1960 gekreuzt, als die völlig unbekannten Liverpooler in Hamburg gastierten. Der gebürtige Berliner, Jahrgang 1938, hatte dann als Grafiker etliche Plattencover der Beat-Ära gestaltet und für die *Beatles*-LP „Revolver" sogar einen Grammy eingeheimst. Nebenher hatte er sich nicht ohne Erfolg auf dem Viersaiter versucht und seit 1966 den Bass in der Band von *Manfred Mann* gezupft. Am Schlagzeug saß *Alan White*, ein bekannter Studio-Drummer, der gerade den ex-*Cream*-Schlagzeuger *Ginger Baker* in dessen *Airforce*

---

[28] Siehe GoodTimes Nr. 178, 3/2022, S. 79.
[29] Joachim Deicke/Burghard Rausch: Die Rockjahre. Ullstein, Frankfurt/M.; Berlin, 1987, S. 90.

unterstützte und in den 70ern dann Mitglied der Progressive-Rockband *YES* wurde, bei der er bis 2021 aktiv war. Kurz vor seinem 83. Geburtstag ist *Alan White* im Mai dieses Jahres verstorben.
Und da die *Cream*-Ära gerade zu Ende gegangen war, ließ sich auch *Eric Clapton* nicht lange bitten und brachte sein virtuoses Gitarrenspiel in die *Plastic Ono Band* ein.
Der Auftritt wurde mitgeschnitten und von *EMI* unter dem Titel „Live Peace In Toronto" veröffentlicht. Daraus nun jener Song, der gerade in seiner Schlichtheit des steten Harmoniewechsels zwischen D-Dur und A-Dur über einem Groove, der zum Mitklatschen oder auch Mitstampfen geradezu einlädt, dem formelhaften Refrain seine Wirkung verleiht: *Alles, was wir sagen, ist: Gib dem Frieden eine Chance…*

Plastic Ono Band: Give Peace A Chance

1969: Das *Woodstock*-Festival als Höhepunkt der Hippie-Ära war da gerade friedlich über die Bühne gegangen; der Alptraum von *Altamont* lag für die Blumenkinder noch in der Zukunft – über allem schwebten aber der eskalierende Krieg der USA in Vietnam und der sich dagegen zunehmend formierende weltweite Protest, der aus der Folk-Szene heraus längst auch die Beat- und Rockmusik erreicht hatte – selbst die *Beatles* sangen von „Revolution", und die *Rolling Stones* bedauerten in „Street Fighting Man" ironisch, dass ein kleiner Junge leider nicht viel mehr tun könne als in einer Rock'n'Roll-Band zu spielen.
„*Alle reden von Revolution, Evolution, Selbstbefriedigung, Geißelung, Regulierung, Integrationen, Meditationen, Vereinten Nationen*", singt *John Lennon* in „Give Peace A Chance", und er nennt sich und *Yoko Ono* dabei in einem Atemzug mit interessanten Personen der Zeitgeschichte, als da wären:
Der Psychologe und LSD-Guru *Timothy Leary* sowie der mit *Lennon* gut befreundete TV-Comedian *Tommy Smothers,* der übrigens bei der Aufnahme der Single während des Bed-Ins von John und Yoko im *Queen Elizabeth Hotel* im kanadischen Montreal am 1. Juni 1969 die Gitarre gespielt hatte.
Weiterhin aufgezählt werden *Bob(by) Dylan*, der britische Komiker *Tommy Cooper* und der jahrelang als Pressesprecher der *Beatles* tätige Journalist *Derek Taylor;* dazu der linksorientierte Schriftsteller *Norman Mailer*, der 1969 für seine Anti-Vietnamkriegs-Reportage „The Armies Of The Night" den Pulitzer-Preis erhalten hatte, sowie *Alan Ginsberg,* Kult-Dichter der Beat Generation und enger Vertrauter

Dylans, um schließlich gemeinsam im großen Chor des buddhistischen Hare-Krishna-Mantras aufzugehen, das schon dem erfolgreichen Hippie-Musical „Hair" die Grundierung verliehen hatte und das wenig später durch *Georg Harrison* in „My Sweet Lord" an die Spitze der internationalen Charts geführt werden würde. Dass die 1960er Jahre für das Thema Krieg und Frieden so ergiebig waren, wundert nicht: Der eskalierende Vietnam-Krieg der USA führte weltweit zu einer Politisierung der Jugend, selbst der naive Hippie-Pazifismus propagierte „Make Love, Not War!", und der unreflektierte Patriotismus der Elterngeneration aufgrund ihres Sieges über den Faschismus überzeugte angesichts der Blockkonfrontation im Kalten Krieg, gepaart mit atomarer Hochrüstung auf beiden Seiten, immer weniger.

Das Stichwort *Woodstock* ist gerade gefallen. Der erste Festival-Tag gehörte damals den aus der Folkszene eingeladenen Künstlern: *Richie Havens, Arlo Guthrie, Joan Baez* und *Country Joe McDonald.* Letzterer – einstiger Elite-Soldat der US-Army – gehörte seit Mitte der 1960er Jahre mit seiner Band *The Fish* zweifellos zu den politisch aktivsten Folkies. Das Rocklexikon von *Barry Graves* und *Siegfried Schmidt-Joos* nennt sie gar die  „*Hausband der nordkalifornischen Studentenrebellion*" [30]. Deren große Popularität wird deutlich an der Begeisterung, mit der das Publikum den ironischen Abzählreim des „Fixin To Die Rag" in *Woodstock* mitsingt: „*Na los, ihr Mütter, schickt eure Jungs nach Vietnam / Kommt schon, Väter, zögert nicht, / schickt eure Jungs weg, bevor es zu spät ist. / Ihr könnt die allerersten in eurer Straße sein, / die ihren Sohn zurückbekommen – in einer Kiste! / / Eins, zwei, drei – wofür kämpfen wir? / Frag mich nicht, mir ist es egal. / Die nächste Station ist Vietnam. / Und nun: Fünf, sechs, sieben / öffne das Himmelstor / es fehlt die Zeit, nach dem Warum zu fragen / Hurra, wir sterben alle…*".

Die Band löste sich übrigens unmittelbar nach *Woodstock* auf, *Joe McDonald* blieb als Singer/Songwriter in der Folkszene weiter aktiv, spielte tausende Konzerte rund um den Globus, war oft auch in Deutschland unterwegs. Zeitweise gab es eine Zusammenarbeit mit *Jerry Garcia* von *Grateful Dead;* 2004 sogar eine Neuauflage der einstigen Gruppe unter dem Namen *Country Joe Band.* Zu empfehlen ist die Website [31] des inzwischen 80Jährigen, die über seine Ansichten und die noch immer vorhandenen Aktivitäten ausführlich informiert. Dort findet sich auch eine

---

[30] RL, Band 1, S. 224 (RL siehe Quellenangaben am Ende des Buches).
[31] http://www.countryjoe.com/.

umfangreiche Rubrik „War Songs", über die *McDonald* schreibt: „*Dieses Genre der amerikanischen Musik existierte vor dem Vietnamkrieg nicht wirklich. Es wurde hauptsächlich von Veteranen des Vietnamkriegs erstellt und fast alles wurde selbst produziert. Dies ist der erste Versuch, das meiste davon an einem Ort zusammenzufassen und für alle zugänglich zu machen.*" [32] Eine Fundgrube für Interessierte!

Nach *Country Joe McDonald* dann ein Trio, das in den frühen 1960er Jahren außerordentlich populär war: *Peter, Paul & Mary*. Durch ihre harmoniebetonten Interpretationen konnten sie selbst sozialkritischen Titeln wie „If I Had A Hammer" aus der Feder von *Pete Seeger* oder *Dylans* „Blowin' In The Wind" zu Spitzenpositionen in den US-Charts verhelfen.

Aus ihrem Doppelalbum „In Concert" habe ich das Chanson „Le Déserteur" des französischen Dichters *Boris Vian* ausgewählt, das dieser 1954 verfasst hatte als Brief an seinen Präsidenten, in dem er vor dem Hintergrund des Indochina-Krieges die Verweigerung des Kriegsdienstes begründet: „*Ich bin nicht auf der Erde / Um arme Leute zu töten // Ich habe meine Entscheidung getroffen / Ich werde desertieren*".

Diese Frage war 15 Jahre nach dem Ende der französischen Invasion in Vietnam wieder hochaktuell geworden…

Country Joe McDonald: Fixin' To Die Rag (3:15) / Peter, Paul & Mary: Le Déserteur

Lieder gegen den Krieg in den heutigen LiveRillen – bleiben wir noch etwas in der Folkszene. Zunächst mit dem schon erwähnten *Pete Seeger*, einem der Übervater des US-amerikanischen Folk. Wir hören den 2014 im 95. Lebensjahr Verstorbenen

bei einem 1963 in der New Yorker *Carnegie Hall* mitgeschnittenen Konzert mit dem *Tom-Paxton*-Song „What Did You Learn In School Today", in dem es heißt: „*Ich habe gelernt, dass Washington nie gelogen hat, / Ich habe gelernt, dass Soldaten selten sterben // Ich habe gelernt, dass Krieg nicht so schlimm ist, / Ich erfuhr von der großartigen Zeit, die wir hatten. / Wir haben in Deutschland und in Frankreich gekämpft /*

---

[32] http://www.countryjoe.com/warsongs.htm.

Und eines Tages bekomme ich vielleicht meine Chance. / Das habe ich heute in der Schule gelernt..." – scheinbar kindliche Naivität als Stilmittel. „*Paxtons Lieder waren ironisch und scharf und besaßen ausgefeilte Texte, er nutzte weder Phrasen noch Klischees"* [33], urteilte *Victor Grossman,* ein 1952 in die DDR geflüchteter US-Soldat, der in der Folge Journalistik studiert hatte und als freier Autor und Übersetzer tätig war, in seinem 1988 erschienenen Buch „If I Had A Song – Lieder und Sänger der USA".

Danach *Tom Paxton* selbst, der im Herbst seinen 85. Geburtstag begehen kann und seinerzeit neben *Pete Seeger, Joan Baez, Phil Ochs* und *Bob Dylan* zu den prägenden Künstlern der Folkszene im New Yorker *Greenwich Village* gehörte, mit dem „Talking Vietnam Pot Luck Blues" – eine ätzende Satire über die grassierende Drogensucht unter den GI's im Vietnamkrieg, aufgenommen im Juni 1970 im New Yorker *Bitter End Music Club.*

Pete Seeger: What Did You Learn In School Today
Tom Paxton: Talking Vietnam Pot Blues

Eines der hierzulande bekanntesten Anti-Kriegs-Lieder, das nicht im Bezug zum Vietnam-Krieg entstanden war, ist zweifellos „No Man's Land", wenn auch nicht unbedingt im Original des 1944 in Schottland geborenen *Eric Bogle,* der mit 25 Jahren nach Australien auswanderte und dort zu einem der populärsten Folksänger wurde – 1987 erhob ihn die britische Königin zum „Member of the Order of Australia". Zwei Jahre zuvor war er übrigens Gast des „Festivals des politischen Liedes" in Ostberlin gewesen.

Sein „No Man's Land", auch als „Green Fields Of France" bekannt und unter anderem von den *Dubliners, Joan Baez, Donovan* oder den *Pogues* gecovert, ist beinahe auch zu einem deutschen Volkslied geworden, das noch heute gern gesungen wird, wie ich von musikalischen Abenden auf La Gomera bezeugen kann.

Die entscheidende Aktie daran hält *Hannes Wader,* der den Text über den im Ersten Weltkrieg gefallenen unbekannten Soldaten absolut stimmig übersetzt hat: „Es ist an der Zeit". Hier sind beide Versionen im direkten Vergleich – zunächst *Eric Bogle* von seiner ersten LP überhaupt, die 1977 ausgerechnet in Deutschland –

---

[33] Victor Grossman: If I Had A Song – Lieder und Sänger der USA. Lied der Zeit Musikverlag, Berlin 1990 (1988), S. 233.

im Folkclub Münster sowie auf der Kolvenburg im nordrhein-westfälischen Billerbeck – aufgenommen und unter dem Titel „Live In Person" auf dem kleinen Independent-Label *Autogram* als deren erste Edition veröffentlicht wurde.

Danach *Hannes Wader,* der vor kurzem seinen 80. Geburtstag begehen konnte und dessen Liveplatte „Dass nichts bleibt wie es war" als Übernahme von *PLÄNE*/Dortmund 1983 auch auf dem Ost-Label *AMIGA* erschienen ist.

Eric Bogle: No Man's Land
Hannes Wader: Es ist an der Zeit

„Ja, auch dich haben sie schon genauso belogen, wie sie es mit uns heute immer noch tun…" – eine zeitlose Mahnung, die noch immer tief berührt.
Ganz oben in einer Liste der Anti-Kriegslieder würde zweifellos auch der folgende *Pete-Seeger*-Song landen, den der schlaksige Barde 1955 schrieb, inspiriert von einem traditionellen Kosakenlied, das er in *Michail Scholochows* Roman „Der stille Don" entdeckt hatte. Die drei von *Pete Seeger* verfassten Strophen, veröffentlicht im Magazin „Song Out!", wurden 1960 durch den Folksänger und Volksliedforscher *Joe Hickerson* zu einem Kreislied vervollständigt, sodass die letzte Strophe wieder die einleitenden Verse zitiert, was in diesem Fall den Widersinn der die Menschheitsgeschichte begleitenden, immer wiederkehrenden Kriege unterstreicht. Spätestens jetzt dürfte der Titel klar sein: „Where Have All The Flowers Gone".
Der in den USA eingebürgerte Schriftsteller *Max Colpet* übersetzte den Text ins Deutsche; diese Fassung machte *Marlene Dietrich* 1962 weltweit populär, nachdem *Peter, Paul & Mary* den Song bereits 1960 in ihr Repertoire aufgenommen hatten.
Rasch wurde er so populär, dass das *Kingston Trio* seine LP-Fassung im Glauben, es handele sich um ein Volkslied, als *Traditional* auswies – erst ein Telefonanruf von *Pete Seeger* klärte sie über das Missverständnis auf.
Pete Seeger selbst veröffentlichte das Lied dann 1964 auf einer Single, die 2002 in der Kategorie Folk in die *Grammy Hall of Fame* aufgenommen wurde; 2010 listete

der *New Statesman* den Titel unter den 20 bedeutendsten politischen Liedern [34] der populären Musik.

Ich konnte aus mehreren Fassungen des noch heute in seiner fatalen Kausalität überzeugenden Liedes auswählen – möglich gewesen wären *Joan Baez* von ihrer Europatournee 1970 oder die deutsche Fassung, sonor interpretiert von *Hannes Wader*. Entschieden habe ich mich aber für eine interessante Version, die die DDR-Rockband *CITY* 1983 zu „Rock für den Frieden" beisteuerte, einer FDJ-Aktion, die sich gegen die Pläne der USA, atomar bewaffnete Mittelstreckenraketen in Mitteleuropa zu stationieren, wandte – allerdings unter Ausblendung der Tatsache, dass die Sowjetunion da ihre SS-20 längst abschlussbereit auf den Rampen hatte… - „*wann wird man je verstehn…*".

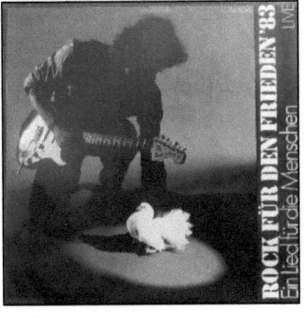

Aktuell ist *CITY* übrigens nach 50 Jahren auf der Bühne auf Abschiedstour durch Deutschlands Osten; mich hat die Band allerdings nie wirklich vom Hocker gerissen, und auch ihr One-Hit-Wonder „Am Fenster" macht da keine Ausnahme: Zwei simple Harmonien, eine schmachtende Geige, die auch *André Rieu* beigesteuert haben könnte, und ein der Leipziger Lyrikerin *Hildegard Maria Rauchfuß* geklauter Text, dessen Deutung im darin besungenen Nebel verborgen verbleibt. Nun gut.

Ich bleibe noch kurz bei besagter Propaganda-Aktion „Rock für den Frieden", deren 83er und 84er Jahrgang von *AMIGA* auf LPs dokumentiert wurden. 1984 spielte auch die hallesche *M.-Jones-Band* beim Friedensfestival auf und interpretierte dort *Bob Dylans* „Masters Of War", das in einer für den Meister der kryptischen Metaphern ungewöhnlichen Deutlichkeit die Gewinnler geißelt, die es bei jedem Krieg gibt. Den Text zu „Herren des Kriegs" hatte *Werner Karma*, einer der bekanntesten Rocktexter der DDR, beigesteuert.

City: Sag mir, wo die Blumen sind
M.-Jones-Band: Die Herren des Krieges

---

[34] Siehe auch: https://en.wikipedia.org/wiki/Where_Have_All_the_Flowers_Gone%3F.

Obgleich *Bob Dylan* in dieser Sendung nicht selbst zu hören ist, sind doch seine Songs – zumal die frühen – beim Thema Krieg und Frieden allgegenwärtig; man denke an „A Hard Rain's Gonna Fall", „The Times They Are A-Changin'", den „Talkin' World War III Blues" oder „With God On Our Side"; eine bittere Abfolge der Kriege von der Unterwerfung der nordamerikanischen Ureinwohner über den spanisch-amerikanischen Krieg, den Bürgerkrieg und die beiden

Weltkriege bis zum Kalten Krieg der 1960er Jahre – und all das Grauen stets mit dem zynisch behaupteten Beistand von ganz oben: „*Man hat mir beigebracht, die Gesetze zu befolgen / Und dass das Land, in dem ich lebe, Gott auf seiner Seite hat*". Diesen Titel hören wir gleich in der Interpretation von *Joan Baez*, aufgenommen 1970 bei Konzerten in Italien.

Einen ähnlich umfassenden Horizont umreißt die Kanadierin *Buffy Saint-Marie*, eine 1941 geborene Künstlerin, Pädagogin und Politaktivistin indianischer Abstammung, in ihrem „Universal Soldier", den Country-Star *Glen Campbell* und der schottische Folksänger *Donovan Philipp Leitch*

durch ihre Interpretationen populär gemacht haben. Und mit der Live-Version des Schotten, der ansonsten ja eher für seine märchenhaft-poetischen Lieder über Waldfeen, einbeinige Zinnsoldaten, den Drehleier-Mann oder das untergangene Atlantis bekannt war, verlassen wir dann auch das Folk-Genre, um noch einige Songs gegen den Krieg aus dem Rockbereich zu hören.

Joan Baez: God On Our Side
Donovan: Universal Soldier

Eine Band, die in der reichen kalifornischen Musikszene Mitte der 1960er Jahre zum Startpunkt diverser erfolgreicher Karrieren wurde, war *Buffalo Springfield*, im Frühjahr 1966 von *Stephen Stills, Neil Young, Richie Furay, Bruce Palmer* und *Dewey Martin* gegründet; zeitweise gehörten auch *David Crosby*, der Gitarrist *Doug Hastings* oder der Bassist *Jim Messina*, der später *Poco* gründen würde, zur Besetzung. Ende 1967 kam bereits das Aus für *Buffalo Springfield*, deren individualistische Charaktere auf Dauer einfach nicht unter einen Hut passsten – insbesondere zwischen *Stills* und *Young* krachte es immer wieder bis hin zu Prügeleien auf offener Bühne.

Neben drei Studioplatten sind nur wenige Liveaufnahmen erhalten geblieben, darunter Mitschnitte vom *Monterey International Pop Festival* vom Juni 1967. Daraus jetzt der *Stephen-Stills*-Song „For What It's Worth", der in Bezug auf Vietnam die Fragen stellt nach dem, wofür es sich zu engagieren lohnt: *Irgendwas tut sich, aber es ist nicht ganz klar, was es ist. Sie sagen, da drüben ist einer mit einer Waffe und ich müsse mich hüten, aber ist es das wert?*

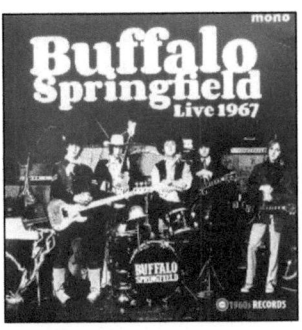

Es werden Fronten gezogen, doch niemand hat Recht, wenn alle Unrecht haben. Junge Leute sagen ihre Meinung und bekommen viel Unterstützung für ihren Widerstand...
Danach die Ballade des Unbekannten Soldaten – „The Unknown Soldier" von *Jim Morrison* und den *Doors*, 1968 als erste Single aus dem *Doors*-Album „Waiting For The Sun" ausgekoppelt. *„Beim Frühstück werden die Nachrichten gelesen / Fern gesehen, Kinder gefüttert / Ungeborene Lebende, lebende Tote / Die Kugel trifft den behelmten Kopf / Und für den unbekannten Soldaten ist alles vorbei...".* Dazu die

bedrohlich realistischen militärischen Befehle und eine quasi naturalistische Unterstützung durch Soundmalerei, Sirenen und peitschende Rhythmen – eines der vielen Meisterstücke des kreativen Quartetts um ihren genialen Nucleus *Jim Morrison*, dessen früher Tod im Jahr 1971 dem Club 27 einen weiteren prominenten Zugang bescherte. Die Aufnahme des „Unknown Soldier" wurde 1968 im *Hollywood Bowl* mitgeschnitten.

Schließlich noch *Creedence Clearwater Revival*, eine der erfolgreichsten Bands der späten 60er Jahre um die Brüder *John* und *Tom Fogerty*. Ihr „Fortunate Son", 1969 zunächst als B-Seite der Single „Down On The Corner" und kurz darauf auf der vierten *CCR*-Platte „Willy And The Poor Boys" erschienen, ist alles andere als ein naiver Glückspilz: *„Manche Leute sind geboren, um die Flagge zu schwenken / Sie sind rot, weiß und blau / Und wenn die Band "Hail to the Chief" spielt / Richten sie die*

Kanone auf dich, Herr // Ja, manche Leute erben sternenbesetzte Augen / Sie schicken dich in den Krieg / Und wenn du sie fragst: ‚Wie viel sollen wir geben?' / So antworten sie nur: ‚Mehr, mehr, mehr' // Doch ich bin es nicht, mein Sohn".

Buffalo Springfield: For What It's Worth
Doors: The Unknown Soldier
Creedence Clearwater Revival: Fortunate Son

Einen der eindrucksvollsten Kommentare zum Wahnsinn des Krieges haben *Black Sabbath*, die ebenso heiß verehrten wie oft geschmähten Miterfinder des Hardrock, mit ihrem grandiosen Song „War Pigs" abgegeben: *„Generäle versammelten sich in Massen / Genau wie Hexen bei schwarzen Messen / Böse Geister, die Zerstörung planen / Zauberer der Konstruktion des Todes / Auf den Feldern brennen die Leichen / Während sich die Kriegsmaschinerie weiterdreht / Tod und Hass auf die Menschheit / Vergiftet von ihren hirnrissigen Gedanken".*

1970 war der Rocksong, der ursprünglich „Walpurgis" heißen sollte, was die Plattenfirma ablehnte, als fast achtminütiger Eröffnungstitel der LP „Paranoid" erschienen. Der Text stammt vom Bassisten der Band, *Geezer Butler*. *„Für mich war Krieg der große Satan",* sagte er über seine Gedanken: *„Es ging nicht um Politik oder Regierung oder so etwas. Es war das Böse selbst."* [35]

Dass die Musik der Herren *Tony Iommi, Bill Ward, Geezer Butler* und *Ozzy Osbourne* diese düsteren Gedanken mit passendem Getöse umsetzte, versteht sich wohl von selbst. Die Aufnahme, die ich gleich auflege, stammt aus einem Konzert im Londoner *Rainbow Theatre* und wurde 1980 auf der LP „Live At Last" veröffentlicht.

Nach diesem metallhaltigen Kracher halten wir den Geräuschpegel hoch mit *Molly Hatchet*. Die 1975 in Florida gegründete Southern-Rock-Combo beeindruckte durch ihren fulminanten Gitarrensound, für den gleich drei Gitarristen sorgten: *Dave Hlubek,*

Steve Holland und *Duane Roland*. 1985 erschien ihr Live-Album „Double Trouble", das ihre musikalisch beste Zeit widerspiegelt. Immerhin hatte die Band zwischen 1978 und 1984 sechs Studioalben bei *Epic Records* veröffentlicht, drei davon wurden mit Platin ausgezeichnet; zudem konnten sich mehrere Single-Auskopplungen in den *Billboard*-Charts gut platzieren. Auf dem 1983 erschienenen Album „No Guts … No Glory",

---

[35] Zitiert nach: https://en.wikipedia.org/wiki/War_Pigs; Übersetzung: PDB.

das von der Kritik stilistisch gern mit *Lynyrd Skynyrd, Mountain* oder *Grand Funk Railroad* verglichen wurde, findet sich auch ein Song, der die Ermordung von *John F. Kennedy* und *John Lennon* thematisiert: „Fall Of The Peacemakers" – eine nicht unbedingt überzeugende Parallele der Fälle. Aber im Text werden wir an den Beginn dieser Sendung erinnert, wenn es heißt: *„Eine Stimme aus der Vergangenheit rief ‚Give Peace A Chance' / Er hat unseren Preis bezahlt, jetzt ist er endlich frei / Stellen Sie sich vor, wir nannten ihn einen Träumer! / Wie oft müssen gute Männer sterben? / Wie viele Tränen werden die Kinder weinen? / Bis sie keine Traurigkeit mehr erleiden / Stoppt diesen Wahnsinn"*.

Das immerhin scheint mir eine stimmige Hommage an den Ex-*Beatle*, der im Dezember 1980 erschossen wurde.

Black Sabbath: War Pigs
Molly Hatchet: Fall Of The Peacemakers

„Fall Of The Peacemakers" mit *Molly Hatchet* – die Band, die heute unter diesem Namen aktiv ist, hat allerdings mit der ursprünglichen Besetzung nichts mehr zu tun – alle sechs Gründungsmitglieder der Southern-Rock-Band sind zwischen 2005 und 2020 verstorben.

Nicht mehr unter uns weilt leider auch *Gary Moore*. Der in Nordirland geborene Blues- und Hardrockgitarrist ist 2011 mit nur 58 Jahren an einem Herzinfarkt verstorben. Neben kürzeren Bandgastspielen bei *Skid Row, Thin Lizzy* oder *Colosseum II* arbeitete er vor allem als Solist mit eigener Band und hat uns eine Reihe großartiger Gitarrensoli hinterlassen, die aufgrund ihrer sanglichen Melodiösität dauerhaft im Ohr bleiben – man denke nur an „Still Got The Blues". Und gerade während seiner Hardrockphase, also vor allem in den 1980er Jahren, finden sich immer wieder Titel, die sich politischer Themen annehmen wie etwa des Nordirland-Konflikts, des Vietnamkriegs, des Abschusses eines Passagierflugzeugs der *Korean Airlines* am 1. September 1983 über dem Japanischen Meer durch einen sowjetischen Abfangjäger („Murder In The Skies") oder der nuklearen Hochrüstung in „Nuclear Attack". Da fehlt es nicht an deutlichen Worten wie etwa: *„Ein Knopfdruck genügt / Um die Welt in Schwarz zu kleiden. / Ein Fehler im System, ein fataler Fehler, // Die Russen sind bereit, die USA sind bewaffnet. / Sie versuchen uns zu sagen, dass es keinen Grund zur Beunruhigung gibt. // Doch niemand kann sagen, niemand weiß es genau / wer einen nuklearen Angriff überleben wird. / Du kommst nie zurück von einem nuklearen Angriff."*

„Nuclear Attack" hören wir gleich von der 1983 aufgenommenen LP „Live In Japan", unter anderem mit dem *Deep-Purple*-Drummer *Ian Paice* und dem *Colosseum*-Keyboarder *Don Airey*, der heute ebenfalls bei *Deep Purple* die Tasten drückt. Danach *Billy Joel*. Auf seinem 82er Album „The Nylon Curtain" schildert der US-amerikanische Songwriter, Pianist und Sänger die Haltung der nach Vietnam geschickten U.S. Marines, beginnend mit ihrer militärischen Ausbildung auf Parris Island und dann in verschiedenen Situationen des Vietnam-Krieges. Der Text selbst ergreift dabei nicht Partei, was der *Rolling-Stone*-Kritiker *Dave Marsh* für an Obszönität grenzend hielt. Ein anderer Experte des führenden Musikmagazins lobte das Lied dagegen als möglicherweise *„das ultimative Popmusik-Epitaph des Vietnamkriegs";* insbesondere durch die Art und Weise, wie *Joels* Stimme die Emotionen eines 19-jährigen Soldaten einfing. [36]

Wir können uns gleich selbst ein Urteil bilden, denn „Goodnight Saigon" stand auf der Setlist jener sechs Konzerte, die *Billy Joel* im Juni 1987 als einer der ersten

US-Künstler hinter dem Eisernen Vorhang in Moskau geben konnte – dank der Entspannungspolitik von *Michail Gorbatschow*. Das dabei aufgenommene Doppelalbum ist noch im selben Jahr bei *CBS* erschienen.

Gary Moore: Nuclear Attack
Billy Joel: Goodnight Saigon

Eine Band, die unverdienterweise bis heute etwas unterhalb des Radars weltweiter Popularität fliegt, sind die *Brandos*. 1985 in New York gegründet, haben sie sich allerdings mit den Jahren durch zahlreiche Tourneen international eine treue Fangemeinde erspielt; auf einer deutschen Fan-Website ist zu lesen: *„Schon damals war ihr Stil kraftvoller, hymnischer Rock, wobei besonders die charismatische Stimme von Frontman Dave Kincaid im Ohr hängen blieb. Inzwischen kombinieren The Brandos wie keine andere Band handgemachten, ehrlichen Rock'n'Roll mit irish und mexican Folk."* [37] Und –

---

[36] Vgl. dazu auch https://en.wikipedia.org/wiki/Goodnight_Saigon.
[37] https://www.nowherezone.de/home.html.

so will ich hinzufügen – auch ihre Texte haben durchaus mehr zu sagen als *Boy meets Girl and Girl leaves Boy* …

Auf ihrer ersten, 1987 erschienenen LP hatten *The Brandos* immerhin mit dem vom Bandgründer *Dave Kincaid* geschriebenen „Gettysburg" einen kleinen Hit, mit dem sie nordamerikanische Geschichte des 19. Jahrhunderts verarbeiten: *„Vater führte einen blutigen Krieg / Sein Vater den davor / Wir gehen durch das verfluchte Feld / Ich wusste, dass wir nicht mehr geben konnten / Ich sah die Jahre abgestreift / Ich sah zu, wie Männer blau und grau starben."*

Deutliche Worte dann auch in „The Warrior's Son": *„Ich habe geschworen, als ich noch ziemlich jung war / Ich werde nicht in einer Reihe marschieren oder eine Waffe tragen / Obwohl ich vielleicht der Sohn des Kriegers bin / Werde ich nie ein Krieger sein".*

2008 waren *The Brandos* im *Rockpalast* des *WDR* zu Gast; das *Blue-Rose*-Label hat von den Konzerten in Nürnberg und Bonn ein mitreißendes Dreifach-Album gemischt. Neben *Kincaid* war zwar nur noch Bassist *Ernie Mendillo* von der Urbesetzung dabei, aber mit dem Gitarristen *Ziga Stanonic* und dem Drummer *Patrick Fitzsimmons* waren Musiker gefunden, die das stets ohne Keyboards auskommende Line-Up stimmig ergänzten. Daraus nun beide Songs am Stück.

Apropos: Zuletzt waren *The Brandos* 2018 in Deutschland auf Tour, und es ist zu hoffen, dass *Dave Kincaid,* der 2019 die Diagnose „Kubitaltunnelsyndrom" – ein schmerzhaftes Nervenleiden – erhalten hatte und inzwischen am linken Arm operiert worden ist, bald auf die Bühne zurückkehren kann. Ihm sei von hier aus gute Besserung gewünscht!

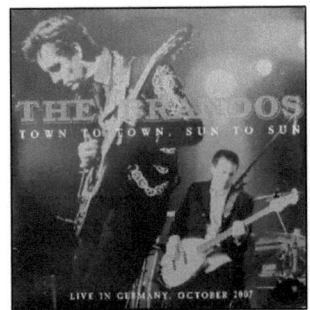

The Brandos: Gettyburg / The Warrior's Son

Da noch etwas Zeit bleibt, kann ich rasch noch die *Urban Heroes* präsentieren, eine 1979 in Den Haag gegründete niederländische New-Wave-Band um den Sänger *Evert Nieuwstede* und den Gitarristen *Jaap de Jonckheere,* der zuvor bereits mit dem Bassisten *Martin Zonderop* und Drummer *Ad van Ree* in der Jazzrock-Formation *Storm* gespielt hatte. Komplettiert wird das bis heute bestehende Quintett durch *Jeroen Ernst* an den Keyboards.

Auf knapp zwanzig LPs kann die Band inzwischen verweisen; ihre zweite, 1981

erschienene Single hieß „Not Another World War", die die weltweiten Sorgen der damaligen Zeit (ich erinnere an Cruise Missiles und Pershings versus SS-20) auf den Punkt bringt: *„Ich hasse es, die Toten zu sehen / Viele Soldaten sind jetzt unterwegs / Was nützt überhaupt Krieg? / Wir wollen den Frieden in diesem Paradies einfach nicht hören / Nicht noch ein Weltkrieg / Oh nein, wir wollen keinen weiteren Weltkrieg".*
Hier ist der Titel von der im selben Jahr erschienen LP „Urban Heroes – Live".

Urban Heroes: Not Another World War

Eine vierzig Jahre alte und leider sehr aktuelle Warnung vor einem drohenden Weltkrieg, und das war dann auch die LiveRillen-Ausgabe Nummer 53, heute mit Folk und Rock unter dem Motto „Give Peace A Chance". Ein kleines Zeichen in Richtung Ukraine…
Die nächste LiveRille wird sich im September mit der Geige in der populären Musik beschäftigen – Anlass ist der 80. Geburtstag von *Jean-Luc Ponty*.
Den Schlusspunkt der heutigen Sendung setzt *John Lennon*, womit wir an den Anfang zurückkehren und den Kreis schließen. Sein „Imagine" gilt bis heute als eine der schönsten, die Seele berührenden Balladen zum Thema Frieden – Frieden mit uns selbst, mit den anderen und mit der Welt. Das Konzert, dem ich den Song entnehme, fand vor ziemlich genau 50 Jahren – am 30. August 1972 – im *Madison Square Garden* statt; *Yoko Ono* schreibt in den Liner Notes der LP „Live In New York City", die erst nach Lennons Ermordung erschienen ist: *„Dieses Konzert … verkörperte das, woran John und ich fest glaubten; ‚Rock für Frieden und Aufklärung'"!*
Einen besseren Schlusssatz habe ich nicht…

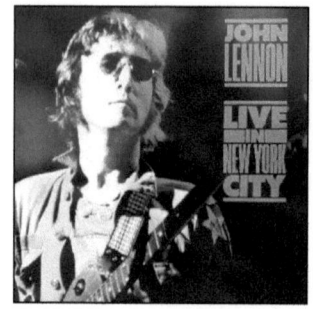

John Lennon: Imagine

Quellen:

- Joan Baez: Live In Italy, Do.-LP, Electrola, 1970
- Black Sabbath: Live At Last, LP, NEMS, 1980
- Eric Bogle: Live In Person, LP, Autogram, 1982
- The Brandos: Town To Town, Sun To Sun, Live In Germany, October 2007, 3-LP-Set, Blue Rose, 2008
- Buffalo Springfield: Live 1967, LP, 1960s Records Limited, Rhythm & Blues
- Creedence Clearwater Revival: Live In Europe, Do.-LP, Carrere, 1971
- Donovan: Sunshine Superman | In Concert, Do.-LP, CBS, 1976
- The Doors: Live At The Bowl '68, Elektra, 2012
- Billy Joel: KONZERT (in kyrill. Schrift), Do.-LP, CBS, 1987
- John Lennon: Live In New York City 1972, LP, EMI, 1986
- Molly Hatchet: Double Trouble Live, Do.-LP, CBS, 1985
- Gary Moore: Rockin' Every Night – Live In Japan, LP, Virgin, 1980
- Tom Paxton: The Compleat Tom Paxton Recorded Live, Do.-LP, Elektra, 1972
- Peter, Paul & Mary: In Concert, Do.-LP, Warner, 1964
- The Plastic Ono Band: Live Peace In Toronto 1969, LP, EMI Records, 1970
- Rock für den Frieden '83, Ein Lied für die Menschen, LP, AMIGA, 1983
- Rock für den Frieden! Live '84, LP, AMIGA, 1984
- Pete Seeger: Live Concert, LP, CBS, 1967
- Urban Heroes: Live, LP, FLEET/Ariola, 1981
- Hannes Wader: Dass nichts bleibt wie es war – live, LP, AMIGA (Pläne), 1983
- Woodstock, 3-LP-Set, Atlantic, 1970

No. 54: Hot Strings – die Violine in der populären Musik
September 2022

Die September-Ausgabe der LiveRillen steht ganz im Zeichen eines Instruments, das wie kaum ein anderes als Synonym der barocken und klassischen Orchestermusik gelten darf – umso erstaunlicher, dass sich damit zwei Konzertstunden der populären Musik mühelos und zudem sehr abwechslungsreich füllen lassen, wie ich schon jetzt versprechen darf!

Es geht um die Violine, jenes historisch den Kastenhalslauten zuzurechnende viersaitige Instrument, das seinen Siegeszug im 16. Jahrhundert antrat und das seither den sinfonischen Orchesterklang der abendländischen Musikkultur ebenso prägt wie das variantenreiche Zusammenspiel im Streichquartett, einer der bei Komponisten und Tonsetzerinnen durch die Jahrhunderte hindurch beliebtesten Besetzungen überhaupt. Ihre Ursprünge bzw. Vorläufer – man mag es kaum glauben – liegen allerdings bei arabisch-muslimischen Saiteninstrumenten wie beispielsweise der *Rebab;* ihre heutige Form und den unverkennbaren Klang verdankt sie vor allem den Instrumentenbauern der italienischen Renaissance. Insbesondere Cremona in der Lombardei entwickelte sich seit dem 16. Jahrhundert zum Zentrum des Geigenbaus, und die Namen der dortigen Meister lassen noch heute die Experten mit der Zunge schnalzen: *Amati* und *Guarneri*, *Antonio Stradivari* natürlich oder die Familien *Ruggeri* und *Bergonzi*. Deren heute hochpreisige Instrumente wird man allerdings auf den Jazz-, Rock- oder Folk-Bühnen kaum vorfinden, zumal sich für den Konzertalltag in der populären Musik längst auch elektrisch verstärkte Modelle empfehlen, deren Naturklang kaum relevant ist; manche Instrumente besitzen nicht mal mehr einen Resonanzkorpus, sondern nur noch einen der Violinenform nachempfundenen Holz- oder gar Plastik-Rahmen. Geblieben ist die generelle Quinten-Stimmung des Instruments in *G – D – A – E* (auch wenn im Jazz schon mal fünfsaitige Sonderanfertigungen zu erleben sind) sowie die vorrangige Spielweise mit dem Bogen, wobei wir natürlich auch gezupfte Pizzicato-Passagen hören werden. Dass ein Satz guter Violinen-Saiten schon mal mit hundert Euro zu Buche schlagen kann, sei nur am Rande erwähnt…

Keinesfalls eine Randnotiz ist der Anlass, mich in dieser Sendung ausführlich mit der Geige zu beschäftigen, wird doch einer der bekanntesten Virtuosen in diesem Monat 80 Jahre alt: der französische Jazzgeiger *Jean-Luc Ponty*. Und mit ihm und seiner fünfsaitigen elektrischen Violine steigen wir dann auch musikalisch in die

54. LiveRillen ein. Im Dezember 1978 entstanden während einer US-Tour die Aufnahmen, die im Folgejahr auf *Atlantic* unter dem schlichten Titel „Jean-Luc Ponty: Live" erschienen sind. Daraus jetzt *Pontys* Komposition „Aurora II"; das erste Solo spielt er selbst, das zweite gestaltet sein Bassist *Ralphe Armstrong*. In den Liner Notes dankt *Jean-Luc Ponty* übrigens seinem amerikanischen Publikum, das seine Energie in die Aufnahmen eingebracht habe – hier können wir es bei seinem auf der elektrischen Violine zelebrierten Sonnenaufgang miterleben…

Jean-Luc Ponty: Aurora II

Geboren wurde *Ponty* am 29. September 1942 in der Kleinstadt Avranches in der Normandie. Die Musik wurde ihm direkt in die Wiege gelegt: Der Vater unterrichtete Violine, die Mutter Klavier. Mit achtzehn Jahren schloss er das Pariser *Conservatoire National Supérieur de Musique* mit der höchsten Auszeichnung der Institution, dem *Premier Prix*, ab und konnte umgehend eine Stelle in einem der großen Sinfonieorchester der Hauptstadt, dem *Concerts Lamoureux*, antreten, wo er drei Jahre lang spielte. Die klassische Musikerlaufbahn hätte wohl weiter ihren Weg genommen, wenn ihm da nicht Mitte der 1960er Jahre *Miles Davis* und der Jazz in die Quere gekommen wären: Hin und wieder spielte er da schon Klarinette in einer College-Band, griff unter dem Einfluss von *John Coltrane* sogar zum Tenor-Saxofon, um schließlich mit seinem Hauptinstrument, der Violine, die Tür zum Fusion-Jazz weit aufzustoßen. Schon 1967 wurde er als Gast zum *Monterey Jazz Festival* eingeladen, nachdem er im Jahr zuvor für sein erstes Solo-Album den renommierten *Django-Reinhardt-Prize* erhalten hatte. Von da an nahm eine beispiellose Karriere ihren Lauf – *Jean-Luc Ponty* hat im Laufe der Jahrzehnte mit allen Größen der Szene gespielt, so den Gitarristen *John McLaughlin, Allan Holdsworth* und *Al Di Meola*, mit *Stéphane Grappelli* und *Frank Zappa*, dem Bassisten *Stanley Clarke*, mit *Chick Corea* und *Wolfgang Dauner*, mit *Nigel Kennedy* oder dem Yes-Sänger *Jon Anderson*. Seine Kompositionen haben Orchester in den USA, Kanada, Japan, Europa, Brasilien und Russland interpretiert; seine Tochter Clara ist eine weltweit anerkannte Pianistin, Sängerin und Komponistin.
2007 erhielt er die *Jazz Trophy Deutschland;* 2016 ernannte ihn das französische Kultusministerium zum Offizier der Ehrenlegion, was vier Jahre zuvor bereits *Paul McCartney* widerfahren war und drei Jahre später auch *Elton John* zuteilwerden sollte… - eine illustre Gesellschaft zweifellos. Die hohe Ehre ausgeschlagen haben

allerdings auch nicht wenige, so der Chansonier *George Brassens,* der existenzialistische Philosoph und Schriftsteller *Albert Camus* oder die feministische Autorin *Simone de Beauvoir* – dies nur als kleine Fußnote.

Zurück zu *Jean-Luc Ponty,* dessen 80. Geburtstag Ende des Monats ansteht und dem ich die Anregung verdanke, sein Solo-Instrument in den Mittelpunkt der heutigen LiveRillen zu stellen. Und bevor ich mich weiteren herausragenden Könnern auf den vier (oder mitunter halt auch fünf) Saiten widme, hören wir noch einmal *Ponty* im Dezember 1978 mit seiner Komposition „No Strings Attached", die er im Konzert ganz allein zelebriert und dazu neben seiner elektrischen Violine diverse Digital-Delays, Sequenzer und einen Bass-Synthesizer nutzt.

Jean-Luc Ponty: No Strings Attached

Nach *Jean-Luc Ponty* und seiner elektrisch verstärkten Geige bleiben wir noch in diesem stilistischen Feld, das am besten mit dem weiten Begriff des *Fusion Jazz* zu umschreiben ist, um allerdings die Intensität durchaus noch etwas zu steigern: Und zwar mit dem Jazzgeiger *Charles Burnham,* 1950 in New York geboren und langjähriger Mitstreiter in den Trio- und Quartettformationen des Avantgarde-Gitarristen *James Blood Ulmer,* den ich in der Februar-Sendung dieses Jahres anlässlich seines 80. Geburtstages ausführlich vorgestellt habe. *Charles Burnham* ist zweifellos mitverantwortlich für den solitären Stil dieser Band, für den eigens die Schublade des *Free Funk* erfunden wurde, dessen Grundlagen dereinst der mit *Ulmer* befreundete Saxofonist *Ornette Coleman* gelegt hatte. Bestens auf den Punkt bringt das die 1986 im texanischen *Caravan Of Dreams* aufgenommene gleichnamige Live-LP, die beide Solisten auf dem hochenergetischen Teppich zur Geltung kommen lässt, den die aus dem Drummer *Warren Benbow* und *Amin Ali* am Bass bestehende Rhythmusgruppe knüpft, wobei *Charles Burnham* vor allem für die langgezogenen, metallisch spröden und flirrend verfremdeten Melodiebögen

verantwortlich zeichnet, die der Singenden Säge oft näher sind als dem Wohlklang der Geige und die von *Ulmers* Gitarre mitunter geradezu zerhackt werden, sich dagegen aber auch – wie gleich zu hören sein wird – durchaus erfolgreich wehren können. Ausgewählt habe ich den „Lonely Man".

James Blood Ulmer: Lonely Man

Auf den Tonspuren der Violine in der populären Musik nun zu einer Reihe von britischen Formationen, die vor rund fünf Jahrzehnten zu den Pionieren des *Progressive Rock* gehörten und dabei dem klassischen Streichinstrument erstaunlich viel Raum boten.

1969 hatte der damals 23jährige Komponist und Gitarrist *Robert Fripp* in London *King Crimson* gegründet, um mit bestens ausgebildeten Musikern komplizierte „*Spielvorlagen mit kühnen Stilsprüngen, ausgeklügelten Klangverästelungen, effektvoll dosierten Ton-Tricks*" zu realisieren, die „*weit über den experimentellen Rahmen hinausgingen, in dem sich die Moody Blues oder Pink Floyd bewegten*", [38] wie *Siegfried Schmidt-Joos* in seinem Rocklexikon lobt.

Im Herbst 1974 spielten *King Crimson* in der Besetzung *Robert Fripp*, ex-*Yes*-Drummer *Bill Bruford*, *John Wetton* am Bass, *Jamie Muir* an den Percussions und *David Cross*, der neben Violine auch Flöte und Mellotron beisteuerte, ein Konzert im Amsterdamer *Concertgebow*, von dem Ausschnitte 1990 auf dem Luxemburger Bootleg-Label *Flashback* als Liveplatte „Book Of Saturday"

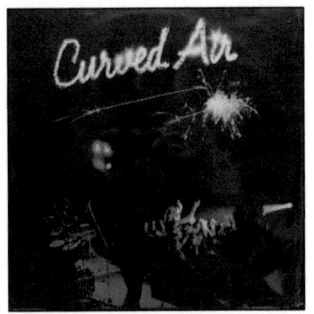

veröffentlicht wurden. Daraus jetzt der Titelsong – wesentlich gefärbt durch das Geigenspiel von *David Cross*.

Gleich im Anschluss folgt mit *Curved Air* eine ebenfalls 1969 gegründete britische Band, die die Geige sogar deutlich in, den akustischen Mittelpunkt ihrer Musik stellte – neben das optische Zentrum natürlich, nämlich die Sängerin *Sonja Kristina*, die bereits im Musical „Hair" mitgewirkt hatte und später rund zehn Jahre mit *Police*-Drummer *Stewart Copeland* verheiratet sein würde. Stimmliche Vergleiche mit

Grace Slick, zu der ich am Ende der heutigen Sendung kurz kommen werde, braucht *Sonja Kristina* jedenfalls nicht zu scheuen.

Ein erster Achtungserfolg war *Curved Air* mit einer für sich sprechenden Nummer vergönnt: „Vivaldi", und dabei kann Bandmitbegründer *Darryl Way* seiner Violine richtig Zucker geben. Den Titel entnehme ich der im Dezember 1974 in Cardiff und Bristol mitgeschnittenen Live-LP von *Curved Air*.

---

[38] RL, Band 1, S. 491.

Noch ein paar Jahre später rief *King-Crimson*-Bassist *John Wetton,* der inzwischen bei
Uriah Heep gelandet war, die kurzlebige Supergroup U.K. ins Leben, die durch den
Jazzgitarristen *Allan Holdsworth,* dem wir noch einmal bei *Soft Machine* begegnen
werden, sowie Drummer *Terry Bozzio* und Keyboarder *Eddie Jobson,* der häufig auch
zur elektrischen Violine griff, komplettiert wurde – die beiden letzteren hatten sich
ihre Sporen unter anderem bei *Frank Zappa* verdient.
Nachdem *Holdsworth* ausgestiegen war, absolvierten U.K. als Trio noch eine

erfolgreiche Welttournee, deren Live-Extrakt
1979 auf der Platte „Night After Night"
erschienen ist. Daraus der „Caesar's Palace
Blues" mit *Eddie Jobson* an der Violine.

King Crimson: Book Of Saturday
Curved Air: Vivaldi
U.K.: Caesar's Palace Blues

Von *King Crimson, Curved Air* und U.K. nun zu weiteren britischen ProgRock-
Bands der 1960er und 70er Jahre mit einem deutlichen Faible für die Violine.
Zunächst *East of Eden.* Die 1967 in Bristol gegründete Band gilt *Siegfried Schmidt-
Joos* als *„erste namhafte Rockgruppe in Europa, die mit Geige und Saxophon musizierte und
damit wahrhaft progressive Klänge hervorbrachte".*[39] Im Mittelpunkt dabei stets
Bandgründer *Dave Arbus,* Sohn eines Geigenlehrers. In den Kompositionen von
East Of Eden verschmolzen Elemente der sich ausdifferenzierenden Rockmusik
mit Anleihen beim zeitgenössischen Jazz eines *John Coltrane* oder *Charles Mingus* mit
Einflüssen der klassischen Moderne a la *Debussy, Ravel* oder *Bela Bartok* zu
durchaus neuen, ungewöhnlichen Klangmustern, die insbesondere in der
studentischen Jugend Widerhall fanden. Der große kommerzielle Erfolg allerdings

blieb aus, auch wenn sich 1971 das bereits zwei
Jahre zuvor veröffentlichte „Jig A Jig" plötzlich
auf Platz Sieben der britischen Charts einfand. Es
blieb eine Eintagsfliege, sodass *Arbus,* um den
herum sich das Personalkarussell ohnehin rasant
gedreht hatte, die Band Ende 1972 verließ, was
diese nicht lange überlebte. Eine offizielle
Liveplatte haben *East Of Eden* nie veröffentlicht;
vor einigen Jahren brachte aber das französische

---

[39] RL, Band 1, S 294.

Label *VERNE* den Mitschnitt eines Konzertes, das *East Of Eden* 1970 in Zürich gespielt hatten, als Doppelalbum heraus. Daraus gleich „Jig A Jig".

Danach *Gentle Giant,* 1970 in London von den Brüdern *Phil, Derek* und *Raymond Shulman* als Sextett gegründet und den stilistischen Eklektizismus aus Beat, Rock, Jazz, Folk und Klassik in ungeahnte Höhen treibend. Zugute kam ihnen dabei die Tatsache, dass jeder von ihnen gleich mehrere klassische Instrumente beherrschte – die Geige selbst wird von *Ray Shulman* gespielt, der zudem auch auf Gitarre, Bass  und Trompete brillieren kann. Ein stimmiges Beispiel für die Vielseitigkeit von *Gentle Giant* ist die Komposition „Proclamation On Reflection", aufgenommen 1974 und Bestandteil des bei *Chrysalis* veröffentlichten Doppelalbums „Playing The Fool", das Liveaufnahmen der Band zwischen 1970 und 1976 versammelt. Dritte im Bunde der britischen Prog-Rock-Bands der ersten Stunde sind *Soft Machine,* deren Aktivitäten bis 1967 zurückreichen, wobei die einzige Konstante der Band über anderthalb Jahrzehnte hinweg die häufigen Personalwechsel waren – dass darunter zeitweise auch Gitarrist *Allan Holdsworth* war, hatte ich schon erwähnt. Immerhin ernteten *Soft Machine* Mitte der 1970er Jahre Anerkennung im Jazz-Lager – als erste Rockband erhielten sie Engagements im Londoner *Ronnie Scott's Jazz Club* und durften beim *Newport Festival* ebenso wie bei den *(West-)Berliner Jazztagen* ihr intellektuelles Publikum mit endlosen Improvisationsorgien entzücken.

1977 hatte sich die Band den Geiger *Ric Sanders* als Gast eingeladen, um mit ihm vier Konzerte im Pariser *Theatre Le Palace* zu spielen. Daraus zumindest ein kurzer Ausschnitt, bei dem der 1952 geborene *Rick Sanders* in einer längeren Kadenz zeigen kann, was er draufhat: „Surrounding Silence" hat er das selbstgeschriebene Kabinettstückchen genannt. Im Laufe seiner fünfzigjährigen Karriere hat *Sanders* unter anderem mit *Rick Wakeman,* den *Strawbs, Jethro Tull, Robert Plant, Roy Harper, Gary Brooker* oder *Pentangle* gearbeitet; zudem war er mehrere Jahre Mitglied der Folkrock-Band *Fairport Convention.*

East Of Eden: Jig A Jig
Gentle Giant: Proclamation On Reflection
Soft Machine: Surrounding Silence

Ric Sanders bietet sich als Übergang vom Prog-Rock zum Folk bestens an – ich nutze dies, um ihn 1987 als Mitglied von *Fairport Convention* auf der Live-LP „In Real Time" zu präsentieren – meditativ und lyrisch: „Close To The Wind". Dass *Ric Sanders* sich auch im Bereich des Speed Folk durchaus behaupten würde, stellt er übrigens auf derselben Platte in den instrumentalen Kabinettstückchen „The Rutland Reel" und „Sack The Juggler" eindrucksvoll unter Beweis.

Die Folk-Abteilung erweitern wir dann international – zunächst mit den niederländischen *Flairck*. Das rein akustisch musizierende Quartett der Gebrüder *Erik* und *Hans Visser*, komplettiert durch den Multiinstrumentalisten *Peter Weekers* und die Violinistin *Sylvia Houtzager*, war in den 1980er Jahren eine feste Größe der internationalen Szene. Seit 1978 war die an den Konservatorien Rotterdam und Amsterdam ausgebildete *Sylvia Houtzager* mit Zweitinstrument Harfe festes Mitglied von *Flairck*. Daneben arbeitete sie mit einem eigenen Streichquartett und war an Studio-Aufnahmen von *Herman van Veen, Don McLean, Georges Moustaki*

oder *Mary Coughlan* beteiligt. Nach ihrem 1990 erfolgten Ausstieg bei *Flairck* machte *Sylvia Houtzager* auch mit Theaterprojekten von sich reden, so mit ihrem Streicher-Ensemble *String Lights*, das effektvoll die Schwarzlicht-Technologie in Kombination mit fluoreszierenden Bögen und Instrumenten nutzt. Und sie unterrichtet bis heute junge Talente und begeistert sie für ihr Instrument.

Vom *Flairck*-Album „Live In Amsterdam" lege ich „De Stoomwals" auf. Mit der Geige innig verbunden ist auch *Angelo Branduardi*, nicht nur im Mutterland des Instruments seit Jahrzehnten quasi eine Weltmusik-Institution. Das Geigen-Diplom hat der 1950 Geborene am Genueser Konservatorium erworben. Seine musikalischen Einflüsse sind vielfältig, sie reichen von der italienischen Renaissancemusik über keltische und irische Folklore bis zu internationalen Singer/Songwritern a la *Bob Dylan* oder *Cat Stevens*. Von seinem opulenten, 1978/79 aufgenommenen und 1980 bei *Luna Musica* erschienenen Dreifachalbum „Concerto" habe ich „Cogli La Prima Mela" ausgewählt, das auch Titelsong seiner damals aktuellen LP war – *Schnapp dir den ersten Apfel*, wobei dafür weder der paradiesische Sündenfall noch das Urteil des Paris Pate standen.

Es ist einfach ein heiteres Tanzlied: „*Tanz dein Leben / im Rhythmus der Zeit, die vergeht, / gib ihm dein Glück zurück, / Pflücke den ersten Apfel.*"
Hier sind *Fairport Convention, Flairck* und *Angelo Branduardi* mit Folk international für die Violine…

Fairport Convention: Close To The Wind
Flairck: De Stoomwals
Angelo Branduardi: Cogli La Prima Mela

Nach *Angelo Branduardi* nun ein weiterer Geigenvirtuose aus dem Land, wo die Zitronen blühen: *Michele Gazich,* jüdischer Abstammung und optisch das Gegenteil des lockenprächtigen *Branduardi*: kahlköpfig mit dafür umso imposanterem Vollbart. Dank seines persönlichen und ausgesprochen innovativen Stils wurde *Gazich* nach zahlreichen Kooperationen mit italienischen Künstlern ab den 90er Jahren auch außerhalb seines Heimatlandes durch Tourneen in den USA und Europa bekannt, so arbeitete er mit *Michelle Shocked* und *Mary Gauthier, Mark Olson* und dem seit langem in Norwegen lebenden US-Amerikaner *Eric Andersen*. Gerade dessen poetische Kompositionen veredelt *Gazich* seit der Jahrtausendwende mit lyrischen Melodien und passenden Pizzicato-Passagen.

2010 hat der 1943 geborene Barde, dessen Songs auch im Repertoire von *Johnny Cash, Bob Dylan, Judy Collins, Rick Danko* oder *Grateful Dead* ihren Platz fanden, ein Konzert im Kölner „Theater der Keller" mitschneiden lassen, das im selben Jahr bei *Meyer Records* unter dem Titel „The Cologne Concert" erschienen ist. An der wirklich herausragenden Klangqualität dieser Konzertplatte hat die akustische Edelschmiede

von *Günter Pauler* im niedersächsischen Northeim eine entscheidende Aktie – seit Jahrzehnten verleiht *Pauler Acoustics* insbesondere akustischen Produktionen aus den Bereichen Folk, Jazz und Songwriting den letzten Schliff mit dem hochwertigen Verfahren des *Direct Metal Mastering*. Ich empfehle das Anhören dieser Scheibe für einen tristen Novemberabend, bequem auf dem Sofa eingekuschelt mit einem Glas Rotwein und 'ner Kerze – und schon ist die Welt wieder in Ordnung.

Als Appetizer auf dieses außergewöhnliche Erlebnis in der musikalischen Nachbarschaft zu *Leonard Cohen* hier „Dance Of Love And Dead" sowie „Blue River" – an der Violine wird *Eric Andersen* unterstützt von *Michele Gazich*.

Eric Andersen: Dance Of Love And Dead / Blue River

Nach den Streifzügen durch den britischen Prog-Rock sowie die Folk- und Weltmusik auf den Tonspuren der Violine nun noch rasch hinüber nach Kalifornien zum Beginn der 1970er Jahre. *Jefferson Airplane,* eine der großen Bandkommunen an der Westküste der USA, hatten sich 1970 den ebenso im klassischen Fach wie im Jazz versierten Geiger *John Creach,* genannt „*Papa",* für eine Tour eingeladen. Mit Geburtsjahrgang 1917 war *Creach* wirklich so etwas wie eine Vaterfigur für die halb so alten Musiker um *Jorma Kaukonen, Paul Kantner* oder *Jack Casady.* Ein Konzert im *Winterland* von San Francisco wurde 1973 auf Platte veröffentlicht; das surrealistische, ein wenig an *Salvador Dali* erinnernde Cover mit den geflügelten Toastern ist ja legendär.

Daraus „Milk Train", eine Komposition von *John Creach* auf einen Text der *Jefferson-Airplane*-Sängerin *Grace Slick.* Der *Rolling Stone* befand seinerzeit übrigens, die elektrisch verstärkte Geige von *John Creach* klinge eher nach einem Altsaxofon – zugleich lobte das Fachblatt seinen vollen und intensiven Sound.

Jefferson Airplane: Milk Train

Den Schlusspunkt der heutigen Sendung setzen *It's A Beautiful Day.* Der vormalige Orchestermusiker *David La Flamme* hatte die Band 1967 in San Francisco gegründet und gemeinsam mit seiner Frau *Linda,* die zunächst mitsang und auch die Keyboards bediente, in der kalifornischen Szene etabliert. Den Status von *Grateful Dead* oder *Jefferson Airplane* erreichten sie mit ihren etwas seichteren, dabei musikalisch durchaus abwechslungsreichen Songs zwar nicht, aber da ihr Sound neben dem Duett-Gesang von *David La Flamme* und der neuen Sängerin *Pattie Santos* wesentlich durch *Davids* Geigenspiel geprägt war, bietet es sich an, des zu Ende gehenden heißen Sommers 2022 mit „A Hot Summer Day" zu gedenken.

Die nächste Ausgabe der LiveRillen erinnert anlässlich ihrer runden Geburtstage an zwei leider schon verstorbene Musiker – der Bluesgitarrist Albert Collins, für seinen glasklaren Ton gern „Iceman" genannt, wäre im Oktober 90 Jahre alt geworden; der Gitarrist und Songschreiber Tom Petty 70. Eine Sendung mit vielen tollen Livemomenten ist da garantiert!

It's A Beautiful Day: A Hot Summer Day

Quellen:

- Eric Anderson: The Cologne Concert, LP, Meyer Records, 2010
- Curved Air: Live, LP, DERAM/Decca, 1975
- East of Eden: Live in Zürich 1970, Do.-LP, Verne Records
- Fairport Convention: In Real Time Live '87, LP, Island Records, 1987
- Gentle Giant: Playing The Fool, Do.-LP, Chrysalis, 1976 (Ray Shulman)
- It's A Beautiful Day: At Carnegie Hall, LP, Columbia, 1972
- Jefferson Airplane: Thirty Seconds Over Winterland, LP, Grunt Records, 1973
- King Crimson: Book Of Saturday, LP, Flashback, 1974
- Jean-Luc Ponty: Live, LP, Atlantic Records, 1979
- Soft Machine: Alive & Well / Recorded In Paris, LP, EMI/Elektrola, 1978 (Ric Sanders)
- U.K.: Night After Night – Live!, LP, EG Records, 1979
- James Blood Ulmer: Live At The Caravan Of Dreams: CoD Productions, 1986

No. 55: Eiskalter Blues und heißer Country-Folkrock

Oktober 2022

Willkommen zu einer Sendung, die sich in klarer Zweiteilung zwei Musikern widmet, denen ich angesichts runder Geburtstage gern ein umfassendes Gedenken in Form vinylgepresster Live-Momente zuteilwerden lassen will. Denn – das als Wermutstropfen gleich vorab – beide weilen nicht mehr unter uns. Umso schöner, dass wir uns weiterhin an ihrer kraftvollen und irgendwie dadurch auch zeitlosen Musik erfreuen können, und so will ich ohne weitere Vorrede einsteigen mit einem Titel, der für den Protagonisten der ersten LiveRillen-Stunde gewissermaßen programmatisch ist: „Frosty" heißt der Blues, und es ist genau dieser eiskristallklare, kühle und etwas spröde Gitarrensound, der *Albert Collins* zu seinem Spitznamen „Iceman" verholfen hat.

Albert Collins: Frosty

Frost im Oktober – das ist keineswegs eine verbindliche Wetterprognose, sondern das Markenzeichen von *Albert Collins*. Am 1. Oktober 1932, mithin vor 90 Jahren, wurde er als *Albert Gene Drewery* im texanischen Leona geboren und fand früh über das Gitarrespiel zum Blues – kein Wunder: der damals in Blueskreisen schon bekannte *Lightnin' Hopkins* war sein Cousin, der häufig bei Familientreffen aufspielte – der *Rolling Stone* listete *Hopkins* im Jahr 2010 auf Platz 71 der hundert einflussreichsten Gitarristen, und beim jungen *Albert* ist dieser Einfluss unmittelbar zu spüren. Aber auch *Townes Van Zandt, Hank Williams Jr.* oder *Stevie Ray Vaughan* nannten *Lightnin' Hopkins* stets als inspirierendes Vorbild. *Albert Collins* wurde aber keineswegs ein Epigone des zwanzig Jahre älteren Familienmitglieds. Vielmehr prägte er früh einen eigenen, auf offener Moll-Stimmung des Instruments basierenden Gitarrenstil aus, der von kurzen, prägnanten Melodiephrasen in hohen Lagen (*Collins* nutzte oft ein Kapodaster im 7. oder sogar 9. Bund!) und einem weitgehend effektfreien, klaren Sound geprägt war. Mit zwanzig gründete er seine erste eigene Band, Ende der 1950er Jahre veröffentlichte er einige Singles, zumeist Instrumentalnummern, und ging Mitte der 1960er Jahre zunächst nach Kansas, bevor er 1967 im Schmelztiegel von San

Francisco landete. Er machte die Bekanntschaft von *Canned Heat,* die ihm einen lukrativen Plattendeal verschafften, und gab Konzerte in den angesagten Musiktempeln von *Bill Graham,* dem *Fillmore West* und dem *Winterland Ballroom.* Inzwischen spielte er ausschließlich *Telecaster*-Modelle aus dem Hause *Fender,* vorrangig weißlackiert, die er sich locker am extrabreiten Gurt über die rechte Schulter hängte, und schien mit dem Instrument so verwachsen, dass ihm das ehrenvolle Etikett „Master of the Telecaster" zuteilwurde. Da er inzwischen auch den Gesang für sich entdeckt hatte, erreichten seine Bluesnummern ein zunehmend größeres, nun auch weißes Publikum, was er durchaus mit gemischten Gefühlen gesehen habe, so Musikexperte *Siegfried Schmidt-Joos,* der ihn mit den Worten zitiert: *„Ich habe mich immer noch nicht daran gewöhnt, aber es tut mir gut, denn eine Menge Schwarze haben nichts für den Blues übrig. Wenn du nicht Marvin Gaye oder die Commodores bist, dann wollen sie dich nicht hören."* [40]

Hören wollte man *Albert Collins* nun allerdings auch im alten Europa, wo der Blues seit den 1960ern, als ihm *Alexis Korner, John Mayall* oder *Graham Bond* zu größerer Popularität verhalfen, anhaltendes Interesse fand – zeitweise sogar mehr als im Mutterland des Blues selbst.

Immerhin hatte *Collins* für seine 78er Studioplatte „Ice Pickin'" eine *Grammy*-Nominierung erhalten, und im selben Jahr lud ihn die niederländische Bluesband *Barrelhouse* um die Gitarre spielenden Brüder *Johnny* und *Guus Laporte* sowie die Sängerin *Tineke Schoemaker* zu Konzerten an die Nordsee ein – in meiner LiveRillen-Sendung vom Juli des letzten Jahres habe ich die Band innerhalb des Länderschwerpunkts Niederlande ja bereits vorgestellt. Ihr gemeinsamer Auftritt am 28. Dezember 1978 in Alkmaar wurde von *Munich Records* als Live-LP veröffentlicht – eben haben wir daraus bereits „Frosty" gehört; nun folgt mit „Blue River Rising" ein Song, den der texanische Bluesgitarrist *Weldon Bonner,* genannt „Juke Boy", gemeinsam mit *Eddie Shuler* geschrieben und 1965 veröffentlicht hatte. Neben *Barrelhouse*-Sängerin *Tineke Shoemaker* darf sich dabei auch *Tony Vos* am Saxofon zeigen, ehe „Iceman" *Albert Collins* das Zepter übernimmt und den nötigen Dampf in die Bluesnummer treibt, die dann nahtlos in das Traditional „Cock It On The Wall" übergeht, das dem Pianisten *Han van Dam* Raum zur Entfaltung bietet. Die Liveplatte ist übrigens zum Record Store Day 2021 neu aufgelegt worden.

Albert Collins: Blue River Rising / Cock It On The Wall

---

[40] RL, Band 1, S. 207.

Leider waren dem nicht mehr ganz jungen Musiker nach der Zusammenarbeit mit *Barrelhouse* nur noch 15 Jahre vergönnt – 1993 erlag Albert Collins mit 61 Lebensjahren einer Krebserkrankung. Solange es ihm möglich war, tourte er mit seiner Band, den *Icebreakers*, unermüdlich um die Welt, was dazu führte, dass es gefühlt mehr Liveplatten von *Albert Collins* als Studio-LPs gibt.

1980 hatte ihn der *Norddeutsche Rundfunk* nach Hamburg eingeladen – das umjubelte Konzert stieg in *Onkel Pö's Carnegie Hall,* und *NDR*-Musikredakteur *Michael Naura* sorgte dafür, dass der komplette Abend aufgezeichnet wurde. 2017

durfte *DELTA Music* im Auftrag des *NDR* daraus ein Dreifach-Album aufbereiten, dessen F-Seite ich jetzt auflege für die „Conversations With Collins" – ein selbstironisches Zwiegespräch des Musikers mit seiner *Fender Telecaster,* bei dem sich die Icebreakers, zu denen im Anschluss noch einiges zu sagen ist, weitgehend zurückhalten.

Albert Collins: Conversations With Collins

Zwei Jahre nach diesem Auftritt in der Hamburger *Onkel Pö's Carnegie Hall* waren *Albert Collins* und die *Icebreakers* in fast identischer Besetzung in Japan auf Tour – lediglich der weiße Rockabilly-Gitarrist und Songwriter *Marvin Jackson,* der in Hamburg mit auf der Bühne stand, war nun durch *Larry Burton,* der auch schon mit *Albert King* gespielt hatte, ersetzt worden. Dies bietet Gelegenheit, das gesamte Eisbrecher-Personal kurz vorzustellen, als da wären:

Aaron Corthen, besser bekannt als *A. C. Reed,* am Tenorsaxofon. In den 1950er und 60er Jahren hatte er sich durch die Bluesszene der Südstaaten gejammt und getingelt, war in der Band von *Buddy Guy* in Afrika auf Tour gewesen und hatte die *Rolling Stones* supportet. Seit 1978 war er festes Mitglied der *Icebreakers*, was ihn nicht hinderte, auch andere Blueser wie etwa *Son Seals* bei deren Aufnahmen zu unterstützen oder eigene Platten herauszubringen. 1998 erhielt er den *Living Blues Award* für sein Lebenswerk. 2004 ist *A. C. Reed* 77jährig verstorben; dass er auch ein passabler Sänger war, werden wir gleich hören...

Die Rhythmusgruppe der *Icebreakers* bestand während der gesamten 15 Jahre ihrer Existenz aus *Johnny B. Gayden* am Bass und dem Schlagzeuger *Casey Jones*. *Gayden,* der vor allem als grooviger Studiobassist bekannt war, gilt heute als einer der meistaufgenommenen Bluesbassisten überhaupt; rund hundert Platteneinspielungen – vor allem für *Alligator Records* – führen ihn in den Credits.

Heute lebt er in Indiana, unterrichtet junge Bassisten, arbeitet in diversen Studios mit und sei noch regelmäßig live zu erleben, wie es heißt.

Casey Jones, 2017 verstorben, hatte vor seiner Musikerlaufbahn gelegentlich als Busfahrer gejobbt. Außer bei den *Icebreakers* trommelte er auch für *Johnny Winter;* zudem hatte er gemeinsam mit *A. C. Reed* das Plattenlabel *IceCube* am Start und trat nach dem Tod von *Albert Collins* in seiner eigenen Band auch als versierter Rhythm&Blues-Sänger hervor.

Von der 1984 bei *Alligator Records,* dem 1971 in Chicago gegründeten unabhängigen Blues-Label, erschienenen LP „Live In Japan" hören wir jetzt *Albert Collins* und *The Icebrakers* mit „If Trouble Was Money" und der einfachen Botschaft *„Wenn Ärger Geld wäre, ich schwöre, ich wäre Millionär / Wenn Sorgen Dollarscheine wären / Könnte ich die ganze Welt kaufen und hätte noch Geld übrig",* wobei am Schluss der mütterliche Optimismus obsiegt: *„Ich möchte, dass du immer ein Gewinner bist / Ich liebe dich, mein Sohn, und ich will nicht, dass du aufgibst".*

Danach noch „Jealous Man" – geschrieben und auch gesungen vom Saxofonisten der *Icebreakers,* *A. C. Reed.*

Albert Collins: If Trouble Was Money / Jealous Man

Aus Anlass seines 90. Geburtstages lege ich noch eine weitere Live-LP des *Iceman* auf den Plattenteller: „Frozen Alive!" wurde bei Konzerten im März 1981 in Minneapolis mitgeschnitten und präsentiert neben der genannten *Icebreakers-*Mannschaft den Organisten *Allan Batts,* der eine ganze Zeitlang das Lineup hinter *Collins* komplettierte, daneben aber auch für zahlreiche andere Bluesmusiker aktiv war. Heute lebt *Batts* entspannt in Arkansas, spielt in einer regionalen Jazzband und unterrichtet nebenher Klavierschüler.

Von „Frozen Alive!" spiele ich „I Got A Mind To Travel", das *Albert Collins* gemeinsam mit seiner Ehefrau *Gwendolyn,* die übrigens häufig als Co-Autorin aufgeführt wird, geschrieben hat: *„Ich bin müde vom Wohlstand, müde vom Glück / Ich sitze auf einer Nadel, bin zu müde, um aufzustehen... – aber jetzt habe ich Lust zu verreisen".*

Danach „Cold Cuts", an dem alle *Icebreakers* kompositorisch beteiligt sind, und hier ist dann der funkige Bass-Groove von *Johnny Gayden* bestens zu erleben, der auch humorvolle Musikzitate in sein versiertes Spiel einbezieht.

Albert Collins: I Got A Mind To Travel / Cold Cuts

"Cold Cuts" – *Albert Collins* und *The Icebreakers* unter Volldampf. Und mit einer besonderen Hommage soll die LiveRillen-Erinnerung an den 61jährig verstorbenen Bluesmusiker für heute enden: *Gary Clark Jr.*, 1984 geboren und damit zum Zeitpunkt der bisher gehörten Konzertaufnahmen noch nicht einmal auf der Welt, gilt heute als eine der großen Blueshoffnungen der jüngeren Generation. Immerhin hatte *Eric Clapton* den klapperdürren Schlaks schon 2010 zu seinem alle drei Jahre stattfindenden *Crossroads-Festival* eingeladen, das als Gipfeltreffen der weltweiten Gitarristen-Szene Spendengelder für das Suchttherapiezentrum *Crossroads* auf Antigua generiert. 2013/14 spielte *Gary Clark Jr.* im Quartett, dem auch der mit ihm befreundete und nach eigenen Worten stark von *Hendrix* beeinflusste Gitarrist *King Zapata* angehörte, eine umjubelte Welttournee, deren Extrakt 2015 bei *Warner Bros.* als Livealbum erschienen ist – diese Scheiben sind in Europa gar nicht so leicht zu bekommen.

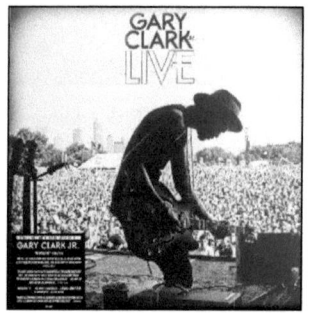

Neben modernen Verbeugungen vor *Muddy Waters* oder *B.B. King* findet sich auf diesem Album auch eine Huldigung für *Albert Collins,* und es gelingt *Gary Clark* durch seinen so deutlich anderen Gitarrensound durchaus, dem bereits gehörten „If Trouble Was Money" ganz eigene Seiten abzugewinnen, wobei *Zapata* das erste Solo spielt, bevor *Clark* dann im zweiten Solopart die Düsen zündet.

Gary Clark Jr.: If Trouble Was Money

Nun wechseln wir das Genre und kommen zu *Tom Petty,* 1952 in Florida geboren – sein 70. Geburtstag stünde am 20. Oktober an, doch leider musste auch er schon früh die himmlischen Heerscharen musikalisch verstärken: Am 2. Oktober 2017, mithin vor fünf Jahren, ist *Petty* überraschend an einem Herzstillstand verstorben, den – so heißt es in einem später veröffentlichten Ärzte-Bulletin – eine versehentliche Überdosis opiumhaltiger Schmerzmittel verursacht hatte. Grund genug für seine Familie, den tragischen Tod zum Anlass für einen emotionalen

Aufruf gegen den grassierenden Gebrauch derartiger Medikamente in den USA zu nehmen. Doch ehe wir die Geschichte weiter von hinten aufzäumen, zurück zu den musikalischen Anfängen.

Die reichen bis in High-School-Zeiten zurück, als *Petty* in lokalen Bands musizierte und bereits die Grundlagen für seinen eigenen Stil legte, in dem sich britische Einflüsse der Beat-Ära und südstaatliches Country-Folk-Feeling mit Elementen kalifornischer Gitarrenbands wie den *Byrds, Poco* oder den *Flying Burrito Brothers* zu einer gefälligen Melange mischten. Ersten Erfolgen mit *Mudcrutch*, die häufig gemeinsam mit den aufstrebenden *Lynyrd Skynyrd* auftragen, folgte der logische Schritt zum Musikprofi und der Gründung einer eigenen Band, die seit 1976 unter dem Namen *The Heartbreakers* firmierte. Blieb ihre erste Platte zunächst unbeachtet, brachte eine England-Tour als Support für *Nils Lofgren* einen Achtungserfolg, den *Tom Petty* und seine Band kontinuierlich ausbauen konnten. 1985, als die in rascher Folge erscheinenden Studioproduktionen allerdings erste Verschleißerscheinungen erkennen ließen, kam mit „Pack Up The Plantation" endlich ein Live-Album heraus – inspiriert, engagiert und bis heute auch soundtechnisch überzeugend. Daraus jetzt einer der für mich schönsten *Tom-Petty*-Titel: „Insider", gesanglich verstärkt durch die *Fleetwood-Mac*-Röhre *Stevie Nicks*, gefolgt vom *John-B.-Sebastian*-Cover „Stories We Could Tell", das dereinst die *Everly Brothers* zum Hit gemacht hatten und bei dem der britische Geiger *Bobby Valentino* mit lupenreinem Country-Style zu hören ist – eine kleine Reminiszenz an die letzte LiveRillen-Ausgabe, die ja der Violine in der populären Musik gewidmet war.

Tom Petty: Insider / Stories We Could Tell

Im Dezember 1982 gastierte *Tom Petty* innerhalb seiner Europa-Tour in Utrecht, und die Bootleg-Spezialisten von *Swingin' Pig Records* haben diesen Abend in erstaunlich guter Sound-Qualität, an der wiederum *Pauler Acoustics* eine Aktie haben, 1990 auf zwei roten Longplayern in ihr Vinylangebot aufgenommen – „Straight Into Darkness" ist die nicht ganz legale Edition betitelt. Daraus jetzt zunächst ihr erster Hit überhaupt: „Breakdown", darin eingebettet ein ironisches Zitat des *Ray-Charles*-Klassikers „Hit The Road Jack", und als Konzertrausschmeißer das programmatisch klare „Anything That's Rock'n'Roll" – nicht mehr, aber auch nicht weniger...

Tom Petty: Breakdown / Anything That's Rock'n'Roll

Während andere Stars eher als egomanische Einzelgänger gelten und kaum Kontakte innerhalb der Szene pflegen, galt *Tom Petty* als ausgesprochen beliebter und umgänglicher Netzwerker. Als einem von ganz wenigen gelang es ihm, zum bekanntermaßen schwierigen Charakter *Bob Dylan* so etwas wie Freundschaft zu pflegen – manche sprechen gar von einer gewissen Seelenverwandtschaft, und tatsächlich taute *His Bobness* regelrecht auf, wenn er die Bühne mit *Tom Petty* teilte, was seit Mitte der 1980er Jahre regelmäßig der Fall war. 1986 gingen sie gemeinsam auf Tour – dazu später mehr. 1992 war *Tom Petty* dann mit seiner Band Begleiter der *30th Anniversary Tour* anlässlich des 30jährigen Jubiläums der ersten *Bob-Dylan*-Platte, und schon 1985 waren sie gemeinsam beim von *Neil Young* und anderen Künstlern organisierten *Farm Aid Festival* zur Unterstützung der wirtschaftlich schwer gebeutelten US-amerikanischen Farmer im Mittleren Westen aufgetreten und hatten dort „Across The Borderline" interpretiert.

Überhaupt engagierte sich *Tom Petty* oft und gern für gute Zwecke – gleich hören wir sein bekanntes Lied über die Flüchtlinge dieser Welt – „Refugee", aufgenommen beim *Live Aid Festival* 1985, das *Boomtown-Rats*-Mastermind *Bob Geldof* initiiert hatte.

Eng befreundet war *Petty* zudem mit *Jeff Lynne,* dem kreativen Kopf des *Electric Light Orchestra,* der ihn auch produzierte, sowie mit Ex-*Beatle George Harrison*. Und diese illustre Runde, die zunächst nur so zum Spaß gemeinsam mit dem schon etwas älteren Country-Star *Roy Orbison* vor sich hin jammte, machte ja dann als *The Travelling Wilburys* durchaus von sich reden – ein Erfolg, den *Orbison* nicht mehr genießen konnte, der 1988 einem Herzleiden erlag. Leider gibt es von den *Wilburys* keine Liveplatte... 1990 ließ sich *Tom Petty* dann von *Ringo Starr* nicht lange bitten, zum 10. Todestag von *John Lennon* den *Beatles*-Titel „I Call Your Name" neu einzuspielen; *Jeff Lynne* und der *Eagles*-Gitarrist *Joe Walsh* waren ebenfalls mit von der Partie. Im November 2002 war *Tom Petty* natürlich auch beim Gedenkkonzert an den ein Jahr zuvor verstorbenen Freund *George Harrison* dabei. Und so ließe sich noch eine ganze Reihe von Aktivitäten des sympathischen, umtriebigen und kontaktfreudigen Menschen *Tom Petty* aufzählen.

Hier nun aber wie angekündigt „Refugee", und anschließend ein seltener, ganz intimer Konzertgenuss: 1991 war *Tom Petty* Gast in *David Lettermans* Late-Night-

Show und spielte dort live und unplugged "A Face In The Crowd". Das funktioniert auch im sparsamen akustischen Gewand.

Tom Petty: Refugee / A Face In The Crowd

Nachdem zwei Jahre zuvor die Platte „Full Moon Fever" bereits Verkaufsrekorde verzeichnet hatte, konnte *Petty* diesen Erfolg im Jahr 91 mit „Into The Great Wide Open" noch einmal toppen: Mehrfach-Platin in den USA und weltweit, und auch die folgende, nunmehr unter eigenem Namen ohne *Heartbreakers*-Zusatz veröffentlichte Produktion „Wildflowers" (1994) sowie das Soundtrack-Album „She's The One" (1996), wiederum mit seiner Band für den gleichnamigen Spielfilm von *Edward Burns* aufgenommen, setzten den Erfolg nahtlos fort. Fazit: Was wäre da noch alles möglich gewesen, hätte nicht jene fatale Überdosis Schmerzmittel dem kreativen Leben des *Tom Petty* kurz vor seinem 65. Geburtstag ein Ende gesetzt...

Der *Rolling Stone* listet *Tom Petty* auf Rang 91 der 100 bedeutendsten Musiker sowie auf Rang 59 der 100 besten Songwriter aller Zeiten – verdiente Ehre für einen Künstler, dessen beste Kreationen auch in Zukunft keine Patina ansetzen werden. 2015, wenige Jahre vor seinem frühen Tod, sind auf *Let Them Eat Vinyl* noch die Doppel-Live-Alben „Southern Accents In The Sunshine State" als Volume 1 und Volume 2 erschienen; beide Ausgaben wurden durch *Tom Petty* allerdings nicht autorisiert, sodass sie beispielsweise auf *Discogs* nicht gehandelt werden. Vom ersten Album, das ich seinerzeit erwischt habe, will ich „Into The Great Wide Open" spielen, das kleine Lied mit der großen Erfolgsgeschichte von Eddie, dem Songschreiber und Sänger – ein bisschen wohl auch augenzwinkernde Autobiografie. Anschließend noch ein Song, der den meisten sofort einfällt, wenn sie *Tom Petty* hören: „Free Fallin'". Das Stück, gemeinsam geschrieben mit *Jeff Lynne,* war auf *Pettys* erster Solo-Platte „Full Moon Fever" erschienen und eigentlich gegen seinen Willen als Single ausgekoppelt worden – er selbst traute der Drei-Harmonien-Ballade zunächst wohl keinen Erfolg zu. In diesem Falle hatte er sich aber kräftig

getäuscht: In den US-Mainstream-Charts erreichte „Free Fallin'" Platz 1, in den *Billboard Hot Hundred* Platz 7, dazu in Schweden Platz 3, in Neuseeland Platz 4 und in Kanada Platz 5 der dortigen Charts, was will man mehr?

Tom Petty: Into The Great Wide Open / Free Fallin'

Tom Petty – 70 Jahre alt würde er in Kürze werden; geblieben sind uns seine zeitüberdauernden Songs, mit denen ich die zweite LiveRillen-Stunde mühelos füllen konnte. Ich hoffe, euch hat es ebenso Freude bereitet wie mir. Den musikalischen Schlusspunkt setzen nun *Tom Petty* und *Bob Dylan* gemeinsam – ich erwähnte ja schon ihre weltumspannende Tournee, die sie 1986 starteten und die sie im September des Folgejahres dann sogar nach Ostberlin führte. Am 17. September stieg das lang erwartete Großereignis im Treptower Park, zudem angereichert durch *Byrds*-Gründer *Roger McGuinn*, der ganz allein mit seiner 12-Saiter den lauen Abend eröffnete. Als *Pettys Heartbreakers* hinzustießen, klangen „Mr. Tambourine Man", „Turn, Turn, Turn" und „Eight Miles High" wie zu besten *Byrds*-Zeiten. Über *Tom Petty* selbst schrieb der spätere *ZEIT*-Journalist *Christoph Dieckmann: „Tom Pettys Rock-Ideologie ist keine. Er spielt blue eingefärbte Musik vom Highway: vital, praktisch und die Gitarren geradeaus. Das wirkt auf zeitlose Weise integer."* [41] Zudem lobt er das „(You Don't Have To Live Like A) Refugee", das wir vorhin gehört haben, als *„Pettys schönen Ermutigungssong"*.
Nach der Pause gesellte sich dann *Dylan* zu den *Heartbreakers*, die ihm wacker zur Seite und seinen Songs gut zu Gesicht standen. Allerdings resümiert *Dieckmann* etwas enttäuscht: *„... mehr als eine gute Stunde hat der Meister seinem Volk nicht gewährt. Und der Presse nicht eine Minute."* [42]
Von diesem denkwürdigen Konzert gut zwei Jahre vor dem Mauerfall existieren zwar keine Platten, wohl aber bleibende Erinnerungen. Also behelfe ich mich anderweitig: Dem Label *ROXVOX* ist es zu verdanken, dass 2015 ein Radiokonzert, das *Dylan* und *Petty* zu Beginn ihrer Tour im US-Sender *KSAN-FM* gegeben hatten, in Top-Qualität auf 180-Gramm-Vinyl erscheinen konnte. Als Kostprobe daraus habe ich passenderweise den Abschlusssong ausgewählt, der noch heute an keinem Lagerfeuerabend mit Gitarrenbegleitung fehlen darf: „Knockin' On Heaven's Door" – da lagen noch gut drei Jahrzehnte vor *Tom Petty*, bevor sich ihm die Himmelstüre öffnete – zu früh trotz alledem…; ein wenig Melancholie sei gestattet.

---

[41] Christoph Dieckmann: My Generation, a.a.O., S. 32.
[42] Ebenda, S. 33.

Die nächste LiveRille holt im November ein Versäumnis nach, auf das mich Freunde der Sendung aufmerksam gemacht haben: tatsächlich war in den bisherigen 55 Sendungen noch nie das Thema *Soul Music* angesagt! Das werde ich ändern – unter dem Motto „Wenn die Seele singt" gibt es dann Livemusik von Marvin Gaye, den Temptations, Otis Redding, James Brown, Aretha Franklin, Roberta Flack und der Average White Band – alles dazu angetan, den grauen November mit Groove und Lebensfreude etwas aufzuhellen.

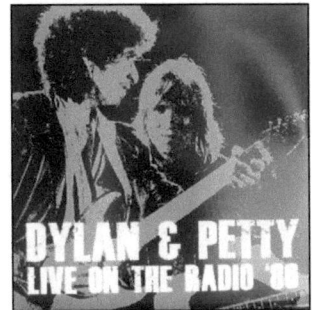

Bis dahin – bleibt gesund und optimistisch, auch wenn - oder gerade weil *Bob Dylan* und *Tom Petty* nun gemeinsam an die Himmelstür klopfen…

Tom Petty & Bob Dylan: Knockin' On Heavens Door

Quellen:

- Gary Clark Jr.: Live, Do.-LP, Warnerbrosrecords, 2014
- Albert Collins with the Barrelhouse: Live, LP, Munich Records, 1979
- Albert Collins And The Icebreakers: At Onkel Pö's Carnegie Hall / Hamburg 1980, 3-LP-Set, DELTA Music, 2017 (neu)
- Albert Collins: Frozen Alive!, LP, Alligator, 1981
- Albert Collins And The Icebreakers: Live In Japan, LP, Sonet, 1984
- Dylan & Petty: Live On The Radio '86, Do.-LP, ROXVOX, 2015
- Tom Petty & The Heartbreakers: Straight Into Darkness (Utrecht 1982), Do.-LP, Swingin' Pig Records, 1991
- Tom Petty & The Heartbreakers: Pack Up The Plantation Live!, Do.-LP, MCA, 1985
- Tom Petty: Across The Borderline / Rare TV And Radio Appearances 1978 – 1994, LP, Bad Joker, 2015

No. 56   Soul Music – Wenn die Seele singt
(November 2022)

Das Motto der Novemberausgabe der LiveRillen verrät: es geht um Soul Music. Und da ich in diesem Segment der populären Kultur nicht unbedingt zu den Experten zähle, habe ich mich selbst erst einmal schlau gemacht (und gebe das Erfahrene hiermit gern weiter).

Im Jazz-Lexikon von *Jürgen Wölfer* lesen wir, Soul Music sei *„eine Verbindung von Gospel Music und Rhythm & Blues, die Mitte der 50er Jahre aufkam und zehn Jahre später der kommerziell erfolgreichste Modeklang der populären Musik war"*. [43]

Siegfried Schmidt-Joos ergänzt in seinem Rocklexikon, *„die harten, vielfach stereotypen Bläser-Riffs der Begleitbands, die frenetischen Vokalisen von Sängern wie James Brown, Aretha Franklin, Wilson Pickett ermüdeten die Mehrzahl weißer Plattenkäufer rasch"* [44], ehe dann in den 1970er Jahren der diskotaugliche Philly-Sound den Soul mit dem kommerziellen Mainstream verschmolzen habe.

Und eine griffige Zusammenfassung auf der Wörterbuch-Website *collinsdictionary* lautet in deutscher Übersetzung, Soul sei *„eine leidenschaftliche Art populärer Musik, die in den späten 1950er Jahren von Afroamerikanern als säkularisierte Form der Gospelmusik mit Rhythm-&-Blues-Einflüssen entwickelt wurde und sich durch ihre erdige Ausdruckskraft, unterschiedlich klagende oder raue Vocals und oft leidenschaftliche Romantik oder Sinnlichkeit auszeichnet"*. [45]

Genug der grauen Theorie – Leidenschaft, Romantik und Sinnlichkeit kann man schlecht beschreiben, sondern muss sie erleben. Und da einige Namen bereits gefallen sind, fällt auch der musikalische Einstieg in diese LiveRillen-Ausgabe nicht schwer: *James Brown, Aretha Franklin* und *Wilson Pickett* wurden erwähnt, und ich beginne mit *James Brown*, einer der schillerndsten Persönlichkeiten der Popwelt überhaupt – schon über sein Geburtsjahr gibt es keine Klarheit; die Angaben differieren zwischen 1928 und 1933. Aufgewachsen in Georgia im Bordell seiner Tante, habe er es *„vom Schuhputzer, Baumwollpflücker, Wagenwäscher, Autodieb und Einbrecher mit Kraft, Talent, Bühnen-Akrobatik, unbeugsamem Durchsetzungswillen und der perfektesten musikalischen Revuemaschine Amerikas zum mehrfachen Dollar-Millionär gebracht"*, [46] wie *Siegfried Schmidt-Joos* das an Skandalen nicht eben arme Leben des als *Mister Dynamite* vermarkteten schwarzen Bühnenstars zusammenfasst. Sich selbst stellte er gern als die Verkörperung des amerikanischen Traums und Vorbild

---

[43] Jürgen Wölfer: Lexikon des Jazz, München 1993, S. 473.
[44] RL, Band 2, S. 1084.
[45] https://www.collinsdictionary.com/de/worterbuch/englisch/soul-music.
[46] RL, Band 1, S. 141.

für seine schwarzen Landsleute dar, indem er zugleich gegen erfolgreiche Hollywood-Farbige wie *Sidney Poitier, Sammy Davis Jr.* oder *Bill Cosby,* die im Gegensatz zu ihm nie wirklich das Ghetto-Leben kennengelernt hätten, wetterte. Aber auch auf sein Leben fielen etliche Schatten – seine dritte Frau verklagte ihn wegen körperlicher Misshandlungen, er verbüßte mehrere Gefängnisstrafen wegen Waffen- und Drogendelikten und musste wegen Steuerschulden in Millionenhöhe seinen Privat-Jet sowie drei Radiosender, die er zwischenzeitlich besaß, wieder verkaufen.

Nun aber zu seiner Musik, die als hochenergetisches Gebräu aus Rock'n'Roll, jazzigen Bläserriffs, hastigem Stakkatogesang, Gospelanleihen, schwitzigem Bluesfeeling und amerikanischer Musicaltradition daherkam und damit eben das Neue des Soul & Funk verkörperte.

Von der 1962 aufgenommenen LP „Live At The Apollo", deren Banderole die „Greatest Live Show Ever Recorded" verkündet, hören wir mal so einen Konzerteinstieg, bevor dann vom 1981 erschienenen Album „Live In New York" sein wohl bekanntester Titel „Sex Machine" zu hören sein wird, dessen Text sich weitgehend aus Stereotypen wie „Get Up", „Right On" und „Shake Your Moneymaker" generiert – Mister Dynamite *James Brown,* der „Godfather of Soul", als schwarzer Machismo, auch das gibt's durchaus…

James Brown: Intro / I'll Go Crazy / Sex Machine

62 Studio- und 19 Live-Alben sowie zahlreiche Kompilationen listet die Statistik für den Musiker auf, der viele seiner Titel selbst schrieb und ganz passabel Klavier und Gitarre spielte, obwohl er sich auf der Bühne zumeist auf den Gesangspart als Zeremonienmeister konzentrierte. Die Disco-Welle der 1970er Jahre lief seiner Musik dann zwar rasch den Rang ab, doch der später aufkommende Rap bediente sich für Samplings gern an seinen Titeln, was *Brown* dann strikt untersagte, wenn in den Rap-Songs Gewalt und Drogen verherrlicht wurden.

Sein Einfluss auf die populäre Musik ist trotz des ständigen Auf und Ab unbestritten; er erhielt mehrere Grammys, wurde 1986 in die *Rock and Roll Hall of Fame* aufgenommen und wird vom *Rolling Stone* auf Platz 7 der bedeutendsten Musiker in der Pop-Branche geführt. Ihm selbst wird ein Zitat nachgesagt, demgemäß er sein eigenes Werk über das von Beethoven, Bach und Brahms stellt [47] – nun ja.

In der Weihnachtsnacht 2006 ist er an Herzinsuffizienz verstorben; sein Leichnam wurde von einer weißen Kutsche nach Harlem überführt; tausende folgten der Prozession, darunter *Michael Jackson* sowie *Don King;* jener *Don King,* der als skandalumwitterter Box-Promoter mit Starkstrom-Frisur dereinst den legendären Schwergewichtskampf zwischen *George Foreman* und *Muhammad Ali* in Zaire organisiert hatte, der als „Rumble In The Jungle" in die Geschichte einging und in dessen Rahmenprogramm auch *James Brown* erstmals in Afrika aufgetreten war, übrigens gemeinsam mit *B.B. King* und den *Crusaders.* Das solls dann aber auch gewesen sein zu *James Brown*…

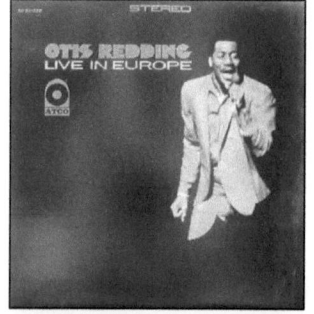

Weiter geht's in dieser Soul-Sendung mit *Otis Redding* und seinem Song „Respect", der sich vom fast privaten Lied über gegenseitige Achtung in der Partnerschaft zum Motto des sich zunehmend selbstbewusst artikulierenden Anspruchs afroamerikanischer Künstlerinnen und Künstler mauserte – zumal, wenn ihn Frauen interpretierten.

Deshalb folgen gleich noch zwei weitere, um 1970 herum entstandene Aufnahmen des Songs – zunächst von *Ike & Tina Turner* und danach von *Aretha Franklin:* „Respect"! Die Aufnahme mit *Otis Redding* entstand übrigens 1967 beim *Monterey Pop Festival,* das als Auftakt des „Summer of Love" gilt und bei dem unter anderem auch *Jimi Hendrix, Jefferson Airplane, Grateful Dead, The Who, The Byrds, Buffalo Springfield* und *Big Brother and The Holding Company* mit ihrer Sängerin *Janis Joplin* auftraten – da wäre ich gern dabei gewesen!

Otis Redding / Ike & Tina Turner / Aretha Franklin: Respect

Drei Mal "Respect", geschrieben von *Otis Redding,* der 1940 in Georgia als Sohn eines

---

[47] Vgl. RL, Band 1, S. 142.

Baptistenpredigers geboren wurde und in der Gospeltradition aufwuchs. Als 1968 sein Song „The Dock Of The Bay" mit zwei Grammies und die gleichnamige LP mit Gold ausgezeichnet wurde, weilte er schon nicht mehr unter den Lebenden: Im Dezember 1967 war er bei einem Flugzeugabsturz ums Leben gekommen – auch er gehört also (was zumeist unterschlagen wird) zum *Club 27* um *Brian Jones, Jimi Hendrix, Janis Joplin* und *Jim Morrison*. Vielen Experten gilt er bis heute als ausdrucksvollster Soulinterpret überhaupt; 1989 wurde er postum in die *Rock and Roll Hall of Fame* aufgenommen.

Das Ehepaar *Ike & Tina Turner* gehörte schon seit 1956 zu den angesagtesten Acts der Soul-Szene; für die 1939 als *Annie Mae Bullock* geborene *Tina* allerdings eine jahrzehntelange Tortur, die sie in ihrer Autobiografie später als fortgesetzte Leibeigenschaft durch ihren herrschsüchtigen und gewalttätigen Ehemann beschrieb. 1978 wurde die Ehe geschieden; die Kosten musste *Tina Turner* tragen, die sich danach aber mit bewundernswerter Energie zurück auf die Bühne und bis an die Spitze der internationalen Popkultur kämpfte. Wenn man diese Hintergründe kennt, wirkt ihre Interpretation von „Respect" fast ein bisschen makaber…

Aretha Franklin machte schließlich „Respect" zum Millionen-Seller. Die 1942 in Memphis, Tennessee, geborene Sängerin, Komponistin und versierte Pianistin gilt als unumstrittene „Queen Of Soul", und auch sie wurde als Tochter eines Baptistenpredigers durch den Kirchenchor sozialisiert, nahm Gesangs- und Klavierunterricht und veröffentlichte bereits mit 14 Jahren ein Gospel-Album. Seit 1967 war sie ebenfalls bei *Atlantic* unter Vertrag, und das brachte ihr den Durchbruch. *„Ihr Nummer-eins-Hit Respect aus dem Jahr 1967 wurde zu einer Hymne der afroamerikanischen Bürgerrechtsbewegung und schon bald zu einem der bedeutendsten Soul-Klassiker. Die Zeit bezeichnete den Song als ‚Manifest des schwarzen Befreiungskampfes'. Das Thema des Songs machte Respect auch zu einer Hymne der Frauenbewegung"* [48], erfahren wir auf Wikipedia. Dass sie selbst diesbezüglich alle Tiefen eines Lebens als schwarze Frau durchlitten hat, macht die Tatsache klar, dass sie mit 12 Jahren ihr erstes Kind zur Welt brachte, dem bereits mit 14 Jahren ein weiterer Sohn folgte. Aber sie war eine Kämpferin, die sich den Respekt mehr als verdient hat – 2012 ist sie 76jährig an einer Krebserkrankung verstorben. Bis heute zählt sie zu den erfolgreichsten Künstlerinnen aller Zeiten, die sich zeitlebens für wohltätige Zwecke und politische Aktivisten engagiert hat.

---

[48] https://de.wikipedia.org/wiki/Aretha_Franklin.

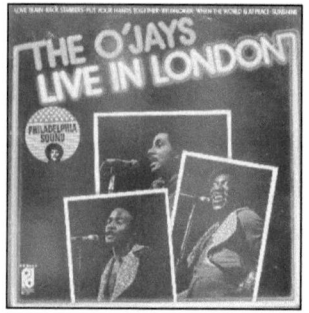

Kommen wir nun zu einigen männlichen Vokalgruppen, die im Soul der 1960er und 70er Jahre den Ton angaben, während hinter ihnen zumeist gesichtslose Musiker – mitunter in Big-Band-Stärke – mit groovigen Rhythmen und funkigen Bläsersätzen das Fundament für die Vokalakrobaten schufen.

Da wären beispielsweise die *O'Jays*, die sich in den 60ern noch als Backgroundsänger für diverse Stars durchschlagen mussten, ehe sie in den 70ern als Trio im Philly-Sound einige tanzbare Soul-Hits landen konnten. Von der LP „Live In London", Ende 1973 im *Hammersmith Odeon* aufgenommen, gibt's ihren Hit „Love Train".

Anschließend *The Four Tops,* die schon seit Mitte der 50er Jahre gemeinsam auftraten. Ihren Durchbruch erlebten sie in der zweiten Hälfte der 1960er Jahre beim Detroiter *Motown*-Label, das sich mit seinem aus *Eddie* und *Brian Holland* sowie *Lamont Dozier* bestehenden Autorenteam auf tanzbare Konfektionsware ausgerichtet hatte. Diese Autoren sind auch für „I Can't Help Myself" verantwortlich – der Livemitschnitt ist 1974 bei *ABC* erschienen. Seit 1990 sind die *Four Tops* Mitglieder der *Rock and Roll Hall of Fame* – die Laudatio hielt seinerzeit *Stevie Wonder.* Und sie existieren bis heute; mit dem 1935 geborenen *Abdul Fakir,* genannt *Duke,* ist sogar noch eines der Gründungsmitglieder dabei.

Es folgt mit *The Temptations* eine der erfolgreichsten Soulgruppen überhaupt. 1960 in Detroit gegründet, sind auch sie noch heute aktiv und wurden 1989 in die Ruhmeshalle der populären Musik aufgenommen. Von Beginn an dabei der Tenor *Otis Williams;* die anderen vier Gründungsmitglieder sind inzwischen allerdings verstorben. Von ihnen hören wir ihr legendäres „Papa Was A Rolling Stone", das 1972 auf Platz Eins in den USA stand. Den Song hatten die *Tamla-Motown*-Autoren *Norman Whitfield* und *Barrett Strong* geschrieben, die beispielsweise auch „I Heard It Through The Grapevine" verfasst hatten.

Abgerundet wird der nächste Musikblock dann durch die *Jacksons,* ursprünglich *The Jackson Five,* das ehrgeizige Familienprojekt eines musikbegeisterten ehemaligen Kranführers, der die Knaben *Jermaine, Jackie, Michael, Marlon* und *Tito Jackson* zu höchster Perfektion in Stimme, Ausdruck und Show triezte. Seit 1969 bescherten sie dem *Motown*-Unternehmen jahrelang Umsatzrekorde. Was aus *Michael* später wurde, ist
hinlänglich bekannt. Aus ihrem 1981 bei CBS erschienenen Live-Album spiele ich ihren ersten Hit „I Want You Back".
So – und nun gibt's nach diesen vielen Worten gut zwanzig Minuten Soul am Stück!

The O'Jays: Love Train
The Four Tops: I Can't Help Myself
The Temptations: Papa Was A Rolling Stone
The Jackson's: I Want You Back

Während die meisten Soul-Interpreten hinter sich eine ganze Wand an Bläser-, Keyboards- und Gitarren-Sound auffahren, macht es *Bill Withers* nun ganz sparsam und intim – seine Songs überzeugten vor allem durch die Stimme, die eine fast körperlich spürbare Spannung besitzt und doch so lässig daherkommt, als würde uns der Sänger eine Geschichte erzählen, die keineswegs für alle Ohren bestimmt ist. So betont denn auch *Siegfried Schmidt-Joos, „von der verschwitzten Soul-Sexualität eines James Brown oder der glatten Studio-Politur des Philadelphia-Sound war in seinen Stücken kaum etwas zu spüren"* [49].

Der 1938 geborene *Withers* hatte als Elitesoldat neun Jahre in der Navy gedient und sich dort erst mühsam das Stottern abgewöhnt, ehe er 1971 mit seiner Debüt-LP „Just As I Am" überraschen konnte, an der unter anderem *Stephen Stills* und *Donald „Duck" Dunn* mitgewirkt hatten. Sein selbst komponiertes „Ain't No Sunshine" wurde zu einem der meistgecoverten Soul-Klassiker; ebenso erging es „Lean On Me", das im Folgejahr

---

[49] RL, Band 2, S. 1007.

Platz Eins der US-Charts erreichte – beide Songs spiele ich vom 1973 erschienenen Album „Live At Carnegie Hall" als Erinnerung an *Bill Withers,* der im März 2020 in Los Angeles verstorben ist.

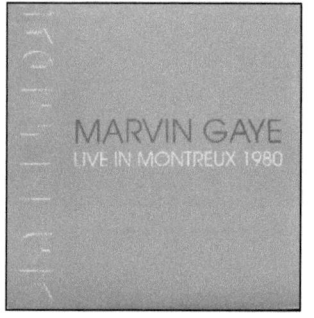

Ungleich früher gehen musste der etwa gleichaltrige *Marvin Gaye,* der schon in den 60ern Erfolge als Sänger von *Motown* verbucht hatte, aber erst 1971 mit dem Album „What's Going On" der Soul Music durch die Verschmelzung *„so unterschiedlicher Stilmittel wie Blues, Rock, Jazz, Soul, Bossa Nova und quasisymphonische(r) Unterhaltungsmusik"* [50] eine neue Richtung gegeben habe, wie *Siegfried Schmidt-Joos* urteilt. Allerdings war der Titel seiner 72er LP „Trouble Man" auch geeignet, sein wechselvolles Leben zusammenzufassen: 1977 ließ er sich wegen einer 17Jährigen von seiner Frau *Anna Gordy* scheiden; die neue Ehe hielt nur ein Jahr. Steuerschulden in Millionenhöhe führten 1979 zu einem Selbstmordversuch, zudem war er stark kokainabhängig. Andererseits feierte er 1980 Triumphe beim Jazzfestival in Montreux und erhielt 1983 einen Grammy als bester Rhythm&Blues-Sänger, gefolgt von neuerlichen Depressionen und einer sich steigernden Paranoia. Am 1. April 1984 wurde *Marvin Gaye* nach Handgreiflichkeiten von seinem 70jährigen Vater, einem ehemaligen Geistlichen, erschossen – tragisches Ende eines begnadeten Künstlers, der seinen Ruhm offenbar nicht verkraftet hat. Sein „Trouble Man", den ich zwischen die beiden *Bill-Withers*-Songs schiebe, ist ein Mitschnitt aus dem Palladium in London aus dem Jahr 1977.

Bill Withers: Lean On Me
Marvin Gaye: Trouble Man
Bill Withers: Ain't No Sunshine

Zu den großen Szene-Stars gehörte fraglos auch *Lionel Richie,* dessen Weltkarriere als Sänger und Saxofonist der 1968 in Detroit gegründeten *Commodores* begann, die bald bei *Motown* als Vorgruppe der *Jackson Five* unter Vertrag genommen wurden. Rasch mauserten sich die *Commodores* als *„Antwort der schwarzen Musik auf*

---

[50] RL, Band 1, S. 355.

Heavy Metal", wie der *Rolling Stone* seinerzeit schrieb, selbst zu Headlinern, die zwischen 1974 und 1988 sage und schreibe 29 Hits in den R&B-Charts der USA platzieren konnten. *Lionel Richie* selbst war 1982 zugunsten einer ebenfalls außerordentlich erfolgreichen Solo-Karriere, die ihm vier Grammys und einen Oscar einbrachte, ausgestiegen; die Band spielt, wenn auch in veränderter Besetzung, noch heute auf Festivals vor allem in den Vereinigten Staaten. Vom 1977 erschienenen Live-Album der *Commodores* spiele ich einen ihrer großen Hits: „Slippery When Wet", geschrieben vom Band-Gitarristen *Thomas McClary.*

Im Anschluss dann *Frankie Beverly* gemeinsam mit den Musikern von *Maze.* 1946 geboren, hatte *Beverly* – ermutigt auch durch *Marvin Gaye* – in den 70er Jahren großen Erfolg mit seiner unverwechselbaren, sanften Baritonstimme und seiner charismatischen Bühnenpräsenz. Bis 1993 veröffentlichten *Maze* zehn Studio-Alben; achtmal gabs dafür Goldene Schallplatten, und die Band ist noch heute aktiv. Wir hören sie mit „Before I Let Go" vom 1986er Album „Live In Los Angeles", das sich 26 Wochen in den R&B-Charts platzieren konnte.

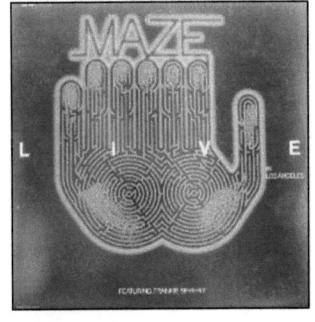

Dann noch *Big Twist & The Mellow Fellows,* die Frontmann, Sänger und Harmonikaspieler *Larry "Big Twist" Nolan* zu Beginn der 1970er Jahre gegründet hatte. Ab 1978 etablierte sich die Band mit ihrer attraktiven Mischung aus Soul, Blues und Rock in Chicago vor allem als erfolgreiche Liveband. *Larry Nolan* erlag 1990 mit nur 52 Jahren einem Herzinfarkt; mit neuem Sänger sind die *Mellow Fellows* noch heute aktiv. Vom 1987 auf dem Blues-Label *Alligator Records* veröffentlichten Album „Bigger Than Life" gibt's den souligen „Turning Point".

Commodores feat. Lionel Richie: Slippery When Wet
Maze feat. Frankie Beverly: Before I Let Go
Big Twist & The Mellow Fellows: Turning Point

Nun noch dringend zu zwei Soul-Interpretinnen: *Diana Ross* und *Roberta Flack* – beide auch immer wieder gesuchte Duett-Partnerinnen ihrer männlichen Sängerkollegen.

Die 1937 geborene *Roberta Flack* hatte eigentlich eine Pianistenkarriere eingeschlagen, als 1971 überraschend eine Ballade, die sie zwei Jahre zuvor eingesungen hatte, durch einen *Clint-Eastwood*-Film quasi über Nacht zum Hit wurde. Daraufhin nahm dieser Teil ihrer Musikerpersönlichkeit rasch Fahrt auf; für ihre zumeist eher sanften, poetischen Songs erhielt sie in den 1970er Jahren vier Grammys. Am bekanntesten dürfte wohl „Killing Me Softly (With This Song)" sein, das natürlich gleich erklingen wird. Zuvor aber noch ein Duett mit dem Soulsänger *Peabo Bryson*, mit dem sie 1980 in den USA lange auf Tour war: „Back Together Again" ist ebenso wie „Killing Me Softly" auf dem dabei mitgeschnittenen Doppelalbum enthalten. Nach einem 2016 erlittenen Schlaganfall hat sich *Roberta Flack* inzwischen von der Bühne zurückgezogen.

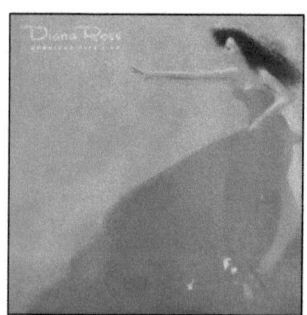

Sieben Jahre jünger als *Roberta*, hatte *Diana Ross* in den 1960er Jahren bereits eine erste Karriere in einer Gesangsgruppe hinter sich, ehe sie als Solokünstlerin weiter von Erfolg zu Erfolg eilte. Gemeinsam mit *Florence Ballard,* die 1967 durch *Cindy Birdsong* ersetzt wurde, und *Mary Wilson* bescherte *Diana Ross* als Stimmführerin der *Supremes* dem *Tamla-Motown*-Label bis 1970 etliche Hits. Das blieb auch als Solistin so, die mit ihrer überzeugenden Bühnenpräsenz und aufwändigen Studioproduktionen im Discosound der 70er/80er Jahre lange ganz oben mitmischte. 1989 konnte sie sich sogar als Teilhaberin bei *Motown* einkaufen und mit *Ross Records* ein eigenes Label eröffnen. Nicht ganz so erfolgreich verliefen ihre mehrfachen Ausflüge ins Filmgeschäft; erwähnenswert zumindest ihre Verkörperung der schwarzen Jazzsängerin *Billie Holiday* im Spielfilm „Lady Sings The Blues" von 1972, was ihr immerhin eine Oscar-Nominierung einbrachte. Und auch in ihrem Privatleben ging mit fünf Kindern von zwei Ehemännern einiges drunter und drüber; in den 70ern war sie zudem kurzzeitig mit dem *KISS*-Bassisten *Gene Simmons* liiert. Für einen Grammy war sie ein Dutzend Mal nominiert; erhalten hat sie ihn erst 2012 für ihr Lebenswerk…

Während der Corona-Pandemie hat *Diana Ross* – für viele überraschend – nach 15jähriger Pause ein neues (und damit ihr insgesamt 25.!) Studioalbum aufgenommen. Unter dem Titel „Thank You" ist es im Vorjahr erschienen und erreichte in den britischen Album-Charts immerhin Platz Sieben. Aus ihrem 1989er Doppelalbum „Greatest Hits Live" gibt's das *Supremes*-Medley mit Reminiszenzen an „Baby Love", „Stop (In The Name Of Love"), „You Can't Hurry Love", "You Keep Me Hangin' On" und "Love Is Like An Itchin' In My Heart" – ganz viel Liebe also von und mit *Diana Ross,* von der ich dann noch den *Ashford/Simpson*-Klassiker „Ain't No Mountain High Enough" spiele, den *Marvin Gaye* 1967 gemeinsam mit *Tammi Terrell* eingesungen hatte – hier alles gut durchgemischt mit den Songs von *Roberta Flack.*

Roberta Flack & Peabo Bryson: Back Together Again
Diana Ross: Supremes Medley
Roberta Flack: Killing Me Softly
Diana Ross: Ain't No Mountain High Enough

Zwei ganz große Diven des Soul: *Roberta Flack* und *Diana Ross.* Und auch an diesen Musikbeispielen lässt sich eindeutig ablesen, dass Soul Music natürlich vor allem eine Domäne schwarzer Musikerinnen und Musiker war und ist. Da fällt es schon auf, wenn ausgerechnet schottische Jungs, die sich auch noch als *durchschnittliche weiße Band* bezeichnen, dem Soul frönen und damit sogar anhaltenden Erfolg haben: die *Average White Band*. *„Keine andere weiße Formation hat Stil und Stimmfarben des schwarzen Soulklangs derart vollkommen assimiliert, ohne Vorbilder direkt zu kopieren"* [51], urteilt *Siegfried Schmidt-Joos*.
1971 als Sextett gegründet, bildete sie bereits im Januar 1973 das musikalische Fundament für *Eric Clapton's Rainbow Concert.* Im selben Jahr erschien ihre Debüt-LP, doch erst der beim Soul-affinen Label *Atlantic Records* herausgebrachte Nachfolger erhielt größere Aufmerksamkeit; die ausgekoppelte Single „Pick Up The Pieces", die in den USA Platz Eins erreichte, gilt heute als Klassiker der Band, die durch ihre mitreißende Spielfreude und Perfektion auch live zu überzeugen wusste. Das 1976 erschienene erste Livealbum der *Average White Band*, „Person To Person", hielt sich 18 Wochen in den US-Charts und wurde – wie auch seine Studio-Vorläufer – vergoldet. Nach zehn erfolgreichen Jahren legte das Sextett dann eine Pause ein; 1989 kam es zu einer Reunion, und die jüngste Studioplatte „Inside Out" erschien im Jahr 2018. Der jüngste News-Eintrag auf ihrer

---

[51] RL, Band 1, S. 73.

Homepage [52] datiert vom 16. September 2021 – eine Entschuldigung an die Fans in Europa, dass eine geplante Tour durch Belgien und die Niederlande aufgrund der Corona-Pandemie verschoben werden müsse. Aufgeschoben ist nicht aufgehoben, wie wir hoffen! Aktuell waren sie jedenfalls gerade in ihrer Wahlheimat USA auf Tour, und mit dem singenden Gitarristen *Onnie McIntrye* sowie *Alan Gorrie*, der sich außer an Bass und Gitarre ebenfalls gesanglich einbringt, sind noch zwei Gründungsmitglieder dabei, wobei im aktuellen Septett auch zwei schwarze Musiker aktiv sind.

Die *Average White Band* setzt nun den musikalischen Schlusspunkt der 56. LiveRillen-Ausgabe zum Thema „Wenn die Seele singt" – wir hören den Titelsong des Live-Albums „Person To Person".

Die letzte LiveRille des Jahres wird im Dezember meine persönlichen Konzerterlebnisse 2022 Revue passieren lassen – die Palette reicht von *Joe Bonamassa* und *Foreigner* über *Deep Purple*, *DeWolff*, *Toto*, *Walter Trout* und *Danny Bryant*, *Gov't Mule* und *Beth Hart* bis zu *Judy Collins*, *James Taylor* und *Bryan Adams* – was für ein großartiges Konzertjahr, zumal nach der Corona-Durststrecke zuvor! Also dann – auf Weiteres!

Average White Band: Person To Person

---

[52] https://www.averagewhiteband.com/news.

Quellen:

- Average White Band: Person To Person, Do.-LP, Atlantic, 1976
- James Brown: Live And Lowdown At The Apollo, Vol. 1, LP, Metronome/Polydor, 1962
- James Brown: Live in New York (at 'Studio 54'), Do.-LP, KNOCKOUT, 1981
- Commodores: Live!, Do.-LP, Motown, 1977
- Roberta Flack and Peabo Bryson: Live & More, Do.-LP, Atlantic, 1980
- Four Tops: Live & In Concert, LP, ABC Records, 1974
- Aretha Franklin: Aretha Live At Filmore West, LP, Atlantic, 1971
- Marvin Gaye: Live In Montreux 1980, Do.-LP, ear music, 2003
- The Jacksons: Live, Do.-LP, CBS, 1981
- Maze: Live In Los Angeles Feat. Frankie Beverly, Do.-LP, Capitol/EMI, 1986
- Monterey International Pop Festival: Otis Redding / The Jimi Hendrix Experience, LP, Atlantic, o. J.
- The O'Jays: Live In London, LP, Monument/CBS, 1974
- Diana Ross: Greatest Hits Live, Do.-LP, EMI, 1989
- The Temptations: Live (1975), LP,
- Ike & Tina Turner: Live In Paris, Do.-LP, Liberty-Records, 1971
- Bill Withers: Live At Carnegie Hall, Do.-LP, SUSSEX, 1973

No. 57: Ein rundes Dutzend – Mein Konzertjahr 2022

Dezember 2022

Willkommen zur letzten Ausgabe der LiveRillen in diesem Jahr – einem Jahr, das (mit Blick auf die höchst bedrohliche Weltlage) so besser nie stattgefunden hätte. Dennoch oder gerade deshalb will ich versuchen, das Jahr mit angenehmen Erinnerungen zu verabschieden, und die haben bei mir unmittelbar mit Musik zu tun. Denn 2022 war ja auch wieder ein halbwegs normales Konzertjahr, in dem wir uns gemeinsam nach all den Corona-Verunsicherungen wieder hinaus- und hineinwagen durften in die Clubs, Arenen und Musiktempel landauf, landab. Ich habe es weidlich genutzt und will heute jene Künstler und Bands vorstellen, die ich im Laufe des Jahres livehaftig erleben konnte – nun ja, oder es zumindest wollte. Eigentlich sollte es ein rundes Dutzend ergeben – *eigentlich*, aber dazu später mehr. Auf jeden Fall habe ich genug Stoff für die kommenden zwei bunt gemischten Stunden.

Los ging's bei mir am 26. April mit *Joe Bonamassa* in der gut gefüllten Hannoveraner *Swiss Life Hall*. Ich hatte den äußerst produktiven US-amerikanischen Gitarristen ja bereits in den April-LiveRillen (siehe Band 4, S. 132ff) anlässlich seines 45. Geburtstages ausführlich vorgestellt. Nun konnte ich mich mit eigenen Augen und Ohren von der außergewöhnlichen Klasse seines Saitenspiels überzeugen, hinter der seine gesanglichen Fähigkeiten doch ein wenig zurückstehen. Das soll keineswegs die Qualität des Konzerterlebnisses schmälern, zumal auch seine Bandmitstreiter keineswegs nur Statisten des Meisters waren, sondern das Ihre zum positiven Gesamteindruck beitragen durften. Einziger Wermutstropfen: Alle meine Rechercheversuche, die Namen der versierten Instrumentalisten an *Bonamassas* Seite herauszubekommen, sind gescheitert – im Netz ist immer nur allgemein zu lesen, er werde auf seiner Tour *„zusammen mit einer handverlesenen Gruppe von Weltklasse-Musikern auftreten"* [53] oder er werde *„von einer herausragenden Band aus einigen der besten Musiker der Welt unterstützt"* [54]. Ich glaube, zumindest den Schlagzeuger *Anton Fig* sowie *Michael Rhodes* am Bass erkannt zu haben, aber die Hand ins Feuer legen will ich dafür nicht…

Im Gepäck hatte der gebürtige New Yorker vor allem Songs seiner jüngsten Platte „Time Clocks" sowie des 2020 erschienenen Studio-Albums „Royal Tea", mit dem er zum 24. Mal Platz 1 der Billboard-Blues-Charts belegen konnte und das auch in

---

[53] https://behring-berlin.com/Veranstaltung/joe-bonamassa-tournee-2022/.
[54] https://www.frontrownc.com/all/joe-bonamassa-announces-new-tour-dates-for-spring-2022/.

Deutschland bis in die Top Five der Albumverkäufe aufstieg. Drei Mal hat er hierzulande zudem bereits Goldene Schallplatten eingeheimst.

Schön, dass trotz all dieser Erfolge seine Bühnenauftritte weit mehr sind als gepflegte Routine.

Andererseits stellt sich der wie stets seriös gekleidete und sonnenbebrillte Sohn eines Gitarrenhändlers nie über seine Musik; er braucht keine Attitüden, um sein Publikum – und darunter auch mich – restlos zu überzeugen; dafür reicht sein virtuoses Spiel auf häufig gewechselten Gitarren vollkommen aus. Hier nun Livemusik von *Joe Bonamassa* – ausgewählt habe ich „Blue And Evil" vom 2012er Album „Live From New York", aufgenommen im dortigen *Beacon Theatre*.

Joe Bonamassa: Blue And Evil

Schon zwei Wochen später begann die Open-Air-Saison auf unserer halleschen Freilichtbühne auf der Peißnitz-Insel. Mit *Foreigner* hatte sich für den 10. Mai eine der erfolgreichsten Rockbands der späten 1970er und 80er Jahre angesagt. Bereits ihre ersten beiden Plattenveröffentlichungen „Foreigner" und „Double Vision" verkauften sich in den USA rund 12 Millionen mal, und als Liveband überzeugten die Mainstream-Rocker stets. So auch in Halle, auch wenn von der ursprünglichen Besetzung nur noch der gebürtige Brite *Mick Jones*, inzwischen 77, die Fäden in der Hand hält und bei einigen Titeln auch an der Gitarre dabei ist. Vom einstigen Frontmann *Lou Gramm,* der schon 1990 ausgestiegen war, um zwei Jahre später noch einmal für ein gutes Jahrzehnt zurückzukommen, hat seit 15 Jahren *Kelly Hansen* das Mikrofon übernommen; dazu kommen die Gitarristen *Bruce Watson* und *Louis Maldonado, Jeff Pilson* am Bass, *Chris Frazier* am Schlagzeug sowie Keyboarder *Michael Bluestein*. Dem Personalkarussell der inzwischen 45 Jahre alten Band zum Trotz klingen *Foreigner* ganz eindeutig wie *Foreigner*, und genau das erwartet das treue, etwas angegraute Publikum ja auch in Halle. Und so wird der laue Abend eine Best-Of-Foreigner-Show zum Mitsingen und Mittanzen. Im Netz ist über ihre 2022er Tour zu lesen: *„Die Zuschauer erleben – etwas überspitzt formuliert – quasi eine bestens eingespielte Coverband, was aber der Stimmung keinen Abbruch tut."*[55] Dem ist wenig hinzuzufügen.

---

[55] https://rockmagazine.net/konzertbericht-foreigner-support-the-dead-daisies-am-16-juni-im-schlossgarten-bruchsal/.

 Zwei der großen *Foreigner*-Erfolge habe ich für die heutigen LiveRillen ausgesucht, die natürlich auch am 10. Juni auf der Setlist standen: „Cold As Ice" und mit „Waiting For A Girl Like You" eine der großen Rockballaden der 1980er Jahre – beide vom 2010 in Nashville/Tennessee aufgenommenen Album "Can't Slow Down ... When It's Live!" – und immerhin vier der sieben seinerzeit unter *Foreigner* firmierenden Musiker standen auch beim Halle-Konzert noch auf der Bühne ...

Foreigner: Cold As Ice / Waiting For A Girl Like You

Vom Mainstream-Rock nun zum Blues und einem tollen Doppelkonzert, das ich am 8. Juli an der Rockbastion im sächsischen Torgau genießen durfte – übrigens eine äußerst empfehlenswerte Location, die genau die richtige Größe hat, um intimes Live-Feeling zu erzeugen.
Zu Gast waren *Danny Bryant* und *Walter Trout* mit ihren Bands – beides klangvolle Namen in der Phalanx des weißen Blues, obgleich sie ja unterschiedlichen Generationen angehören: Der US-Amerikaner *Walter Trout*, Jahrgang 1951, hat schon mit *John Lee Hooker, Canned Heat* und *John Mayall* gespielt, bevor der 1980 geborene Brite *Danny Bryant* überhaupt erstmals eine Gitarre in die Finger bekam. Das war mit zehn Jahren, dann aber ging es rasant voran, und seit seinem 18. Lebensjahr hat *Bryant* die Musik zum Beruf gemacht. Die Liste seiner musikalischen Partner, auf der unter anderem *Carlos Santana, Buddy Guy, Joe Cocker, Peter Green* und *Mick Taylor* stehen, muss sich hinter *Walter Trouts* Meriten keineswegs verstecken, zumal gerade diese beiden ein inniges Vater-Sohn-Verhältnis pflegen, zumindest im musikalischen Sinne, was beide während ihrer Torgauer Show und im abschließenden gemeinsamen Teil auch immer wieder betonten. *„Meine Eltern haben mich zu vielen seiner UK-Shows gefahren und er wurde so etwas wie mein Mentor und Lehrer",* [56] erinnert sich *Danny Bryant* im Magazin *Gitarre&Bass* an seine ersten Kontakte zu *Walter Trout*. Und *Joe Bonamassa* – unser heutiger Sendungseinstieg – lässt seine Wertschätzung in Bezug auf *Danny Bryant* wie folgt zitieren: *„A fantastic guitar player, able to take a Stratocaster and really make it sing".* [57]

---

[56] Zitiert nach: https://www.laut.de/Danny-Bryant.
[57] https://www.dannybryant.com/.

2002 ist *Danny Bryants* Platten-Debüt „Watching You!" erschienen; damals bediente noch sein Vater *Ken Bryant* den Bass. Seit 2011 ist *Danny Bryant* beim deutschen Label *Jazzhaus Records* unter Vertrag; 2013 zog sich der Papa zurück, und seither ist der Sohnemann mal im Trio, mal fast in Big-Band-Stärke live zu erleben. Ein knappes Dutzend Studio-LPs gibt's ebenfalls, die bis dato letzte ist 2018 unter dem Titel „Revelation" erschienen.

Stilistisch ist *Danny Bryant* nicht so sehr der filigrane Feingeist; bei ihm kommt der Blues schon mal bretthart daher und realisiert sich eher in rauen Riffs als in sensiblen Melodiebögen. Das Publikum in Torgau hat das begeistert honoriert.

Hier nun Musik vom Briten: Im Januar 2017 wurde das Doppelalbum „BIG – Live In Europe" aufgenommen – die meisten Aufnahmen stammen übrigens aus einem Bluesklub in Freiburg; darunter „Prisoner Of The Blues" und „Painkiller" – beide waren auch in Torgau zu erleben.

Danny Bryant: Prisoner Of The Blues / Painkiller

Blues der härteren Spielart, dargeboten vom britischen Gitarristen und Sänger *Danny Bryant*, einem der hoffnungsvollsten Vertreter der nunmehr mittleren Blues-Generation. Auf seinen gut einstündigen Auftritt an der Kulturbastion in Torgau folgte am 8. Juli nach kurzem Umbau sein väterlicher Mentor *Walter Trout*. Das Leben des heute 71Jährigen konnte 2014 nur durch eine Lebertransplantation gerettet werden, die wiederum durch eine Spendenaktion befreundeter Kollegen ermöglicht worden war. Erstaunlich, wie vital der Bluesrock-Veteran seither wieder die Bühnen weltweit bespielt und auch im Studio aktiv ist; im August dieses Jahres ist mit „Ride" sein jüngster Longplayer erschienen.

In der daraus ausgekoppelten Single „Waiting For The Dawn" fordert *Walter Trout* seine Fans – und wohl auch sich selbst – auf, angesichts all der Herausforderungen der letzten Jahre stark zu bleiben. *„Es gab Zeiten in dieser Pandemie, in denen ich in ziemlich tiefe Depressionen gesunken bin. Ich habe herumgesessen und mich gefragt, welchen Sinn das Leben noch hat"*[58], erinnert sich *Trout* selbst an diese Zeit. Nun – ganz offensichtlich hat er diesen Sinn wiedergefunden, und das natürlich vor allem in seiner Musik. Live war er gerade in Skandinavien und den

---

[58] Übersetzt nach: https://www.waltertrout.com/about.

Niederlanden zu erleben; im Dezember steht Kanada auf dem Tourplan, und für Mai des kommenden Jahres sind Konzerte in Großbritannien angekündigt.
In Torgau wurde *Trout* von seiner langjährigen und bestens eingespielten Rhythmusgruppe gestützt: dem in Schweden geborenen Bassisten *Johnny Griparic* sowie *Michael Leasure* am Schlagzeug. Leider ist Keyboarder *Sammy Avila*, dessen furioses Spiel auf der Hammond B3 lange Zeit als Markenzeichen der *Walter-Trout-Band* galt, nicht mehr mit von der Partie. Für ihn drückt nun *Teddy Andreadis* die Tasten – nicht ganz so eindrucksvoll wie sein Vorgänger, was im Netz bereits ausführlich diskutiert und kritisiert wurde. Dafür darf Band-Roadie *Andrew Elt* bei einigen Titeln nachweisen, dass er nicht nur Boxen schleppen, sondern auch achtbar Gitarre spielen und singen kann. Und natürlich holt *Walter Trout* auch seinen Ziehsohn *Danny Bryant* auf die Bühne, und da geht die Post dann richtig ab.

Hier ist *Walter Trout* mit einer Aufnahme vom Dreifach-Album „Alive In Amsterdam", 2017 bei Provogue erschienen und noch mit *Sammy Avila* an der Orgel eingespielt. Ausgewählt habe ich „Say Goodbye To The Blues", mit dem *Walter Trout* hörbar seinem Idol *B.B. King* huldigt...

Walter Trout: Say Goodbye To The Blues

Damit sagen auch wir dem Blues einstweilen Goodbye, um uns dem Hardrock zuzuwenden – noch immer sind *Deep Purple*, dereinst Miterfinder dieser Stilistik und somit häufig genug mit dem wohlfeilen Etikett der Urgesteine bedacht, auf Tour – am 15. Juli haben sie auf der halleschen Peißnitz-Bühne ihre aktuelle Visitenkarte abgegeben, und das durchaus sehr eindrucksvoll! Dabei verlassen sich die Bandgründer *Ian Gillan*, *Ian Paice* und *Roger Glover*, seit *Jon Lords* Tod vor zwanzig Jahren ergänzt durch den Rockveteranen *Don Airey* an der Hammond-Orgel, deren Tasten er zuvor schon bei *Colosseum II*, *Black Sabbath*, *Gary Moore* oder *Rainbow* gedrückt hatte.
Dazu durfte an der stilprägenden Gitarre eigentlich *Steve Morse* erwartet werden, dereinst Mitbegründer der Fusion-Band *Dixie Dregs* und seit 1984 erfolgreich bemüht, den einstigen *Deep-Purple*-Gitarristen *Ritchie Blackmoore* vergessen zu machen. Doch *Morse* hatte sich zu Jahresbeginn eine Auszeit erbeten, um seiner an Krebs erkrankten Frau beizustehen – ein zutiefst menschlicher Zug des vom Fachmagazin *Guitar Player* gleich fünf Mal zum weltbesten Gitarristen gekürten US-Amerikaners. So wurde er bei den 2022er Konzerten durch den – mit 43 Jahren im Vergleich zum sonstigen Line-Up blutjungen – irischen Gitarristen

Simon McBride vertreten, der durch diverse Blues- und Rockveröffentlichungen auf sich aufmerksam gemacht hatte. Inzwischen hat *Steve Morse* seinen endgültigen Rückzug von der Bühne verkündet, sodass aus der Interimslösung *Simon McBride* eine Dauerlösung für *Deep Purple* und somit ein neues Kapitel in ihrer über 50jährigen Bandgeschichte geworden ist.
Trotz dieses kurzfristigen Personalwechsels konnten *Deep Purple* ihre teilweise von weither angereisten Fans in Halle absolut überzeugen, auch wenn bestimmte Klassiker wie „Child In Time" natürlich nicht mehr auf der Setlist stehen und *Ian Gillan* die Songs teilweise im Sprechgesang zelebriert. Dafür packt der Rhythmus noch immer – *Ian Paice* und *Roger Glover* harmonieren wie ein gut geölter, kraftvoller Motor, und die musikalischen Duelle zwischen *Don Airey*, der viel Raum für seine solistischen Eskapaden bekommt, und der mal singenden, mal sägenden Gitarre des Neuen auf der Bühne lösen immer wieder berechtigte Begeisterungsstürme aus.
Logisch, dass es von dieser Besetzung noch keine präsentierbaren Liveaufnahmen auf Vinyl gibt. Da aber ansonsten das Angebot an Konzertmitschnitten von *Deep Purple* aus all ihren Schaffensphasen schier unüberschaubar ist, steht mir reichlich Material zur Verfügung. Ausgewählt habe ich eine Neuerwerbung dieses Jahres: „The Infinite Live Recordings Vol. 1" enthält auf drei Scheiben den Mitschnitt eines Konzerts in Hellfest aus dem Jahr 2017. Daraus jetzt knapp acht Minuten Deep Purple mit „Lazy", einem Band-Klassiker, der vor ziemlich genau einem halben Jahrhundert auf dem Album „Machine Head" enthalten war.

Deep Purple: Lazy

„Lazy" – faul und träge, das kann man von *Deep Purple* wahrlich nicht behaupten: 2020 erschien mit „Whoosh!" das 21. Studio-Album der Band, das in Deutschland, Österreich und der Schweiz die Spitze der Charts erreichen konnte, und im Vorjahr folgte mit „Turning To Crime" tatsächlich erstmals ein reines Cover-Album, auf dem die *Deep-Purple*-Heroen diversen Weggefährten und Inspiratoren huldigen – von *Bob Dylan* und *Bob Seger* über *Little Feet* und *Fleetwood Mac* bis zu „White Room" von *Cream*.
Nur einen Tag nach dem *Deep-Purple*-Konzert in Halle rockte eine weitere Legende die Peißnitz-Bühne: *Toto*. Bevor ich zu ihnen komme, muss ich allerdings der Vorband des Abends Respekt erweisen und Gehör verschaffen – sie hat es mehr

als verdient! So heißt es in einer Web-Rezension zum kurz nach Halle stattgefundenen Konzert in Schwetzingen: *„Den Abend eröffneten die drei holländischen Musiker von DeWolff mit 45 Minuten sattem Blues-Rock. Die Band riss das Publikum ... mit und sorgte bei denjenigen, die die Band nicht kannten, sicherlich für eine angenehme Überraschung."* [59]

Genau so war es auch in Halle – mit dem Unterschied, dass ich auf *DeWolff* vorbereitet war, da mich Freunde bereits vor Jahren auf das niederländische Power-Trio aufmerksam gemacht hatten. Für den Namen stand übrigens die von *Harvey Keitel* im Film „Pulp Fiction" verkörperte Figur Pate. Zusammengefunden haben sich die Brüder *Luka* (Schlagzeug) und *Pablo van de Poel* (Gitarre) sowie *Robin Piso* an den Keyboards im Jahr 2007. Damit wird ihre Besonderheit schon deutlich: Die Band agiert – wie dereinst *The Doors* – ohne Bass.

Dass man den keineswegs vermisst, liegt an der druckvollen, energetischen Performance, die das Trio im Studio, vor allem aber auf der Bühne entwickelt. Durch einen Talentwettbewerb erhielten sie 2008 ihren ersten Plattenvertrag, da war keiner von ihnen älter als 17 Jahre! *„Trotz ihrer Jugend galten die Niederländer schnell als die große Hoffnung wilden, psychedelischen Sixties-Blues-Rocks, der die Hörer mitnahm in eine Zeit, in der Led Zeppelin, Cream und Deep Purple die Welt beherrschten"* [60], ist auf der Website des WDR-Rockpalasts zu lesen. 2010 waren sie beim *Crossroads-Festival* des Rockpalasts in Bonn noch die große Überraschung; zehn Jahre später bei der *Crossroads*-Neuauflage bereits die Zugpferde und Abräumer, wovon man sich auf den Rockpalast-Videos im Netz überzeugen kann. Und gleich zwei fantastische

Doppel-Live-Alben gibt es ebenfalls von ihnen: „Live & Outta Sight" I und II betitelt. Vom ersten Album gibt's jetzt „Crumbling Heart", anschließend vom zweiten „Tombstone Child". Lasst euch überraschen von *DeWolff*...

DeWolff: Crumbling Heart / Tombstone Child

---

[59] https://www.regioactive.de/review/2022/07/30/toto-ueberzeugen-bei-musik-im-park-in-schwetzingen-auch-in-neuer-besetzung-ZbBdHPzDyq.
[60] https://www1.wdr.de/fernsehen/rockpalast/bands/ueber-de-wolff-100.html.

DeWolff – den Namen sollte man sich unbedingt merken, und da die Jungs häufig in Deutschland touren, die sich bestimmt bietenden Gelegenheiten eines echten Live-Erlebnisses nutzen!
Nach angemessener Umbaupause hieß es dann am Abend des 16. Juli auf der halleschen Peißnitz: Bühne frei für *Toto*.
Der 1978 in Los Angeles von den Brüdern *Steve* und *Jeff Porcaro* – Keyboarder der eine, Schlagzeuger der andere – sowie *Steve Lukather* an der Gitarre, *David Paich* als weiterem Tastenspieler, *David Hungate* am Bass und dem Sänger *Bobby Kimball* gegründeten Band eilte bald schon der Ruf eines mitunter doch etwas zu clean wirkenden Perfektionismus voraus. *Siegfried Schmidt-Joos* bezeichnete sie denn auch als *„Musterfall einer Rockband, deren kultiviertes Musikverständnis den lyrischen Gehalt ihrer Stücke bei weitem übertraf und deren cooler, eleganter Professionalismus ihre Darbietungen oftmals steril erscheinen ließ"* [61]. Dennoch konnte das Sextett bereits mit „Hold The Line" vom Debüt-Album einen Singlehit landen – die triolisch gespielten Piano-Akkorde wurden eine Art Markenzeichen der Band. Spätestens die LP „Toto IV" mit Songs
wie „Africa" und „Rosanna" überzeugte dann auch die Kritiker von der Qualität der Band, die auch live stets auf hohem Niveau agierte. Rückschläge blieben allerdings nicht aus; der herausragende Schlagzeuger *Jeff Porcaro* verstarb 1992 an einer Überdosis Kokain und wurde zunächst von *Simon Philipps* ersetzt; auch sonst drehte sich das Personalkarussell in zunehmender Geschwindigkeit – so zählt die Besetzungsliste über die Jahre 21 verschiedene Musiker, und mehrfach galt die Band gar als aufgelöst. Umso überraschender die Auferstehung in diesem Jahr, zu der das einzig verbliebene Gründungsmitglied *Steve Lukather* eine ganz neue Version von *Toto* zusammengestellt hat. Neben ihm selbst an Gitarre und Gesang sowie dem seit 2020 bereits dazugehörenden Sänger *Joseph Williams* sind aktuell *Robert Searight* am Schlagzeug, *Waren Ham* an Bongos, Saxofon und Flöte, *John Pierce* am Bass sowie die Keyboarder *Steve Maggiora* und *Dominique „Xavier" Taplin* Teil der Band. Ähnlich wie bei *Foreigner* also Grund zu der etwas despektierlichen Frage, ob das noch *Toto* sei oder doch schon eine *Toto*-Coverband… Nun, falls die Antwort von der musikalischen Qualität abhängt, geht der Daumen auf alle Fälle nach oben: Es wurde perfekt musiziert auf der halleschen Peißnitz, die Gesangssätze kamen gestochen, alle Instrumentalisten erhielten Raum, ihr

---

[61] RL, Band 2, S. 935.

Können zu zeigen, und der glasklare, transparente und dennoch druckvolle Sound hat restlos überzeugt. Sicher, es hätten ein paar Besucher mehr sein können an diesem warmen Juliabend – jene, die gekommen waren, um eine Werkschau aus über vierzig Jahren *Toto* erleben, kamen aber voll auf ihre Kosten. Ich lege jetzt ihr zum 25jährigen Bandjubiläum 2003 erschienenes Album „Live In Amsterdam" auf, und wir hören daraus „Africa".

Toto: Africa

Auch mein nächstes Konzerterlebnis kam aus den Staaten angeflogen: Das Quartett *Gov't Mule* um den *Allman-Brothers*-Gitarristen *Warren Haynes*, das bei Southern- und Bluesrock-Fans gleichermaßen Kultstatus genießt, machte mal wieder Station an der Kulturbastion Torgau, wo ich die Band bereits 2019 erleben durfte. Das hatte damals auch bei mir derart gezündet, dass es in diesem Jahr kein Zögern gab, den Trip von der Saale an die Elbe zu unternehmen, zumal auch an diesem Abend das Open-Air-Wetter bestens mitspielte.

Seit 2001 hat der äußerst fleißige und von Kritikern wie Fans als einer der weltbesten Gitarristen gefeierte *Warren Haynes* mit seiner Band rund 30 Tonträger veröffentlicht, viele davon mit vorzüglichem Live-Material. Spätestens mit der 2013 erschienenen Doppel-CD „Shout", die in den deutschen Charts immerhin auf Platz 16 positioniert war, haben sich *Gov't Mule* auch in Europa etabliert, und das seit 15 Jahren personell stabile Quartett um *Warren Haynes* mit dem Drummer *Matt Abts, Jorgen Carlsson* am Bass und *Danny Louis* an Keyboards und Gitarre wird bei Festivals und Tourneen hierzulande ebenso bejubelt wie daheim in den USA. 2019 sind ihre an zwei aufeinander folgenden Apriltagen 2017 mitgeschnittenen Konzerte im New Yorker *Capitol Theatre* bei *Provogue* auf zwei Live-Doppelalben erschienen, die ich immer wieder auflegen könnte, ohne mich zu langweilen. Vom

zweiten Album dieser „Bring On The Music"-Serie hören wir jetzt „Pressure Under Fire" und „Stone Cold Rage" – *Gov't Mule* in Hochform, die so auch am 22. Juli an der Kulturbastion Torgau zu erleben war.

Gov't Mule: Pressure Under Fire / Stone Cold Rage

Nur drei Tage nach dem Konzert von *Gov't Mule,* genau am 25. Juli, wartete dann schon der nächste Höhepunkt meines Konzertjahres 2022: *Beth Hart* gastierte mit ihrer Band auf der Bühne im Leipziger Clara-Zetkin-Park! Die impulsive und im besten Wortsinn exzentrische Songwriterin habe ich im Januar anlässlich ihres 50. Geburtstages ausführlich präsentiert (siehe Band 4, S. 101ff); zudem fand sie in der Aprilsendung der LiveRillen als häufiger Bühnengast von *Joe Bonamassa* musikalische Erwähnung. Deshalb will ich mich heute auf einen Song beschränken: „Close To My Fire", den sie auf der gleich zu hörenden Aufnahme ihrer Mutter widmet, die beim 2018 in der *Royal Albert Hall* mitgeschnittenen Konzert im Publikum war. Den Song hat *Beth Hart* übrigens gemeinsam mit Kumpel *Joe Bonamassa* geschrieben. „*Zünde ein Streichholz an und setz mich in Brand / Schau zu, wie es brennt und die Flammen höher schlagen / Du erhellst mich / Du lässt mich leuchten / Komm schon, komm ganz nah an mein Feuer",* singt die 1972 in L.A. geborene Powerfrau, die dort noch immer ihren Lebensmittelpunkt hat, zugleich aber seit Jahren erfolgreich auf den Bühnen der Welt zu Hause ist und mit ihrer ganz eigenen Musik, die in keine der gängigen Pop-Schubladen passt, erfolgreich ihre frühe Alkohol- und Drogensucht und ihre psychischen Probleme bekämpft.

Dazu hat sie mit dem herkulischen Drummer *Bill Ranson,* dem Bassisten *Bob Marinelli* und *John Nichols* an den Gitarren seit langem Musiker an ihrer Seite, die ebenso verständnisvoll wie emanzipiert agieren und in der über zweistündigen Bühnenshow keinen Augenblick Langeweile aufkommen lassen. Das Publikum geht durch ein Wechselbad der Gefühle, vom straighten Bluesrock über expressive Piano-Balladen und lyrisch-zarte Momente bis zum Couplet-Chanson Kurt Weill'scher Prägung. Und es ist einfach schön anzusehen, wie *Beth Hart* da inmitten ihrer Band als *Primus inter pares* die Fäden straff in der Hand hält, ohne die Kreativität ihrer Kollegen dadurch einzuengen. Mit einem Wort: Dieses Konzert auf der Leipziger Parkbühne war ein außergewöhnliches Erlebnis, das ich jederzeit gern wiederholen würde. Dass ich mir dabei wahrscheinlich meine kurz danach diagnostizierte Corona-Infektion eingefangen habe, gehört zu diesem Jahr halt einfach dazu – ich hab's ja gut überstanden...

Hier nun Musik von *Beth Hart* – wie angekündigt "Close To My Fire" aus ihrem Konzert in der *Royal Albert Hall* in New York.

Beth Hart: Close To My Fire

Ein Höhepunkt jagte also den nächsten in diesem meinem Konzertjahr 2022 – nun allerdings jäh unterbrochen von einer Absage: Die Tickets für *Judy Collins* in Berlin am 9. November, dem Jahrestag des Mauerfalls, in einer Kreuzberger

Kirche hatte ich lange schon erworben, doch das Gastspiel der inzwischen 83jährigen Folk-Ikone wurde ohne Angabe von Gründen abgesagt. Schade, denn die Wahrscheinlichkeit, dass sie hierzulande noch einmal zu erleben sein wird, ist wohl eher gering, auch wenn sie ja mit „Spellbound" gerade ein neues Album vorgelegt hat. Somit musste mein 9. November ohne Judys Folkhymnen auskommen...

Einen Tag später aber – so war der Plan – sollte ich ebenfalls in Berlin quasi als Entschädigung das Konzert eines Singer/Songwriters erleben dürfen, der zu meinen späten musikalischen Lieben gehört, wenn ich das mal so sagen darf: Der Name *James Taylor* war mir zwar seit den 1970ern ein Begriff, aber wirklich kennen- und schätzengelernt habe ich den 1948 in Boston geborenen US-Amerikaner erst in den letzten zwei, drei Jahren, und zwar über zwei Umwege: Ein Straßenmusiker auf La Gomera hatte Songs von ihm im Repertoire, die auch in mir sofort gewisse Saiten zum Klingen brachten, und bei der Beschäftigung mit der begnadeten Songschreiberin *Carole King,* der ich in der Februar-Ausgabe der LiveRillen zum 80. Geburtstag gratuliert habe (siehe Band 4, S. 112ff), kam ich natürlich an ihrem langjährigen Freund und Kollegen *James Taylor* nicht vorbei – ich sage nur: „You've Got A Friend"! Inzwischen habe ich mich selbst auf der Gitarre an diversen seiner Songs versucht – im Netz gibt's ja gute Tutorials, die in die teils komplexe Harmonik und Spielweise seiner Titel einführen. Einige dieser Spielhilfen gibt der Meister sogar selbst zum Besten. Ihn nun auch noch live zu sehen, begleitet von seiner wunderbar sensibel musizierenden All-Star-Band – das wäre wie eine vorfristige Weihnachtsbescherung gewesen.

Ja, tatsächlich – *wäre gewesen*... Einen Tag vor dem Konzert kam die traurige Nachricht: Das Gastspiel im Tempodrom entfällt ersatzlos – *James Taylor* ist an Corona erkrankt. Sein selbstironischer Kommentar: „Vielleicht war ich einfach dran" [62].

Tja, was mache ich nun für meine Konzertsendung aus diesen beiden Absagen? Na, einfach das Beste: ich spiele dennoch jeweils einen Song von *Judy Collins* und von *James Taylor* – für mich als kleinen Trost und für euch hoffentlich zur Freude.

---

[62] https://www.tempodrom.de/event/james_taylor_2022-11-10_20/ (Abruf am 9.11.2022).

Zunächst *Judy Collins* mit ihrem „Chelsea Morning" von ihrer schon 1971 erschienenen LP „Living", die neben Studioproduktionen auch einige Livetitel enthält.

Danach dann *James Taylor* von der 1985 nur in Brasilien veröffentlichten LP „Live In Rio", unter anderem mit dem Rauschebart *Leland Sklar* am Bass, der nicht nur mit allen Größen der Folkrock-Szene, sondern auch mehrfach mit *Toto* gearbeitet hat.

Judy Collins: Chelsea Morning
James Taylor: Fire And Rain

Mein Abschluss-Konzertevent des Jahres 2022 ließ es dann aber noch mal richtig krachen: *Bryan Adams,* der smarte Kanadier, rockte mit seiner Band am 28. November die Berliner Arena. Das ist gerade mal fünf Tage her, und es summt noch ein wenig in den Ohren, obgleich der druckvolle Sound keineswegs unangenehm war. Zu Songs wie „Summer Of Sixty-Nine", „Cuts Like A Knife" oder „It's Only Love" gehört eine gewisse Power einfach dazu. Nicht umsonst wurde sein „Unplugged"-Konzert, das er 1997 bei MTV geben durfte, von der Fachkritik ziemlich verrissen. Die Musikzeitschrift *Stereoplay* beurteilte seinerzeit den Versuch, *„den muskulösen Mainstream-Rock des Kanadiers zu entschlacken",* so: *„Total daneben gehen Adams' Breitwand-Hymnen, die einfach nach rockigem Drive verlangen"* [63]. Nun, diesen rockigen Drive konnte ich in Berlin erleben in einem akustisch, dramaturgisch und optisch überzeugenden Konzert!

Übrigens habe ich *Bryan Adams* in den LiveRillen anlässlich seines 60. Geburtstages im November 2019 bereits ausführlich vorgestellt – nachzulesen im Band 2 der Buchausgabe. Da das aber doch schon eine Weile her ist, sei einiges an Fakten aufgefrischt. Aufgewachsen ist der 1959 als Sohn eines UN-Berufssoldaten Geborene in Israel, Portugal und Österreich. Durch Zufall ersang er sich mit 17 Jahren mit einer Disco-Nummer einen Achtungserfolg in Kanada; zwei nachfolgende LPs floppten. Den Durchbruch brachte 1983 „Cuts Like A Knife", und das sozusagen von Null auf Hundert: Innerhalb von drei Jahren verkauften sich elf Millionen *Bryan-Adams*-Platten, und das Magazin „Village Voice" nannte ihn einen *„Pop-König, der aus Versehen auf den Thron kam"* [64]. Mit der immer wieder

---

[63] Zitiert nach RL, Band 1, S. 41.
[64] Ebenda.

erstaunlich frisch klingenden Wiederholung seines Erfolgsrezepts, eingängige Melodien mit gepflegt-griffigen Rockriffs und einer satten Bass-Rhythmus-Base zu unterlegen, gelangen dem noch immer jugendlich schlanken Kanadier in der Folge etliche Hits, von denen einige auch durch Filme wie „Die drei Musketiere" zusätzlich popularisiert wurden.

Neben der Musik hat sich *Adams* zudem als leidenschaftlicher und engagierter Fotograf etabliert – so hat der 2010 bis 2013 entstandene Zyklus „Wounded – The Legacy of War" mit Porträts junger britischer Soldatinnen und Soldaten, die schwer kriegsversehrt aus dem Irak oder Afghanistan heimgekehrt waren, viel Aufsehen erregt.

Heute lebt der überzeugte Veganer mit Lebensgefährtin und zwei Töchtern im Londoner Stadtteil Chelsea, engagiert sich für *Greenpeace* und *Amnesty International*, die Rettung des Regenwaldes und den Schutz der Wale und führt ein Leben abseits aller Sex&Drugs&Rock'n'Roll-Klischees. Und natürlich macht er weiter Musik – sein im März erschienenes jüngstes Werk „So Happy It Hurts" erreichte Platz Zwei der deutschen Charts und immerhin Platz Drei in Großbritannien. Gemeinsam mit *Jimmy Vallance*, der als Ko-Autor an vielen seiner Erfolgstitel Anteil hat, erhielt *Bryan Adams* am 24. September 2022 den *Canadian Songwriters Hall of Fame Award*. Bei der Galaveranstaltung in der *Massey Hall* in Toronto interpretierten verschiedene kanadische Künstler, darunter *Chad Kroeger* von *Nickelback* und der Rocksänger *Corey Hart*, einige seiner bekanntesten Songs, so „Summer of 69", „(Everything I Do) I Do It For You" und „Straight from the Heart". Und ich habe zum Abschluss dieser Sendung passenderweise „Let's Make

A Night To Remenber" rausgesucht, erschienen auf dem Dreifach-Live-Album, das 1996 im Londoner Wembley aufgenommen wurde.
Die nächsten regulären LiveRillen gibt's im Januar 2023 – dann mit einem Gipfeltreffen der bundesdeutschen Liedermacher-Nestoren *Reinhard Mey, Hannes Wader* und *Konstantin Wecker*. Vorher aber noch eine Silvester-Sonderausgabe mit einem runden Dutzend an besonderen Beutestücken dieses dann zu Ende gehenden Jahres – freut euch drauf!

Bryan Adams: Let's Make A Night To Remember

Quellen:

Die Konzerte 2022:

- Joe Bonamassa (26. April, Hannover)
- Foreigner (10. Mai, Halle)
- Danny Bryant (8. Juli, Torgau)
- Walter Trout (8. Juli, Torgau)
- Deep Purple (15. Juli, Halle)
- DeWolff (16. Juli, Halle)
- Toto (16. Juli, Halle)
- Gov't Mule (22. Juli, Torgau)
- Beth Hart (25. Juli, Leipzig)
- Judy Collins (9. November, Berlin – Absage)
- James Taylor (10. November, Berlin – Absage)
- Bryan Adams (28. November, Berlin)

Die Platten:

- Bryan Adams: Wembley 1996 Live, 3-LP-Set, ear MUSIC, 2016
- Joe Bonamassa: Beacon Theatre / Live From New York, Do.-LP, Provogue, 2012
- Danny Bryant: BIG / Live In Europe, Do.-LP, Jazzhaus Records, 2017
- Judy Collins: Living, LP, Elektra, 1971
- Deep Purple: The Infinite Live Recordings, Vol. 1, 3-LP-Set, earMUSIC, 2017
- DeWolff: Live & Outta Sight II, Do.-LP, Mascot Records, 2019
- Foreigner: Can't Slow Down …When It's Live!, Do.-LP, Trigger, 2010/14
- Gov't Mule: Bring On The Music / Live At The Capitol Theatre, Vol. 2, Do.-LP, Provogue, 2019
- Beth Hart: Live At The Royal Albert Hall, 3-LP-Set, Provogue, 2018
- James Taylor: Live In Rio, LP, SomLivre/CBS, 1986
- Toto: Live In Amsterdam, 3-LP-Set, EAR Music, 2003
- Walter Trout: Alive In Amsterdam, 3-LP-Set, Provogue, 2016

Sonder-LiveRille: Meine Top-Erwerbungen 2022
Silvester 2022

Halt, Stopp, Freunde – heute ist doch keineswegs der erste Freitag des Monats, sondern der letzte Tag des Jahres! Und genau deshalb kommen die LiveRillen mit einer Sonderausgabe daher, die es mir ermöglicht, in einer Stunde meine zwölf Top-Erwerbungen des Jahres 2022 zu präsentieren. Das ist gar nicht so einfach, denn ich habe in diesem Jahr ungefähr 150 neue Vinylscheiben in mein Plattenregal einsortieren können, wobei „neu" ja keineswegs bedeutet, dass es sich um taufrische Pressungen handelt, da ich mich gern auf Flohmärkten, Plattenbörsen und in Second-Hand-Läden umschaue, aber natürlich auch vor musikalisch lohnenden Neuausgaben nicht zurückschrecke.

Den Wortanteil der heutigen Sondersendung werde ich zugunsten der Musik bewusst etwas beschränken – ich habe ja dann im kommenden Jahr wieder zwölf Doppelstunden lang Gelegenheit, zu bestimmten Themen Wissenswertes an Namen, Daten, Fakten, Hintergründen, Zusammenhängen und Anekdoten zusammenzutragen und weiterzugeben.

Die Reihenfolge meines runden Dutzends ist übrigens keine Rangfolge – ich habe sie vielmehr chronologisch angeordnet nach dem Aufnahmezeitpunkt, zu dem der jeweilige Konzertmitschnitt entstanden ist. Und los geht's tief in den 1960er Jahren mit einer kurzlebigen Band, von der ich lange glaubte, dass es gar keine veröffentlichten Liveaufnahmen gäbe: *Buffalo Springfield*. Das kalifornische Quartett, 1966 in Los Angeles gegründet, lebte vom Spannungsverhältnis der beiden zentralen Protagonisten *Stephen Stills* und *Neil Young*, das einerseits kreative Energien freisetzte, andererseits oft zur Zerreißprobe wurde, wenn die beiden Alpha-Tiere auf offener Bühne handgreiflich wurden. 1968 stieg *Neil Young* entnervt aus, nachdem er schon beim *Monterey Popfestival* 1967 durch *David Crosby* ersetzt worden war. Aufnahmen von diesem Konzert sind jüngst auf dem Label „Rhythm&Blues" erschienen, das sich in seiner Reihe „1960s Records" ganz auf die Veröffentlichung von Liveaufnahme aus diesem großen Jahrzehnt der Rockmusik konzentriert – von den *Rolling Stones* über *The Who* und *The Byrds* bis zu *Fleetwood Mac*, den *Lovin' Spoonful* oder den *Animals*. Hier nun aus dem Set, das *Buffalo Springfield* in Monterey spielten, der *Neil-Young*-Song „Nowadays Clancy Can't Even Sing", gesungen natürlich nicht von *Young* selbst, der durch Abwesenheit glänzte, sondern vom Rhythmusgitarristen *Richie Furay*, der später mit der Country-Rockband *Poco* Erfolge feiern konnte.

Buffalo Springfield: Nowadays Clancy Can't Even Sing

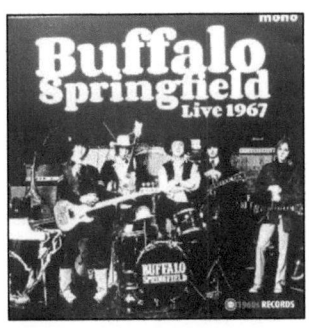

Auch der nächste Aufnahmeort hat einen klangvollen Namen in der Rockhistorie – das *Fillmore East* in New York unter der Ägide des Konzertveranstalters *Bill Graham*, dessen Verdiensten ich im kommenden Jahr eine komplette LiveRillen-Ausgabe widmen werde. Dort, wo sich jahrelang alle Größen der US-amerikanischen und britischen Szene die Klinke in die Hand gaben, gastierten im April 1968 auch *Iron Butterfly*, bis heute gern als One-Hit-Wonder geschmäht. Dabei waren sie zu diesem Zeitpunkt noch gar nicht auf dem Höhepunkt ihres Erfolgs angekommen, denn ihr legendäres „In-A-Gadda-Da-Vida" wurde erst genau einen Monat nach ihrem Konzert im *Fillmore East* als Titelsong ihrer zweiten LP eingespielt. Aber natürlich gehörte das ellenlange Stück auch im *Fillmore* bereits zum Live-Set, das zudem aus weiteren, wesentlich kürzeren Eigenkompositionen bestand, für die zumeist Organist und Sänger *Doug Ingles* verantwortlich zeichnete, dessen sonore Singstimme und der unverwechselbare Sound seiner Röhrenorgel – einer *Vox Continental* – zum Markenzeichen der vierköpfigen Band avancierten. Und um zu zeigen, dass die Band ein paar Titel mehr im Repertoire hatten als ihren frühen Hardrock-Meilenstein, spiele ich mal nicht „In-A-Gadda-Da-Vida", das allein ein Drittel der heutigen Sendezeit füllen würde, sondern den Dreieinhalb-Minüter „Fields Of Sun" – hier sind *Iron Butterfly* 1968 live im *Fillmore East*, jüngst erschienen auf dem französischen Label *Verne Records*.

Iron Butterfly: Fields Of Sun

Im Jahr darauf wurde das *Woodstock*-Festival zum legendären Meilenstein der Rockhistorie, und nach und nach erscheinen nun ganze Sets der Bands und Künstler, die dort aufgetreten sind und die das Material ergänzen, das zuvor auf den Alben „Woodstock" und „Woodstock Two" zugänglich gemacht worden war. Neben *Creedence Clearwater Revival* wurde nun auch der komplette Mitschnitt der *Paul Butterfield Blues Band* als Doppelalbum von *Rhino Entertainment* veröffentlicht; auf den regulären Woodstock-Alben waren von ihr ja nur „Love March" und „Everything's Gonna Be Alright" enthalten.

Die Band sollte am Sonntag, dem 17. August 1969, dem Schlusstag des Festivals, spielen, doch der immer wieder einsetzende Regen und dadurch verursachte technische Probleme verzögerten die Abfolge der Bands so sehr, dass der Mundharmonikavirtuose und Bluessänger *Paul Butterfield* und sein schwarz-weiß-gemischtes Oktett schließlich erst am Montagmorgen gegen 6 Uhr auf der Bühne standen. In den Linernotes des Plattencovers ist zu lesen, dass die Jungs dennoch

heiß waren zu spielen und sich von den miesen Umständen nicht beeinflussen ließen. Ihrer mitreißenden Musik hört man diesen Spielspaß durchaus an – hier ist die *Paul Butterfield Blues Band*, die es locker in die TOP-12 meiner Jahresneuerwerbungen geschafft hat, live in Woodstock mit „No Amount Of Loving".

Paul Butterfield: No Amount Of Loving

Weiter geht's mit einem Stilwechsel zum kanadischen Singer/Songwriter *Murray McLauchlan*, dessen bei *CBS Canada* erschienene Live-Doppel-LP „Only The Silence Remains" mir im Leipziger *Klangkombinat* im Peterssteinweg in die Hände fiel – ein feiner, gut sortierter Plattenladen mit umfangreichem Second-Hand-Angebot. Von *McLauchlan* hatte ich zuvor noch nichts gehört, weiß aber inzwischen, dass der 1948 in Schottland Geborene – als er gerade Fünf war, wanderte seine Familie nach Kanada aus – in seiner neuen Heimat bis heute einen guten Ruf genießt. Seit 1971 veröffentlicht er dort kontinuierlich Platten mit folk- und countrygefärbten Songs, die zumeist Geschichten aus dem ländlichen Leben erzählen. Zehn *Juno Awards* hat *Murray McLauchlan* erhalten; zudem wurde er 1993 als *Member of the Order of Canada* geehrt und 2016 in die *Canadian Country Music Hall of Fame* aufgenommen. Grund genug, eine unserer europäischen Brille geschuldete Bildungslücke zu schließen – hier ist *Murray McLauchlan* mit „One Night By My

Window", aufgenommen im April 1975 im kanadischen Halifax.

Murray McLauchlan: One Night By My Window

Meine Nummer Fünf des Jahres 2022 – aber wie gesagt: keine Rang-, sondern lediglich eine Reihenfolge! – bringt uns zurück zum Blues: Der Bluesgitarrist *B.B. King,* Jahrgang 1925, und der 1930 geborene, ebenfalls schwarze Blues- und Soulsänger *Bobby Bland* haben Mitte der 1970er Jahr mehrfach erfolgreich zusammengearbeitet. Ihrem 1974 veröffentlichten Longplayer „Together For The First Time… - Live", der in den USA Goldstatus erreichte, folgte zwei Jahre später die Liveplatte „Together Again", die bei *ABC/Impulse Records* erschienen ist und mir als sehr gut erhaltene Second-Hand-Beute im Erfurter *Woodstock-Recordstore* in der Magdeburger Allee in die Hände fiel. Daraus der bereits 1935 erstmals auf Platte erschienene Bluesklassiker „Ev'ry Day I Have The Blues" – eine Versicherung, die man den beiden Heroen *Bobby Bland* und *B.B. King* sowie ihrer vorzüglichen Band jederzeit gern abnimmt!

Bobby Bland & B.B. King: Ev'ry Day I Have The Blues

Sie hatten den Blues zweifellos jeden Tag in ihrem langen Leben: *Bobby Bland* starb 2013 mit 83 Jahren, und *B.B. King* ist 2015 im 90. Lebensjahr verstorben. Wir wechseln vom Blues zum Reggae und kommen zur jamaikanischen Reggae-Band *Third World.* Die wurde 1973 vom Keyboarder *Michael „Ibo" Cooper* und dem Gitarristen *Stephen „Cat" Coore* gegründet, bediente eher die heitere, sonnige Seite der Offbeat-Music, landete 1976 mit „Now That We've Found Love" einen weltweiten Hit und lieferte 1979 den Soundtrack zum Konzertfilm „Third World – Prisoner In The Street". Das gleichnamige Album erschien 1980 bei *Island Records* – daraus spiele ich „Street Fighting", das keineswegs den revolutionären Straßenkampf propagiert, sondern vielmehr das Tanzen in den Straßen als Alternative empfiehlt, was Jahre zuvor schon *The Mamas & The Papas* erfolgreich getan hatten.

Third World: Street Fighting

Aus der Karibik geht's zurück aufs amerikanische Festland, und dort nach Michigan, wo um 1970 herum eine Countryrock-Band unter dem etwas sperrigen Namen *Commander Cody And The Lost Planet Airmen* entstand. Im Mittelpunkt der

Kunststudent *George William Frayne* als singender, swingender Pianist, der sich für die Bühne in die *Star-Wars*-Figur *Commander Cody* verwandelte. Das fröhlich zelebrierte Stilgemisch mit textlichen Anspielungen auf Alkohol, Drogen und Sex brachte der Band bei ihren Konzerten vor einem vornehmlich studentischen Publikum der Westküste Kultstatus ein – nicht von ungefähr gilt ihre 1974 veröffentlichte Liveplatte „Deep In The Heart Of Nowhere" als ihr stärkstes Werk. Die habe ich schon seit längerem in meiner Sammlung, in diesem Jahr nun ergänzt durch einen erst 2017 bei *MiG-Music* erschienenen Konzertmitschnitt von Radio Bremen aus dem Jahr 1980: „Claiming New Territories" wurde im Bremer

Musikklub ALADIN aufgenommen, wo *Commander Cody* am 27. März mit einer Sextett-Besetzung musizierte. Die Edition ist weltweit auf eintausend Exemplare limitiert – daraus jetzt der „Down To Seeds And Stems Again Blues".

Commander Cody: Down To Seeds And Stems Again Blues

Wir bleiben auch mit der nächsten Band beim öffentlich-rechtlichen Fernsehen der Bundesrepublik und dem legendären *Rockpalast* des WDR. Der hatte 1980 die britisch-jamaikanische Reggae-Band *Aswad* ins Fernsehstudio eingeladen, wo das Sextett um den Gitarristen und Sänger *Brinsley Forde* tatsächlich vor einem sitzenden Publikum aufspielte – eigentlich ein Unding für jeden bewegungsfreudigen Reggae-Fan. Das Wort *Aswad* ist übrigens arabischen Ursprungs und bedeutet „schwarz". Die Band wechselte in ihrer Geschichte häufig das Plattenlabel, schrumpfte in den 80er Jahren zum Trio und existiert wohl noch heute, auch wenn die letzten Veröffentlichungen bereits gut zehn Jahre zurückliegen. Das bereits erwähnte *MiG-Music*-Label, das nach und nach das reiche Musikerbe der ARD-Anstalten für den Tonträger-Markt erschließt, hat jedenfalls

aus dem Kölner Konzert ein feines Doppelalbum extrahiert, aus dem ich nun „Back To Africa" spiele – eine für den Reggae typische Orientierung auf die Ursprünge schwarzer Musik und schwarzen Selbstbewusstseins; *Aswad* selbst bezeichneten sich gern als pan-afrikanische „Rebel Souls" – Rebellenseelen also. Hier sind sie live im Jahr 1980.

Aswad: Back To Africa

Nun unternehmen wir einen Abstecher nach Frankreich, der mir bewusst macht, dass wir im Bereich der populären Musik viel zu selten die Grenzen der angloamerikanischen Szene überschreiten. Im Laden des Wismarer Vereins *Plattenlauscher e.V.*, in dem man zu den seltenen Öffnungszeiten in einem umfangreichen Vinylangebot stöbern und dazu mit freundlichen Leuten prima klönen kann, sind mir einige LPs aus Spanien und eben Frankreich in die Hände gefallen, die es mir ermöglichen werden, im kommenden Jahr mal eine komplette Brexit-LiveRille zu senden – Musik außerhalb von Großbritannien und den USA vorstellend. Als kleinen Vorgeschmack gibt's heute das französische Bluesrock-Trio *Stocks*, bestehend aus dem Sänger und Gitarristen *Christophe Marquilly*, dem Bassisten *Gérard Mullier* sowie dem Drummer *Frank Seinnave*. Ihren Durchbruch erlebte die 1980 gegründete Band im Folgejahr als Opener für *Thin Lizzy*, was ihren Ruf als energiegeladenen Live-Act insbesondere im französischen Norden stärkte. Aus ihrem am 12. Februar 1982 in Lille mitgeschnittenen Konzert, das unter dem simplen Titel „Enregistré En Public" (also „Öffentlich aufgenommen") als LP erschienen ist und das laut der französischen Wikipedia *„eine Referenz für eine ganze Generation"* [65] darstellt, spiele ich nun aber doch eine Reminiszenz an den Rock made in USA, und das nicht ohne Grund, wie sich im weiteren Verlauf dieser Sendung herausstellen wird: *Stocks* covern nämlich den *J.J. Cale*-Klassiker „Cocaine", und der klingt auch auf Französisch (was mich auf den Gedanken bringt, im kommenden Jahr unter dem Motto „Fremde Federn" mal eine LiveRille mit originellen, live dargebotenen Cover-Songs zusammenzustellen).

Stocks: Cocaine

Nun zu Folkblues made in GDR: Tatsächlich ist die Liveplatte „Let The Good Times Roll" der Gruppe *Zenit*, die 1988 beim Staatslabel *Amiga* erschien, seinerzeit an mir vorbeigegangen. Umso schöner, dass ich den Longplayer der Band um den schwergewichtigen Sänger und Mundharmonikaspieler *Eberhard „Big Joe" Stolle* in diesem Jahr im Netz erbeuten konnte. *Zenit* war anfangs eine der vielen Amateurbands der DDR, 1975 in Rostock gegründet. Mit *Stolles* Einstieg 1980 wandelte sich der *Zenit*-Stil vom Mainstream-Rock hin zum Blues, geprägt durch

---

[65] https://fr.wikipedia.org/wiki/Stocks.

den virtuosen Pianisten *Alexander Blume*, den Gitarristen *Reinhard „Daisy" Kehl* und vor allem durch *Stolles* kantige Texte im Alltagsjargon – Blues braucht nun mal keine metaphernreiche Kunstsprache. Nach der Wende löste sich die Band mangels Perspektive auf, doch seit 2016 treten *Big Joe Stolle* und *Zenit* wieder auf – *Blume* und *Kehl* sind auch wieder dabei, außerdem mit *Bernd Kleinow* einer der besten deutschen Bluesharp-Spieler. Der war als Gast auch schon bei jenem Konzert dabei, das im November 1986 im Studentenklub der Berliner Humboldt-Uni mitgeschnitten und für die zwei Jahre später erschienene *Amiga*-Platte aufbereitet wurde. Darauf findet sich mit „Komm sei schön brav" einer dieser typisch schnoddrigen *Stolle*-Songs – auch das war eine Möglichkeit, den real Existierenden zu beschreiben...

Zenit: Komm, sei schön brav

Es gibt ja großartige Musiker, die sich Zeit ihres Lebens in der Öffentlichkeit relativ rar gemacht haben und deren Werk eben nicht als Quantität zählt, sondern vor allem durch seine Güte. Zu diesen gehört zweifellos auch *J.J. Cale*, 1938 als *John Weldon Cale* in Oklahoma zur Welt gekommen und 2013 in Kalifornien verstorben. Der Mitbegründer des Tulsa-Sounds, in dem Blues, Country, Jazz und Rockabilly auf furiose Weise verschmolzen werden, ist vor allem durch Fremdinterpretationen seiner Titel bekanntgeworden, wobei *Eric Clapton* eine besondere Rolle einnimmt – man denke nur an das furiose „After Midnight" von *Claptons* erster Solo-LP aus dem Jahr 1970.
Cales größter eigener Erfolg war 1976/77 „Cocaine" – ebenfalls häufig und gern gecovert, wie wir eben schon am Beispiel des französischen Trios *Stocks* vorgeführt bekamen. Da *J.J. Cale* nur selten auf Tour ging und zu Lebzeiten kein wirkliches Livealbum veröffentlicht hat, war die Chance auf vinylgepresste Konzerteindrücke lange Zeit sehr gering – bis 2018: Da erschien auf *Because Music* das Doppelalbum „J.J. Cale Live" mit Aufnahmen, die zwischen 1993 und 1996 unter anderem in der New Yorker *Carnegie Hall*, dem Londoner *Hammersmith Apollo* oder in Chicago, Sommerville und San Francisco aufgezeichnet wurden. Und der Mitschnitt von „Cocaine", den wir jetzt hören, stammt gar aus der Münchener Philharmonie, wo

J.J. Cale am 24. September 1994 gastierte – eines seiner ganz seltenen Konzerte außerhalb der Vereinigten Staaten. Hier ist sein unverwüstlicher Ohrwurm als deutliche Warnung vor der Droge, die dich runter auf den Boden zieht, wie es im Text heißt.

J.J. Cale: Cocaine

Damit nähert sich meine Silvester-Sonder-LiveRille mit ausgewählten Beutestücken dieses Jahres, das nur noch wenige Stunden hat, ihrem Ende. Hier aber noch eine Band, deren Live-Mitschnitte ebenfalls rar sind oder besser gesagt waren: *Big Country*. Das 1981 gegründete Quartett mit Wurzeln im britischen New Wave gilt als schottische Band, obwohl keines seiner Mitglieder tatsächlich dort geboren wurde: Frontmann *Stuart Adamson* etwa erblickte 1958 in Manchester das Licht der Welt. Der frische, keyboardfreie und stets transparente Sound der Band wurde zudem geprägt durch den Gitarristen *Bruce Watson*, der mit der Mandoline auch für schottische Anklänge verantwortlich zeichnete. Dazu bildeten Bassist *Tony Butler* und *Mark Brzezicki* am Schlagzeug die Rhythmus-Basis. *Watson* und *Brzezicki* gehören noch heute zur Band, die sich nach dem Suizid von *Stuart Adamson* – er hatte sich 2001 mit 2,8 Promille Alkohol im Blut in einem Hotelzimmer in Honolulu erhängt – zunächst aufgelöst hatte. Seit 2007 gibt es *Big Country* wieder. Und es gibt seit 2017 eine Live-Bootleg-Serie aus dem Hause *Let Them Eat Vinyl*, die Konzertmitschnitte der Band erstmals zugänglich macht. Ich habe mir in diesem Jahr das Doppelalbum Volume 5 „We're Not In Kansas" angeschafft, und daraus nun auch eine fremde Feder, mit der sich *Big Country* schmücken: Hier ist ihre Interpretation des *Neil-Young*-Klassikers „Rockin' In The Free World" – das klingt fast wie eine Lagerfeuer-Session, aufgenommen in Rotterdam Ende August 1995. Und das Motto des Songs, in einer freien Welt zu rocken, das nehmen wir gern mit hinüber ins neue Jahr!

Die nächste LiveRille im Januar 2023 widmet sich dann den großen Liedermacher-Heroen der alten (west-)deutschen Schule: *Hannes Wader, Konstantin Wecker und Reinhard Mey!*

Big Country: Rockin' In The Free World

Quellen:

- Aswad: Live At Rockpalast – Cologne 1980, Do.-LP, MIG/WDR, 2016
- Big Country: We're Not In Kansas, 3-LP-Set, LTEV, 2018
- Bobby Bland & B.B. King: Together Again ... Live, LP, Impulse!, 1976
- Buffalo Springfield: Live 1967, LP, 1960s Records Limited, Rhythm & Blues
- The Butterfield Blues Band: Live At Woodstock, Do.-LP, Elektra Records, 2020
- J. J. Cale: Live, Do.-LP, Because Music, 2018
- Commander Cody: Claiming New Territories | Live At The Aladin 1980, LP, Radio Bremen, 2017
- Iron Butterfly: Live At The Fillmore East April 1968, LP, Verne Records
- Murray McLauchlan: Only The Silence Remains / Live, Do.-LP, CBS Canada, 1975
- Stocks: Enregistré En Public, LP, WEA France, 1982
- Third World: Prisoner In The Street, LP, Island, 1980
- ZENIT: Let The Good Times Roll – Live, LP, AMIGA, 1988

No. 58: Mey, Wader, Wecker – Das deutsche Liedermacher-Triumvirat

Januar 2023

Anlass für die erste LiveRille des Jahrganges 2023 ist ein zwanzigjähriges Jubiläum – *eigentlich* zumindest. Das sei eingangs erwähnt, weil ich dann doch etwas ganz Anderes mache. Klingt ein bisschen verworren, zugegeben – also, die Sache ist so: 2003 erschien bei dem damals noch existierenden linken Musiklabel *PLÄNE* in Dortmund der Livemitschnitt eines tatsächlich denkwürdigen Gipfeltreffens der bundesdeutschen Liedermacher-Nestoren unter dem schlichten Titel „Mey, Wader, Wecker – das Konzert". Anlass für selbiges, das am 21. Juni 2002 in Bielefeld stattgefunden hatte, war seinerzeit der 60. Geburtstag von *Hannes Wader*, der seinerzeit davon ausging, dass dieser gemeinsame Auftritt eine einmalige Angelegenheit sein und bleiben würde – so ist es im Booklet der Doppel-CD zu lesen. Womit wir schon beim eigentlichen Problem wären: Dieser Konzertmitschnitt ist leider nie auf Vinyl erschienen, und in den LiveRillen eine CD zu senden wäre ja fast ein Sakrileg an den heiligen Regeln dieser Sendung… Ernst beiseite – ich werde dennoch heute alle drei präsentieren, denn Liveplatten gibt es von ihnen mehr als genug, auch wenn sie darauf jeweils getrennt agieren. Und da *Hannes Wader* und *Reinhard Mey* im Vorjahr ihre 80. Geburtstage begehen konnten und *Konstantin Wecker* im letzten Sommer 75 geworden ist, ergeben sich weitere Anlässe für diese späte Würdigung des Triumvirats, das in der alten Bundesrepublik zweifellos mitentscheidend dafür war, dass die deutsche Sprache außerhalb des verkitschten Schlagers und der von den Nazis gern missbrauchten Volkstümelei wieder ihren Platz gefunden hat im geräumigen Haus der populären Musik.

Beginnen will ich mit *Reinhard Friedrich Michael Mey,* dessen 80. Geburtstag erst wenige Tage zurückliegt: Am 21. Dezember 1942 wurde er in Berlin-Wilmersdorf geboren, Vater Jurist, Mutter Lehrerin – ein gutbürgerlicher Intellektuellen-Haushalt, der Hitler und den Krieg relativ unbeschadet überstand. Angeregt vom Vater, besuchte er das Französische Gymnasium in Westberlin, war mehrfach als Austauschschüler im Land des einstigen deutschen Erzfeindes und erwarb mit Zwanzig sowohl das deutsche als auch das französische Abitur. Dem sollte nach einer kaufmännischen Ausbildung ein Studium der Betriebswirtschaftslehre folgen, doch die Musik stellte die Weichen anders.

In einem späteren Interview sagte *Reinhard Mey* dazu: *„Ich konnte mir als Sproß einer Familie, die vornehmlich aus Lehrern und Beamten bestand, kaum vorstellen, einmal einen so* *unseriösen Beruf zu ergreifen. Als es dann soweit war, war es sehr überraschend, nicht nur für mich, sondern auch für meine Eltern"* [66].

Dabei war Mey ein musikalischer Spätstarter: Klavierstunden mit Zwölf, die erste Gitarre mit Vierzehn, Trompete als Autodidakt, dann erste Bühnenerfahrungen in einer Skiffle-Gruppe. Doch das Mit- und Nachspielen war nicht Meys Ding – er *„wollte (lieber) wie Orpheus singen",* so verkündete es zumindest sein erstes veröffentlichtes Lied, mit dem er 1964 beim Chanson-Festival auf der Burg Waldeck für einige Aufmerksamkeit sorgte. Zwei Jahre später würde er dort im Hunsrück, wo sich jährlich Folkloristen und Liedersänger um die reinigende Wiederbelebung der deutschen Volksliedtradition bemühten, den gleichaltrigen *Hannes Wader* kennenlernen, zu dem ich später noch ausführlich komme… Bleiben wir zunächst aber bei *Reinhard Mey*.

Seine vor 1970 erschienenen beiden Studioplatten erfuhren in Deutschland wenig Resonanz; dafür erhielt er als *Frederick Mey* für seine zeitgleich auf Französisch veröffentlichten Lieder schon 1968 den *Prix International de la Chanson française*, übrigens als erster ausländischer Sänger überhaupt! Dann kam 1971 seine erste

große Deutschland-Tournee und in deren Nachklapp das Doppel-Album „Live". Daraus jetzt der „Orpheus" und die „Diplomatenjagd" – eine milde Politsatire, die zuvor auf der 69er LP „Ankomme Freitag, den 13." erschienen war.

Reinhard Mey: Ich wollte wie Orpheus singen / Diplomatenjagd

Reinhard Mey noch ganz am Beginn seiner nunmehr weit über ein halbes Jahrhundert andauernden Karriere als Liedersänger, auf dessen heiter-besinnliche, sauber gereimte und gefällig vorgetragene Alltagsperspektiven sich das Publikum über Generations-, Geschlechter- und Meinungsgrenzen hinweg zumeist gut einigen konnte. Freilich fehlte es in Zeiten, da die 68er Bewegung und die nachfolgende Außerparlamentarische Opposition für eine Politisierung des öffentlichen Lebens und auch der Kunst gesorgt hatten, nicht an Stimmen, die *Mey* heftig kritisierten. Und offen gesagt: Auch ich war seinerzeit kein großer *Reinhard-Mey*-Fan.

---

[66] Selbstredend… Interview-Porträts von Kathrin Brigl und Siegfried Schmidt-Joos, Hamburg 1985, S. 111.

Seine Lieder seien „*nicht unterscheidbar von der kleinkarierten Schlagermusik*", schrieb die *Frankfurter Rundschau*, und *Barry Graves*, der gemeinsam mit *Siegfried Schmidt-Joos* bei *Rowohlt* das legendäre Rocklexikon veröffentlicht hatte, nannte ihn in der *Welt* einen „*nichtssagenden Schnurrenerzähler*", einen „*Fluchthelfer der Umweltverdrossenen*", einen „*Heintje für geistig Höhergestellte*".[67] Auch Sänger-Kollege *Bernhard Lassahn* haute in diese Kerbe: „*Reinhard Mey ist der herausragende Vertreter der Harmlosigkeit ... Lieb und nett, auch im bösen Sinne des Wortes*".[68]

Meys Antwort: „*Ich kann einfach nur so schreiben, wie ich schreibe.*"[69] Dass er damit bis heute Erfolg hat, ist kein Geheimnis, und so verteidigt ihn auch der Journalist und Buchautor *Matthias Henke*: „*Und doch, welch ein Künstler auf seinem Gebiet!*", um ihn als „*exakte(n) Dokumentarist(en) der kleinen, alltäglichen Begebenheiten*" zu würdigen, der „*den Kampf mit der Bürokratie und dem Formularkram*" ebenso geißele wie „*die Schlamperei von Handwerkern*" oder „*die Gier der Wohlstandsbäuche am kalten Büffet*".[70]

Das nehme ich doch gern als Stichwort: Hier ist *Reinhard Mey* mit zwei Titeln seiner 1974 bei *Intercord* erschienenen Doppel-LP „20.00 Uhr", die live in der (West-)Berliner Philharmonie aufgenommen wurde: „Die heiße Schlacht am kalten Büffet" und „Bevor ich mit den Wölfen heule", einem Plädoyer für die eigene Individualität und die Ablehnung jeglicher Vereinnahmung: „*Rechnet nicht mit mir beim Fahnenschwenken / Ganz gleich, welcher Farbe sie auch sei'n / Ich bin noch imstand', allein zu denken / Und verkneif' mir das Parolenschrei'n.*"

Reinhard Mey: Die heiße Schlacht am kalten Büffet / Bevor ich mit den Wölfen heule

In dieser Beziehung ist er sich stets treu geblieben – kein politischer Protestsänger, kein Barrikaden-Tauber, kein klampfendes DKP-Mitglied wie *Dieter Süverkrüp*, aber doch jemand, den man mit seiner Klein- und Spießbürgerkritik im links-grün-alternativen Milieu verorten darf. Vegetarischer Humanist und aktiver Tierschützer ist er obendrein.

---

[67] Zitiert nach: Selbstredend..., a.a.O., S. 109.
[68] Zitiert nach: Matthias Henke: Die großen Chansonniers und Liedermacher. Hermes-Handlexikon, Düsseldorf 1987, S. 137.
[69] Selbstredend..., a.a.O., S. 116.
[70] Matthias Henke: Die großen Chansonniers und Liedermacher, a.a.O., S. 139.

Ein hübscher Rundumschlag zum Thema Schein und Sein gelang *Reinhard Mey* mit „Des Kaisers neue Kleider", enthalten auf dem 1981 erschienenen, schlicht „Tournee" betitelten Live-Album. Ergänzend sei erwähnt, dass es neben seinen knapp 30 Studio-Longplayern inzwischen 18 Liveplatten des fleißigen Sängers und Liederschreibers gibt; ich beschränke mich bei meiner heutigen Auswahl auf vier Alben aus seinen ersten anderthalb Bühnenjahrzehnten.

Reinhard Mey: Des Kaisers neue Kleider

Geradezu sprichwörtlich ist ja *Reinhard Meys* Begeisterung für die Fliegerei – schon 1973 hat er die Privatpilotenlizenz erworben, später kamen dann noch der Blindflugschein und die Hubschrauberlizenz hinzu. Nach eigenen Worten habe ihn die Luftbrücke, mit der Westberlin während der sowjetischen Blockade durch die Alliierten versorgt wurde, *„schon mal positiv aufs Flugzeug angewärmt"*.[71] Eins hat er sogar mal selbst besessen, sich aber aus Kostengründen doch wieder davon getrennt. Dafür findet sich das Erlebnis des Fliegens – direkt oder als Metapher für Freiheit, aber auch für die Kraft der Phantasie, für Kreativität oder für Eigenverantwortung – sehr häufig in seinen Liedern; exemplarisch in seinem wohl bekanntesten Song „Über den Wolken", 1974 erschienen und tatsächlich zu einer Art Volkslied geworden. In der ZDF-Sendung „Unsere Besten – Jahrhunderthits" kam „Über den Wolken" im Jahr 2005 auf den 4. Platz, und anlässlich des 70. Geburtstags von *Reinhard Mey* würdigte *Hilmar Klute* in der *Süddeutschen Zeitung* den Titel im Dezember 2012 als *„eine klug und poetisch gezeichnete Miniatur, in der das Große sich im Kleinen spiegelt und die machtvollen Worte Freiheit, Angst und Sorge auf federleichte Weise zu ihrem Recht kommen"*, und fügte augenzwinkernd hinzu: *„Allein für das Reimpaar Jacke/Luftaufsichtsbaracke müsste man ihm den Hölderlin-Preis geben."* [72]
Natürlich komme auch ich nicht an dem Lied, das über die Jahre in mehreren Liveversionen veröffentlicht wurde, vorbei – ich habe dafür das Doppelalbum „Die große Tournee '86" ausgewählt. Gleich im Anschluss von derselben LP „Es ist doch ein friedlicher Ort" – ein Lied, das dem Flugwesen ganz andere, bittere Facetten abgewinnt.

---

[71] Selbstredend …, a.a.O., S. 121.
[72] https://www.sueddeutsche.de/kultur/reinhard-mey-wird-70-poet-des-alltaeglichen-1.1556369.

Und zum Abschluss des *Reinhard-Mey*-Blocks in den heutigen LiveRillen über Mey-Wader-Wecker die pazifistische Versicherung „Nein, meine Söhne geb' ich nicht", wobei das ein Westberliner leichter sagen konnte, denn bekanntlich galt die bundesdeutsche Wehrpflicht dort nicht.

Reinhard Mey: Über den Wolken / Es ist doch ein friedlicher Ort / Nein, meine Söhne geb' ich nicht

Reinhard Mey, der schmale, fast zerbrechlich wirkende Barde, grau das Kurzhaar und die Bartstoppeln, dabei noch immer jungenhafte Züge im lebendigen Gesicht, die wachen, immer etwas staunenden Augen hinter der unvermeidlichen Nickelbrille – 80 Jahre alt ist er im Dezember des letzten Jahres geworden; weiterhin alles Gute!

Ich hatte ja bereits erwähnt, dass *Reinhard Mey* zu Beginn seiner Karriere, bei ersten Auftritten zum Chanson-Festival 1966 auf der Burg Waldeck, auch *Hannes Wader* begegnete. Beide Anfang Zwanzig, beide bemüht, der deutschen Sprache im Lied zu mehr Popularität zu verhelfen. 1967 tourten sie sogar gemeinsam durch Klubs und kleine Theater, da ihr jeweils eigenes Repertoire einen ganzen Abend noch nicht füllen konnte.

Anders als *Mey* mit seiner frankophilen Prägung bezog sich *Hannes Wader* auf breitere Singer/Songwriter- und Folk-Einflüsse unterschiedlicher Musikkulturen – von *George Brassens* über *Pete Seeger* und *Tom Paxton* bis *Bob Dylan*, vom deutschen Volkslied über niederdeutsche Texte und internationale Arbeiterlieder bis zum Shanty. Der Autor und Liedermacher *Bernhard Lassahn* geht im Nachwort des von ihm 1982 bei Diogenes herausgegebenen Liederbuches „Dorn im Ohr" noch einen Schritt weiter und schreibt: *„Ähnlich wie früher Beatles- und Stones-Fans zwei verschiedene Lager bildeten, so standen sich auch die Mey- und Waderfans gegenüber: Mey war der sanfte, gepflegte, ‚bessere' und Wader der rauhe, der schon mal ‚Scheiße' sagte ..."*. [73] Die damit suggerierte Unversöhnlichkeit betraf aber keineswegs die beiden Protagonisten selbst, die einander seit Jahrzehnten freundschaftlich verbunden sind.

Doch bevor wir uns *Waders* Leben und Schaffen genauer anschauen, sollten wir ihm zuhören – dieser sonore Bariton bleibt einfach im Ohr: Von der auch in der

---

[73] Bernhard Lassahn: Dorn im Ohr. Das lästige Liedermacher-Buch, Diogenes, Zürich, 1982, S. 236.

DDR erschienenen Wader-LP „Daß nichts bleibt wie es war" – einer Übernahme vom linken Dortmunder Label *PLÄNE* – spiele ich zunächst „Leben einzeln und frei"; das französische Original „Le Chiffon Rouge", das *Wader* ins Deutsche übertragen hat, stammt von *Maurice Vidalin* und *Michel Fugain*. Gleich danach ein Coversong des 1925 geborenen schottischen Folksängers *Alex Campbell* – dessen „Been On The Road So Long" hat *Wader* als „Schon so lang" ganz wortgetreu nachgedichtet.

Hannes Wader: Leben einzeln und frei / Schon so lang

Hannes Wader mit zwei Songs, deren Musik er – wie häufig – bei Kollegen ausgeborgt hat. Am klaren Duktus seiner Poesie, die das Gemeinte ebenso einfach wie deutlich benennt und nur selten die bei Liedermachern so beliebte Flucht in den Dschungel der Metaphern antritt, ist er aber rasch erkennbar, ebenso natürlich an der warmen Stimme und dem virtuosen Fingerpicking auf der Gitarre. Geboren wurde er als *Hans Eckard Wader* am 23. Juni 1942 in Gadderbaum – die kleine Gemeinde ist heute der Stadt Bielefeld eingemeindet. Er wuchs in einfachen Verhältnissen auf, immerhin gehört Musik in Familie und Freizeit zum Leben dazu: Der Vater nahm Hannes zum örtlichen Zupforchester mit, wo der Junge zunächst die Mandoline, später die Gitarre für sich entdeckte. Da er zeichnerisches Talent besaß, erlernte er nach dem Abschluss der Volksschule den Beruf eines Dekorateurs. Angeblich flog er mit Zwanzig wegen Lustlosigkeit und Musizierens während der Arbeit aus dem Schuhgeschäft, in dem er angestellt war – eine Legende, die *Wader* später selbst in die Welt gesetzt haben soll, wie *Matthias Henke* in seinem Buch über „Die großen Chansonniers und Liedermacher" berichtet.[74] Sicher ist, dass sein Interesse für Jazz ihn zu Klarinette und Saxophon greifen ließ; in mehreren Kapellen der Bielefelder Szene war er gern gesehener Gast. Daneben studierte er Graphik an der Bielefelder Werkkunstschule, von der er nach drei Semestern an die Akademie für Graphik, Druck und Werbung in West-Berlin wechselte. Aufnahmen von *George Brassens* faszinierten ihn derart, dass er selbst versuchen wollte, ähnliche Lieder zu schreiben und zu singen: persönlich, leidenschaftlich, mit sozialkritischem Biss, aber gern auch mit ein wenig Melancholie gewürzt und irgendwie als Wegbeschreibung eines Suchenden zu

---

[74] Siehe Matthias Henke, a.a.O., S. 203.

verstehen. So tauchte er – noch völlig unbekannt – 1966 auf der Burg Waldeck auf und nahm sie sozusagen im Sturm. Sein Studium brach er im Folgejahr ab, um sich ganz der Musik zu widmen; die gemeinsamen Konzerte mit *Reinhard Mey* in dieser Zeit hatte ich bereits erwähnt.

Zum Durchbruch in den Medien verhalf ihm aber ein anderer: *Knut Kiesewetter*, der – obwohl nur ein Jahr älter als *Wader* – bereits als Jazzmusiker, studierter Multiinstrumentalist, Sänger und Liedautor im Schallplattengeschäft Fuß gefasst hatte. Der überzeugte, wenn auch nicht gebürtige Nordfriese *Kiesewetter* sorgte dafür, dass *Hannes Wader* in Hamburg seine ersten Titel aufnehmen konnte, die nach hartnäckigem Klinkenputzen schließlich von Philipps unter dem simplen Titel „Hannes Wader singt…" veröffentlicht wurden. Die LP verkaufte sich für einen Neuling im Geschäft überraschend gut – seitdem war und ist *Hannes Wader* aus der anspruchsvollen deutschsprachigen Liederszene nicht wegzudenken. Die nächste LP entstand in Zusammenarbeit mit dem herausragenden Fingerstyle-Gitarristen *Werner Lämmerhirt* und orientiert sich stilistisch am American Folk; es folgen Platten mit plattdeutschen Liedern, Volks- und Arbeiterliedern und sogar Shantys.

1977 tritt *Wader* in die Deutsche Kommunistische Partei (DKP) ein. Seine Platten erscheinen nun bei *PLÄNE*, was seiner sonstigen Medienpräsenz im Westen nicht unbedingt dienlich ist. Dafür wird er für die DDR interessant. Gleich drei Mal – 1978, 1982 und 1984 – darf er zum *Festival des politischen Liedes* in Ostberlin singen; seine Live-LP „Daß nichts bleibt wie es war" erscheint 1983 in Lizenz bei *AMIGA*, darauf auch zwei Übernahmen seines Liedermacher-Kollegen *Franz Josef Degenhardt*, ebenfalls ein bekennender Linksintellektueller der Bundesrepublik. Mich berührt *Wader* insbesondere dann, wenn er seine Biografie und damit sein Leben in die Texte einfließen lässt – authentisch und integer. „Erinnerung" ist so ein Lied, das mich früh beeindruckt hat: *„Ja, vielleicht sind wir Menschen nur dazu geboren / um ruhelos zu suchen bis zum Schluss / auch ich hab irgendwann einmal etwas verloren / was mir fehlt und was ich wiederfinden muss".* 1980 war es auf seiner LP „Es ist an der Zeit" erschienen, und das war tatsächlich genau jene Zeit, in der auch ich mich aufmachte, ein Liedermacher zu werden…

Hier ist *Hannes Wader*, begleitet von *Lydie Auvrey* am Akkordeon, *Hans Hartmann* am Bass und *Reinhard Bärenz* an der Gitarre.

Hannes Wader: Erinnerung

Seine politisch heißeste Phase als DKP-Mitglied lag bald hinter ihm, doch auch später schlug sein Herz noch immer links, und das dürfte heute nicht anders sein.

In einem Gespräch mit dem Deutschlandfunk zum 70. Geburtstag gab *Wader* jedenfalls freimütig zu Protokoll, *„er wähle die Linkspartei, ..., wolle aber keine politische Partei mehr mit seinem Namen und mit seinem Handeln unterstützen. Mehr denn je glaube er an die marxistische Klassentheorie: ‚Ich denke, dass es eine international herrschende Klasse gibt (...) und eben viele, viele und in wachsendem Maße unterdrückte Klassen und Völker.'"* [75] Und er sagte auch: *„Ich bin im Grunde meines Charakters ein aggressiver Mensch".* Wobei es ihm mit künstlerischen Mitteln stets überzeugend gelang, diese Wut und Leidenschaft artifiziell zu sublimieren.

Hier nun wieder Musik von *Hannes Wader*. 1985 erschien sein Talking Blues „Wir werden sehn", in dem er sich mit der Vertreibung und Vernichtung der amerikanischen Ureinwohner auseinandersetzt und dazu eine Rede nutzt, die dem Häuptling *Seattle* zugeschrieben wird, der sie angeblich 1854 vor dem Gouverneur von Washington gehalten habe. Einzige Quelle ist ein 33 Jahre später erschienener Zeitungsartikel, und die Forschung hat inzwischen nachgewiesen, dass nur wenige der dort enthaltenen Formulierungen authentisch sein dürften [76]. Dennoch spielte der Text für die Ausbildung eines ökologischen Bewusstseins in den 1970er und 80er Jahren eine bedeutsame Rolle, insbesondere auch für die alternative Szene in der Bundesrepublik. Ein moderner Mythos, passend zum Zeitgeist einer Gesellschaft, die sich allmählich ihrer Verantwortung für das Leben auf diesem Planeten bewusstwurde – leider sind wir heute nicht viel weiter, wie uns die Natur drastisch vor Augen führt. *Hannes Wader* jedenfalls hat mit seiner Vertonung zeitig darauf hingewiesen.

Danach noch einer von *Waders* Klassikern: „Gut wieder hier zu sein" – Mitte der

80er stets Eröffnungslied seiner Konzerte. Entnommen habe ich beide Titel dem im Herbst 1986 aufgenommenen Live-Album „Bis jetzt", auf dem *Hannes Wader* nur von *Reinhard Bärenz* an Gitarre und Synthesizer begleitet wird.

Hannes Wader: Wir werden sehn / Gut wieder hier zu sein

„Gut wieder hier zu sein" von *Hannes Wader*, und gut, dass er noch da ist, der 80Jährige, auch wenn er sich mit seiner großen Tour 2016/17 offiziell von den

---

[75] https://www.deutschlandfunkkultur.de/hannes-wader-ich-bin-im-grunde-meines-charakters-ein-100.html.
[76] Vgl. dazu: Herbert Gruhl: Häuptling Seattle hat gesprochen. Der authentische Text seiner Rede mit einer Klarstellung: Nachdichtung und Wahrheit, Düsseldorf, 1986.

Bühnen verabschiedet hat. Drei Jahre später hat der Barde, der nach vielen Jahren im norddeutschen Flachland inzwischen wieder am Rande von Bielefeld lebt, dann dort ganz in der Nähe doch noch ein Konzert in einer Wassermühle gegeben, als Dank für alle Freunde, die sich für die Aufstellung eines Findlings mit der Inschrift „Hannes Wader Aue" stark gemacht und diese Idee durchgesetzt haben. Der Konzertmitschnitt ist Bestandteil der Ende 2020 erschienenen Veröffentlichung „Poetenweg", angereichert mit Texten aus seiner 2019 erschienenen Autobiographie „Trotz alledem". Und an seinem 80. Geburtstag im Juni des Vorjahres kam sein neues Studio-Album „Noch hier – was ich noch singen wollte" bei *Stockfisch Records* heraus, in Northeim von *Günter Pauler* in brillanter Qualität produziert. Darauf neben neuen Stücken auch ein im Duett mit *Reinhard Mey* gesungenes französisches Chanson sowie das schöne alte Volkslied „Es dunkelt schon in der Heide". *„Wie kein anderer Autor unter den deutschen Liedermachern hat es Hannes Wader verstanden, das geächtete Volkslied zu rehabilitieren und gleichermaßen dessen sprachlichen Duktus für die eigenen Texte zu übernehmen"* [77], stellte schon *Matthias Henke* in seinem Chansonier- und Liedermacher-Lexikon fest. Diesen ganz eigenen sprachlichen Duktus können wir hier noch einmal vom 86er Live-Album „Bis jetzt" genießen in *Hannes Waders* Umdeutung der bekannten Legende vom Hamelner Rattenfänger, in dessen Rolle der Sänger damit wohl selbst schlüpft, um seine zutiefst humanistische und solidarische Botschaft zu verkünden. Mit seinen Liedern, aber auch mit seinem Leben insgesamt hat Wader diese Selbstverpflichtung stets glaubwürdig eingelöst.

Hannes Wader: Der Rattenfänger

Über die Jahrzehnte hinweg wirkte *Wader* nicht nur als herausragender Künstler, sondern auch als kollegialer Netzwerker, der vielen Vertreterinnen und Vertretern der Lied- und Kleinkunstszene freundschaftlich verbunden war und ist. *Manfred Hausin*, die selbsternannte „Stimme Niedersachsens" und begnadeter Satiriker in Eulenspiegel-Tradition, in dessen „Langer Nacht der Poesie" *Hannes Wader* häufig zu Gast war, gehört ebenso dazu wie *Reinhard Mey* oder eben auch *Konstantin Wecker*, dem nun das letzte Drittel dieser LiveRillen-Ausgabe gehören soll. In den 2000er Jahren bestritten *Wader* und *Wecker* mehrere gemeinsame Sommer-Tourneen, und so war es nur folgerichtig, dass der fünf Jahre jüngere bajuwarische Sänger auch zum 60. Geburtstag von *Hannes Wader* – gemeinsam mit *Reinhard Mey* und dem Geburtstagskind – den denkwürdigen Abend bestritt.

---

[77] Matthias Henke, a.a.O., S. 205.

Der musikalische Einstieg ins Weckerleuchten kommt jetzt aber vom Dreifach-Album „Live in München", das 1981 bei *Polydor* erschienen ist: „Oamoi von vorn ofange" und „Genug ist nicht genug"; ein Lied, das für ihn im umfassenden Sinne zu einem Lebensmotto geworden ist.

Konstantin Wecker: Oamoi von vorn ofange / Genug ist nicht genug

Der bekennende Genussmensch *Konstantin Wecker* kommt schon physisch ganz anders daher als der feingliedrige, immer etwas zerbrechlich wirkende *Reinhard Mey* oder der schlaksig-hagere *Hannes Wader*: *Wecker* ist ein Berserker, ein Kraftmeier, ein Anarchist. Immer wieder hat er Grenzen ausgetestet, ist schon als Jugendlicher mehrfach mit dem Gesetz in Konflikt geraten, hat als Bodybuilder seinen Körper gestählt und diesen gar in schlüpfrigen Sexfilmchen zur Schau gestellt; später führte ihn seine Kokainsucht vor Gericht und brachte ihm letztlich eine Bewährungsstrafe ein – insgesamt eine Achterbahn des Lebens, auf der einem schwindelig werden kann.

Dabei genoss der am 1. Juni 1947 in München als *Konstantin Alexander Wecker* Geborene durchaus eine freizügige und zugleich behütete Kindheit in einem bürgerlich-künstlerischen Haus – der Vater war Sänger, Maler und Kunstprofessor; mit fünf Jahren erhielt er Klavierunterricht, sang als Solist in einem Kinderchor und entdeckte bald auch Geige und Gitarre für sich.

Von Beginn an war es aber weniger das sture Nachspielen des Vorhandenen als vielmehr das Ausprobieren des musikalisch Möglichen, was ihn faszinierte: *„Ich hab das Üben immer auf ein Minimum beschränkt und dann nur improvisiert. Ich hab Zeiten gehabt, wo ich stundenlang hintereinander am Klavier gesessen bin – und es waren mir nie sinnlose Stunden"* [78], zitiert ihn *Matthias Henke* in seinem Lexikon über „Die großen Chansonniers und Liedermacher". Und im durchaus lesenswerten Playboy-Report „Die großen Liedermacher" aus dem Jahr 1981 heißt es: *„Im Rudel deutschsprachiger Liedermacher ist er der Platzhirsch: Vital, besessen und unüberhörbar ... Zum Erfolg haben nicht nur seine Musikalität und seine Sprachgewalt beigetragen, vielmehr ist grenzenlose Selbstliebe der Treibstoff für dieses Kraftwerk aus Bayern."* [79]

---

[78] Matthias Henke, a.a.O., S. 210.
[79] Kerschkamp/Lindau: Die großen Liedermacher. Playboy-Report, München, 1981, S. 186.

Künstlerisch dauerte es dennoch eine ganze Weile, bis sich der Erfolg einstellte, da half auch der Namenszusatz *Amadeus*, den er sich zulegte, wenig. Den Durchbruch nach zehn Jahren in der Kleinkunst-Nische brachte erst 1977 seine fünfte LP mit dem für sich und sein Selbstbild sprechenden Titel „Genug ist nicht genug", den wir gerade gehört haben. Auf dem Album „Live in München" findet sich – sozusagen als logische Ergänzung – „Wer nicht genießt ist ungenießbar", das ich jetzt auflege, gefolgt vom nachdenklichen „Der Sänger" von der 86er LP „Jetzt eine Insel finden – Lieder und Lyrik" – Live". Da ist *Konstantin Wecker* ganz allein auf der Bühne – am Flügel der Marke Schimmel, wie auf dem Plattencover vermerkt ist.

Konstantin Wecker: Wer nicht genießt ist ungenießbar / Der Sänger

„Ich singe, weil ich ein Lied hab'" – der Wunsch des Künstlers, sich jeglicher Vereinnahmung zu verweigern, auch um den Preis des Verlustes von Erfolg und Popularität.
Um letztere musste sich *Konstantin Wecker* bisher allerdings keine Gedanken machen – nach wie vor gehört er zu den Granden seines Fachs, vielleicht auch, weil er sich als versierter Pianist und melodieverliebter Komponist von der Masse der klampfenden Barden doch deutlich abhebt: Eben noch rieseln romantische Tonfolgen in perlenden Kaskaden aus dem Flügel, um im nächsten Moment von stampfenden Akkorden zermalmt oder in *Kurt-Weill*-Manier verjazzt zu werden. Dazu sein Gesangsstil, der stets etwas Deklamatorisches hat, der behauptet und beschwört, aber auch flüsternd, fragend und verletzlich sein kann.
Nicht zuletzt sieht sich *Konstantin Wecker* selbst ja auch als politischen Künstlern – nicht im Sinne von Parteipolitik allerdings; *Hannes Waders* langjährige DKP-Mitgliedschaft wäre bei *Wecker* undenkbar. Sympathisiert hat *Wecker* schon: mit der Sozialdemokratie, die er im bayerischen Wahlkampf mehrfach unterstützt hat, und mit den Grünen, deren pazifistischer Ursprung seiner eigenen Haltung entsprach.
Von diesen Sympathien ist aktuell wenig geblieben – im Gegenteil: Deutliche Kritik an der deutschen Außenpolitik und den Waffenlieferungen für die Ukraine; Offene Briefe an *Olaf Scholz* tragen seine prominente Unterschrift. „Tobe, zürne, misch dich ein" – der Titel eines 2003 von *Hans-Dieter Schütt* herausgegebenen Essaybandes mit Widerreden und Fürsprachen Weckers aus mehreren Jahrzehnten, zeigt das Konsequente dieser Haltung, die man nicht teilen muss,

aber in ihrer Ehrlichkeit doch achten kann. *„Mir fehlt jedes dogmatische Verlangen danach, dass mein Publikum meine Moral annimmt und sich von meinen Ideen womöglich manipulieren lässt"* [80], sagt er schon 1987.

Zwei Jahre zuvor ist er gemeinsam mit *Hannes Wader* Zugpferd eines Liedermacher-Konzertes im Kurtheater Baden-Baden, das unter dem Titel „Erster Regenbogen" von PLÄNE/Dortmund als Doppelalbum veröffentlicht wurde –

Lydie Auvrey ist dabei, *Elke Heidenreich* auch und *Hanns Dieter Hüsch*. Im Covertext wird Wecker als *„der poetisch und musikalisch kraftvollste Protagonist der deutschen Liedermacherszene"* gefeiert; auf dem Album selbst findet sich mit „Fast ein Held" jedoch ein eher zartes Lied aus seiner Feder…

Konstantin Wecker: Fast ein Held

Fast ein Held – das sind sie allemal, die drei wortgewaltigen Liedersänger, die sich trotz ihrer Unterschiedlichkeit die heutige LiveRillen-Ausgabe ebenso einträchtig geteilt haben wie vor gut zwei Jahrzehnten die Konzertbühne: *Reinhard Mey, Hannes Wader* und *Konstantin Wecker*.

Von *Wecker* erschien 2021 mit „UTOPIA" nach sechs Jahren Pause eine neue Studio-LP, der er im Vorjahr das Konzertalbum „Auf der Reise nach UTOPIA – live" folgen ließ. In einem Interview mit der Zeitschrift *GoodTimes* sagte *Wecker* über seine Beschäftigung mit dem uralten und immer wieder jungen Thema Utopie: *„Diejenigen, die diese Idee weitertragen können und sollen, sind die Künstlerinnen und Künstler. Es ist ja eigentlich eine grundanarchische Idee, was mir altem Anarcho natürlich sehr gut gefällt: der Traum von einer herrschaftsfreien und liebevollen Welt"* [81], in der es aktuell noch immer *„viel zu viel Kälte, Hass und Gewalt"* [82] gebe. Dem ist gerade in dieser Zeit wenig entgegenzuhalten.

Seine für 2020 geplante und wegen Corona verschobene Tour unter dem Motto „Ich singe, weil ich ein Lied hab" hat er nachgeholt; ein Konzert gab's auch im halleschen Steintor-Varieté. Und er ist mit seinen 75 Jahren noch längst nicht fertig. Gut so!

Zum Schluss dieser LiveRillen-Ausgabe ist *Konstantin Wecker* noch einmal zu erleben; diesmal nicht solo, sondern im Kreise illustrer Musiker, deren Namen in

---

[80] Konstantin Wecker: Tobe, zürne, misch dich ein! Widerreden und Fürsprachen, herausgegeben von Hans-Dieter Schütt, Berlin, 2003, S. 182.
[81] GoodTimes 3/2021, S. 73.
[82] GoodTimes 5/2022, S. 25.

der hiesigen Jazz- und Rockszene einen herausragenden Klang besitzen: *Wolfgang Dauner* an den Keyboards, *Frank Diez* an der Gitarre, *Colin Hodgkinson* am Bass, *Pete York* am Schlagzeug, *Charlie Mariano* am Alt- und *Christof Lauer* am Tenorsaxofon sowie *Johannes Faber* an Trompete und Flügelhorn. Dass dabei einfach zeitlose Kunst herauskommen muss, ist fast vorprogrammiert – nachzuhören auf dem Album „Live In Austria", 1987 auf Polydor erschienen. Bevor wir *Weckers* Gedanken übers Frieren lauschen, noch ein Blick voraus: Die Februar-Ausgabe der LiveRillen steht unter dem Motto „Great Female Voices" – weibliche Stimmen also von Folk und Blues über Country und Rock bis zu Jazz und Soul – da werden wir unter anderem den so unterschiedlichen Timbres von *Tina Turner, Susan McCann, Big Mama Thornton, Ella Fitzgerald, Randy Crawford, Joy Fleming* und *Inga Rumpf* oder *Joni Mitchell* lauschen können.

Konstantin Wecker: Vom Frieren

Quellen:

- Reinhard Mey: Live, Do.-LP, Intercord, 1971
- Reinhard Mey: 20.00 Uhr, Do.-LP, Intercord, 1974
- Reinhard Mey: Tournee, Do.-LP, Intercord, 1981
- Reinhard Mey: Die große Tournee '86, Intercord, 1987
- Regenbogen – Liedermacherkonzert in Baden-Baden, Do.-LP, Pläne/Rillenschlange, 1985
- Hannes Wader: Dass nichts bleibt wie es war – live, LP, AMIGA (Pläne), 1983
- Hannes Wader: Bis jetzt – Live '86, Do.-LP, Pläne, 1987
- Konstantin Wecker: Live in München (1981), 3-LP-Set, Polydor, 1981
- Konstantin Wecker: Jetzt eine Insel finden, LP, Polydor, 1986
- Konstantin Wecker & Die Band: Live In Austria, Do.-LP, Polydor, 1987

No. 59: Famous Female Voices
Februar 2023

Mit der Februar-Ausgabe der LiveRillen will ich versuchen, die seit Jahrzehnten vorhandene männliche Dominanz auf dem Gebiet der populären Musik zumindest ansatzweise auszugleichen: Die 59. Sendung ist denn auch mit „Famous Female Voices" überschrieben und präsentiert hörenswerte weibliche Stimmen in der stilistischen Breite von Jazz über Blues und Soul bis zu Folk, Country und Songwriting, und das wie stets aus eher historischer Perspektive: Alle Aufnahmen, die ich ausgesucht habe, sind in den 60er bis 80er Jahren des letzten Jahrhunderts entstanden. Und natürlich fehlen viele Namen, denn die Sendung dauert bekanntlich nur zwei Stunden...

Zum Einstieg gleich zwei großartige US-Amerikanerinnen, die dem soul- und bluesgefärbten Jazz ihren prägenden Stempel aufgedrückt haben: *Ella Fitzgerald* und *Aretha Franklin*.

Ella Fitzgerald wurde 1917 in Newport News geboren; die Legende, sie sei in einem Waisenhaus aufgewachsen, hält sich hartnäckig, stimmt aber so nicht, auch wenn ihre Kindheit alles andere als behütet war: Ihren Vater hat sie nie kennengelernt, da er sich zeitig verdrückt hatte, ihre Mutter starb um 1930, und ihr portugiesischer Stiefvater missbrauchte die Jugendliche. Die brach, obwohl ursprünglich eine gute Schülerin, die Schule ab, geriet mehrfach mit dem Gesetz in Konflikt und wurde erst jetzt, mit 16 Jahren, in ein Erziehungsheim für Mädchen eingewiesen, aus dem sie nur ein Jahr später floh. Im November 1934 stand sie dann erstmals auf der Bühne des Apollo Theater in Harlem bei einem Talentwettbewerb, den sie zu ihrer eigenen Überraschung gewann. Im Folgejahr holte sie der bekannte Bandleader und Schlagzeuger *Chick Webb* als Sängerin in sein Ensemble, mit dem ihr der Durchbruch gelang, auch wenn dieser aufgrund der Rassentrennung zunächst vornehmlich auf das schwarze Publikum beschränkt blieb.

Es war *Marylin Monroe*, die Mitte der 1950er Jahre dafür sorgte, dass *Ella Fitzgerald*, deren Stimmumfang vom tiefen Des bis zum hohen B reichte, die wirklich großen Bühnen des Landes erobern und in der Folge zur unumstrittenen „Queen of Jazz" reifen konnte. Es folgten zahlreiche herausragende Platteneinspielungen mit allen wichtigen Jazzmusikern jener Zeit: *Dizzy Gillespie, Oscar Petersen, Duke Ellington, Count Basie, Louis Armstrong* oder *Benny Goodman*. Ihre Songbook-Reihe gilt bis heute als wichtiges Archiv der US-amerikanischen Musikkultur. 13 Grammys hat sie erhalten und wurde 1987 mit der *National Medal of Arts* geehrt, der bedeutendsten Auszeichnung, die durch den Kongress der Vereinigten Staaten an Künstler und Förderer der Künste verliehen wird. 1996 ist *Ella Fitzgerald* an ihrer schweren Diabetes-Erkrankung, die zur Erblindung und zur Amputation beider Unterschenkel geführt hatte, verstorben. Uns sind ihre Aufnahmen geblieben – gleich gibt's „Any Old Blues" aus einem Live-Album, das 1973 in der New Yorker *Carnegie Hall* aufgenommen wurde.

Danach *Aretha Franklin*, mit dem Geburtsjahr 1942 sozusagen der Töchtergeneration einer *Ella Fitzgerald* zugehörig. Sie wuchs als Tochter eines Baptistenpredigers in der Tradition von Gospel, Soul, Jazz und Blues auf, wurde als Sängerin aber zunächst in die seichte Pop-Richtung gedrängt, ehe sie mit Mitte Zwanzig vom *Atlantic*-Label zur „Queen of Soul" aufgebaut wurde, was ich in meiner Soulsendung im letzten November ausführlich gewürdigt habe. 2018 ist die vielfach Geehrte, die zudem eine ausgezeichnete Pianistin war, einer Krebserkrankung erlegen.

Von ihrer Konzertplatte „Live At Fillmore West" aus dem Jahr 1971 hören wir „Don't Play That Song" – ein Stück, das der Soulsänger *Ben E. King* 1962 veröffentlicht hatte. Geschrieben wurde der Titel vom türkischstämmigen Geschäftsmann und Gelegenheits-Songwriter *Ahmet Ertegun* sowie von *Betty Nelson,* der Ehefrau von *Ben E. King.* Die von *Aretha Franklin* 1970 veröffentlichte Single-Fassung stand fünf Wochen lang auf Platz Eins der US-Rhythm&Blues-Charts.

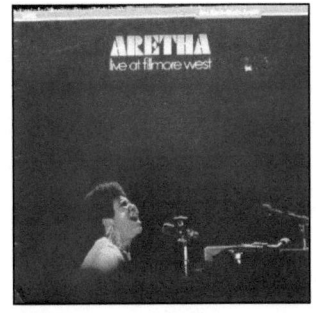

Ella Fitzgerald: Any Old Blues
Aretha Franklin: Don't Play That Song

Von Jazz und Soul ist es nur ein kleiner Schritt zum Blues, und auch da will ich zwei Vertreterinnen der älteren Generation präsentieren, die zahlreiche der nach ihnen Gekommenen beeinflusst und geprägt haben. Zunächst *Big Mama Thornton*, 1926 als *Billie Mae Thornton* geboren und ebenfalls frühzeitig geprägt durch die Blues- und Gospeltradition der Kirche. Obwohl sie schon zu Beginn der 1950er Jahre die Musik zum Beruf machte, dauerte es noch ein gutes Jahrzehnt, ehe das

Bluesrevival der 60er Jahre mit den Tourneen des *American Folk Blues Festivals* den verdienten Erfolg brachte – in der März-Sendung des Vorjahres hatte ich darüber ausführlich berichtet. In England nahm sie 1965 ihr erstes Erfolgsalbum „Big Mama Thornton In Europe" auf; ihr Song „Ball And Chain" wurde in der Fassung von *Janis Joplin* zum Hit. Leider machten ihr Alkoholprobleme zunehmend zu schaffen; mit nur 57 Jahren ist sie 1984 verstorben – ausgerechnet in dem Jahr, in dem sie in die *Blues Hall of Fame* aufgenommen wurde.

Von ihrer 1972er Teilnahme am *American Folk Blues Festival* lege ich gleich „Tell Me Baby" auf, das *Big Mama* nicht nur singt, sondern auch auf der Bluesharp mitgestaltet – sie galt ja als exzellente Mundharmonikaspielerin.

Danach *Margie Evans*, ebenfalls eine mitreißende Bluesstimme aus dem Umfeld der Festival-Tourneen: 1982 war sie gemeinsam mit dem Tross, zu dem nun auch die jüngere Bluesgeneration um die Gitarristen „*Eli*" *Murray* und *Lurrie Bell* gehörten, in Europa unterwegs, organisiert wie immer von den deutschen Konzertveranstaltern *Horst Lippmann* und *Fritz Rau*. Auch die 1939 geborene *Margie Evans* – wen wundert's? – wuchs mit der schwarzen Musik der Südstaaten auf; 18jährig heiratete sie einen Prediger, wurde zehn Jahre später Bandsängerin bei *Johnny Otis* und arbeitete mit *Willie Dixon* zusammen. 1975 traf sie bei den Berliner Jazztagen auf den erwähnten *Horst Lippmann*, der ihr endlich zu einem Plattenvertrag verhalf:

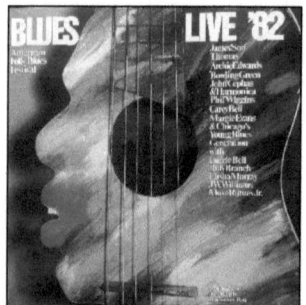

1982 erschien mit „Mistreated Woman" ihr spätes Debüt. Im selben Jahr war sie erneut mit dem *American Folk Blues Festival* unterwegs – aus der dazu erschienenen Doppel-LP hören wir „That Dirty Black Rat", einen Blues, den ein gewisser *Ernest Lawlars* geschrieben und unter seinem Künstlernamen *Little Son Joe* in den frühen Vierzigern herausgebracht hatte. Begleitet von der *Chicago's Young Blues Generation* interpretiert die Sängerin den frechen Song mit viel Humor. Vor zwei Jahren ist *Margie Evans*, die auch als Schauspielerin erfolgreich war, verstorben. Hier sind *Margie Evans* und *Big Mama Thornton* – zwei unvergessene Protagonistinnen des authentischen schwarzen Blues.

Big Mama Thornton: Tell me Baby
Margie Evans: That Dirty Black Rat

Apropos authentisch: Passen *Blues, Sängerin* und *Deutschland* zusammen? Was Jüngeren vielleicht etwas abwegig erscheint, wird bei uns Älteren Erinnerungen wachrufen und zustimmendes Nicken, wenn ich drei Namen nenne: *Inga Rumpf, Joy Fleming* und *Jutta Weinhold* – alle drei Mitte der 1940er Jahre geboren. *Inga Rumpf,* Seemannstochter aus Hamburg, wurde bekannt mit den *City Preachers,* einer Folkrock-Gruppe, sowie als Frontfrau von *Frumpy* und *Atlantis,* bei denen das Energiebündel mit der rauen Stimme vor allem auf der Livebühne zum selbstbewussten Kraftzentrum einer musikalischen Darbietung wurde, die so gar nichts von deutscher Provinzialität besaß. Kein Wunder, dass *Inga Rumpf* auf dem Höhepunkt ihrer Karriere mit *B.B. King, Aerosmith, Lynyrd Skynyrd* und *Lionel Richie* auf Tour war – *Tina Turner* startete ihr Comeback dereinst mit Ingas Song „I Wrote A Letter". Die inzwischen 76Jährige ist noch immer musikalisch aktiv; 2021 erschien mit „Universe Of Dreams" ihre jüngste Platte, und im selben Jahr veröffentlichte sie ihre lesenswerte Autobiografie unter dem Titel „Darf ich was vorsingen?", gefärbt mit viel Zeitkolorit der bundesdeutschen Nachkriegsgeschichte. Ich habe eine Aufnahme mit *Frumpy* herausgesucht: *Inga Rumpf* interpretiert mit dem „Backwater Blues" einen Bluesstandard, den die große *Bessie Smith* geschrieben und schon 1927 bei *Columbia* auf einer Schelllack-Single veröffentlicht hat.

Danach *Joy Fleming,* die eigentlich *Erna Liebenow* hieß, in einer musikalischen Familie aufwuchs und Ende der 1960er Jahre als Frontfrau von *Joy Unlimited* erstes Aufsehen erregte. Nachfolgend changierte sie in ihrer an Höhen und Tiefen reichen Solokarriere zwischen Jazz, Blues und Schlager – so vertrat sie Deutschland 1975 wenig erfolgreich beim *Eurovision Song Contest* in Stockholm mit dem Song „Ein Lied kann eine Brücke sein". Wesentlich populärer wurde ihr 1971 veröffentlichter „Neckarbrückenblues", der in mannemerischer Mundart mit derbem Humor ein etwas kompliziertes Beziehungsgeflecht aufdröselt. Den hören wir aus einem Mitschnitt des Saarländischen Rundfunks aus dem Jahr 1975.

Nachzutragen wäre noch, dass *Joy Fleming* 2017 überraschend mit 72 Jahren verstorben ist.

Komplettiert wird die Runde durch *Jutta Weinhold*, Jahrgang 1947, die schon in den 60ern in diversen Rockbands sang und später zeitweise mit den Krautrockern von *Amon Düül II* auf der Bühne stand. Zudem war sie bei *Udo Lindenbergs* ausgedehnter „Livehaftig"-Tour dabei – das Ergebnis kann man auf dem gleichnamigen Doppelalbum von 1979 nachhören. Mit zunehmendem Alter wurde ihr Gesangsstil immer härter – mit der Hardrock-Band *Zad Yago* begründete sie in den 80ern das Subgenre des *Dramatic Metal* – eine Verknüpfung von Heavy Metal und Klassik. Heute ist sie mit eigener Band unterwegs oder gemeinsam mit dem Gitarristen *Kai Reuter* als *Jutta Weinholds Akustik Randale* zu erleben. Zudem hat die inzwischen 75Jährige auch mehrere Bücher geschrieben.

Wir hören sie mit "Make Me A Pallet On The Floor", einem vielfach gecoverter Jazz- und Blues-Standard, dessen Titel der Jazzpianist *Jelly Roll Morton* so erklärte: „*Ein Pallet ist etwas, also – man bekommt ein paar Steppdecken – mit anderen Worten, es ist ein Bett, das ohne vier Pfosten direkt auf dem Boden steht.*"[83] Gut zu wissen. Entstanden ist die Aufnahme übrigens 1979 im Hamburger Liveclub CHIKAGO.

Hier sind mit *Inga Rumpf, Joy Fleming* und *Jutta Weinhold* drei bemerkenswerte weibliche Bluesrock-Stimmen aus deutschen Landen...

Inga Rumpf & Frumpy: Backwater Blues
Joy Fleming: Neckarbrückenblues
Jutta Weinhold: Make Me A Pallet On The Floor

Nach den deutschen Bluesstimmen wechseln wir das Genre – hin zum Folk und einigen seiner bedeutendsten Vertreterinnen jenseits des Großen Teichs. Klar, dass wir da an ihr und ihrem unverkennbaren Vibrato-Timbre nicht vorbeikommen: *Joan Baez*. Sie war ja schon häufig in den LiveRillen zu hören, so etwa im August 2019 zum 50jährigen Jubiläum des *Woodstock-*

---

[83] Zitiert und übersetzt nach: https://en.wikipedia.org/wiki/Make_Me_a_Pallet_on_the_Floor.

Festivals und natürlich in der Januar-Ausgabe 2021 rund um ihren 80. Geburtstag. Aber bei ihrer langen Karriere mit unzähligen Plattenveröffentlichungen kann ich auch immer wieder Neues präsentieren. Diesmal von der 1982 mit der Anmerkung *„bisher unveröffentlichte Live-Aufnahmen"* erschienenen LP „Early Joan Baez Vol. I" den Song „Tears In My Eyes", der in den frühen 1960er Jahren mitgeschnitten wurde. Das Lied hat übrigens ihre Schwester, die 1938 geborene Country-Sängerin *Pauline Marden,* geschrieben; *Joan Baez* wird aber häufig als Co-Autorin genannt.

Nach der Grand Dame des US-Folk überqueren wir rasch noch den Pazifik und treffen in Australien auf die *Seekers,* einem in Melbourne gegründeten Folk-Quartett, das in den 1960er Jahren weltweit Erfolge feierte. Im Zentrum die 1943 geborene Sängerin *Judith Durham,* die im Vorjahr 79jährig verstorben ist. An ihrem 25. Geburtstag spielten die *Seekers* ein Konzert im Londoner Cabaret- und Nachtclub *Talk of the*  *Town,* und *Judith Durham* singt mit ihrer schönen, klaren Stimme „The Carnival Is Over", das *Tom Springfield,* Bruder von *Dusty Springfield,* für die *Seekers* geschrieben hat.

Zurück in die USA – na ja, genauer gesagt, ins schweizerische Montreux, wo die US-Folksängerin *Melanie Safka* im Juni 1971 ein Solokonzert spielte, das zwei Jahre später bei *Buddah Records* als Live-LP erschienen ist. Die 1947 in New York geborene Zufalls-Sängerin, die eigentlich Schauspielerin hatte werden wollen, war da auf der Höhe ihres Ruhms: gleich mehrere Fachmagazine hatten sie 1971 zur „Sängerin des Jahres" gewählt. Gleichzeitig fand ihre oft simple Weltsicht auch genügend Kritiker – die *Welt* nannte sie die *„angegraute Märchentante des Folk Rock",* der andererseits Aufrichtigkeit, Sensibilität und ein gewisses Kompositionstalent nicht abzusprechen seien [84]. Ein gutes Beispiel dafür ist ihr „Peace Will Come" – eine naive Friedensbotschaft, wie sie auch zehn Jahre später *Nicols* Überraschungserfolg beim *Eurovision Song Contest* „Ein bisschen Frieden" auszeichnete.

---

[84] Vgl. RL, Band 2, S. 596.

Genau heute, am 3. Februar (2023), kann *Melanie* ihren 76. Geburtstag feiern – dazu herzlichen Glückwunsch. Hin und wieder soll sie sogar noch auf der Bühne stehen, auch wenn ihre letzte Plattenveröffentlichung nun bereits 13 Jahre zurückliegt.

Joan Baez: Tears In My Eyes
The Seekers: The Carnival Is Over
Melanie: Peace Will Come

Wir bleiben noch beim Folk und treffen eine weitere Ikone des Genres: *Joni Mitchell*, mit bürgerlichem Namen *Roberta Joan Anderson*. Geboren wurde die Tochter eines Air-Force-Soldaten und einer Lehrerin 1943 in der kanadischen Provinz Alberta. Mit ebenso zarter wie prägnanter Stimme, einfühlsamem Gitarrenspiel und poesievollen Texten feierte sie bereits mit ihrem Plattendebüt 1968 erste Erfolge; ihre Songs wie „Both Sides Now" oder „Circle Game" wurden durch *Judy Collins, Frank Sinatra, Bing Crosby* und zahlreiche andere Künstlerinnen und Künstler interpretiert, was ihr über die Tantiemen ein Leben ganz für die Kunst ermöglichte, wobei auch ihr grafisches Talent erwähnt werden muss: viele ihrer Platten-Cover entwarf sie selbst und ist inzwischen längst auch als Malerin anerkannt. Musikalisch erweiterte sie ihre Folkwurzeln gern mit jazzigen Elementen, wozu auch die Musiker, mit denen sie an ihren Platten oder auf der Bühne zusammenarbeitete, das Ihre beitrugen: *John McLaughlin* und *Jan Hammer* gehörten im Laufe der Jahre ebenso dazu wie *Jaco Pastorius* oder *Wayne Shorter* von *Joe Zawinuls Weather Report*. Ihre langjährige erfolgreiche Karriere wurde 2015 jäh durch einen Schlaganfall unterbrochen; sensationell, dass sie im Vorjahr beim *Newport Folk Festival* überraschend auf der Bühne stand und nicht nur sang, sondern sich sogar wieder selbst auf der Gitarre begleiten konnte.

Einer ihrer bekanntesten Songs ist zweifellos „Woodstock", den sie schrieb, als sie aufgrund der hoffnungslos verstopften Zufahrtsstraßen selbst nicht bis zum Festivalgelände durchgekommen war. Insbesondere die Fassung von *Crosby, Stills, Nash & Young* ist bekanntgeworden. Wir hören gleich sozusagen das Original vom wunderbaren Doppelalbum „Miles Of Aisles" von 1974, bei dem *Joni Mitchel* vom Fusion-Jazz-Quintett *L.A. Express* begleitet wird, unter anderem mit *Robben Lee Ford* an der Gitarre und *Larry Nash* am Piano.

Danach das britische Folk-Ensemble *Fairport Convention*, das schon mit seiner ersten Sängerin *Sandy Denny* seit den späten 1960er Jahren Erfolge feiern konnte. Nach deren tragischem Tod – sie war 1978 auf einer Treppe gestürzt und verstarb einen Monat später an einer dadurch ausgelösten Hirnblutung – löste sich die Gruppe zunächst auf, um 1983 wieder aufzuerstehen – jetzt mit der Sängerin *Judy Dyble*. Von der Comeback-LP „Live At Broughton Castle" hören wir passenderweise "Both Sides Now", das *Joni Mitchells* Feder entstammt. *Fairport Convention* gibt es heute immer noch, allerdings ohne *Judy Dyble*, die bald nach der Liveplatte wieder ausgestiegen war und 2020 einem Krebsleiden erlegen ist.

Joni Mitchell And The L.A. Express: Woodstock
Fairport Convention: Both Sides Now

Vom Folk zum Country ist es wiederum nur ein kleiner stilistischer Schritt, und auch in dieser originär weißen, längst aber nicht mehr nur in den Südstaaten populären Volksmusik der US-Amerikaner sind Frauenstimmen seit langem mit tonangebend, und da denke ich keineswegs nur an *Dolly Parton*.
Thomas Jeier schreibt im Vorwort zu seinem Country-Lexikon, der große Erfolg der Country Music liege „*wahrscheinlich in ihrer Einfachheit begründet. ... Musiker und Texter bleiben auf dem Boden der Tatsachen und biedern sich nicht mit elektronisch verzerrten Akkorden und scheinbar intellektuellen Texten bei ihrem Publikum an. Die Bedeutung einer Aussage bleibt nicht hinter einer vielsinnigen Textzeile versteckt, sondern wird dem Hörer mitten ins Gesicht geschleudert. Realismus ist Trumpf!*" [85]
Auch wenn mir diese Erklärung etwas zu simpel und konfrontativ erscheint gegenüber anderen Stilen, mit denen der Country ja längst Verbindungen eingegangen ist, sind es vielleicht doch die übersichtlichen Strukturen und der häufig wiegende Rhythmus, die seine Popularität begünstigen. Und dass Country Music durchaus eine gewisse Spannbreite aufweist zwischen Tradition und modernen Erweiterungen, werden wir auch an den drei Beispielen erkennen, die ich ausgewählt habe.

---

[85] Thomas Jeier: Das neue Lexikon der Country Music. München, 1992, S. 10.

Zunächst *Susan McCann* – und das wäre schon eine Besonderheit, denn sie ist 1949 in Irland geboren und gilt dennoch in den USA und darüber hinaus als authentische Vertreterin des sozusagen klassischen Country-Styles. Heute werde *Susan McCann* liebevoll als „irische First Lady der Country-Musik" [86] bezeichnet, verrät uns das Internet. 1985 gab sie im Opernhaus der südirischen Stadt Cork ein Tribute-Konzert für den von ihr sehr verehrten *Buck Owens*, einem erfolgreichen Country-Star der 1960er Jahre, der sich inzwischen aus dem Musikgeschäft zurückgezogen hatte. Ausgewählt habe ich „Excuse Me I Think I've Got A Heartache", eine *Buck-Owens*-Single aus dem Jahr 1960, hier in der Interpretation von *Susan McCann*.

Danach *Lucinda Williams*, 1953 in Louisiana geboren, die als eine der bekanntesten Vertreterinnen der Roots-Rock- und Country Music gilt. Von ihr hören wir *Robert Johnsons* „Ramblin' On My Mind" – das war zugleich der Titelsong ihres Plattendebüts, das 1979 erschien. Diese Aufnahme entstand 1981 während eines live gespielten Radiokonzerts für den texanischen Country-Sender *KUT-FM*.

Die Country-Runde abschließen darf *Emmylou Harris*. Die 1947 in Alabama geborene Musikerin hat in ihrer über fünfzigjährigen Karriere nicht nur ein gutes halbes Hundert Hits in den Country-Charts verbucht und 13 Grammys gesammelt; sie hat auch ihre Stilistik im Laufe der Jahre deutlich modernisiert und mit zahlreichen Rockmusikern zusammengearbeitet – die Palette reicht von den

Byrds und *Bob Dylan* über *The Band* und *Neil Young* bis zu *Bruce Springsteen*. Ein großer Erfolg war zudem das gemeinsam mit *Dolly Parton* und *Linda Ronstadt* produzierte Album „Trio", das 1987 erschien und dem 1991 eine zweite Version nachfolgte. Ich habe ihre 1982 erschienene Konzertplatte „Last Date" rausgesucht und spiele daraus ihre Version von *Neil Youngs* „Long May You Run".

---

[86] Siehe https://en.wikipedia.org/wiki/Susan_McCann.

Susan McCann: Excuse Me I Think I've Got A Heartache
Lucinda Williams: Ramblin' On My Mind
Emmylou Harris: Long may you run

Nun zu zwei Songwriterinnen, deren große Zeit auch schon Jahrzehnte zurückliegt. Die Popularität der einen hat überdauert, der Ruhm der anderen ist demgegenüber etwas verblasst. Grund genug, ihn aufzupolieren.

Zunächst zu *Carole King*, der die LiveRillen genau vor einem Jahr zum runden Geburtstag gratuliert haben – in wenigen Tagen vollendet sie nun ihr 81. Lebensjahr. In Brooklyn geboren, aufgewachsen in einem gutbürgerlichen, jüdischen Elternhaus und von klein auf mit Klavier und Gesang vertraut, bildete sie in den 60er Jahren gemeinsam mit ihrem ersten Ehemann *Gerry Goffin* ein äußerst erfolgreiches Songwriter-Team, 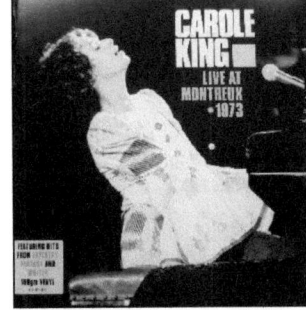 ohne zunächst selbst eine große Karriere als Sängerin anzustreben. Das passierte ihr fast zufällig, als sich die 1970 veröffentlichte LP „Tapestry" rund 24 Millionen mal verkaufte und ihr zudem vier Grammys einbrachte. Erst 1971 debütierte sie live auf großer Bühne, dann aber gleich in der New Yorker *Carnegie Hall* – als Überraschungsgast war *James Taylor* dabei, mit dem sie eine bis heute andauernde Freundschaft verbindet – er erhielt seinen ersten Grammy ja für seine Interpretation von *Carole Kings* Song „You've Got A Friend". Erstmals außerhalb der USA spielte *Carole King* beim *Montreux Jazz Festival* 1973. Das dort mitgeschnittene Konzert ist 2019 auf Vinyl erschienen – daraus spiele ich gleich ihren Titel „It's Too Late", den sie bei späteren Gelegenheiten auch häufig im Duett mit *James Taylor* interpretiert hat. Und noch heute gehören etliche ihrer Stücke zum Pflichtrepertoire vieler Künstlerinnen und Künstler weltweit.

Dory Previn dagegen kennen heute wohl nur noch wenige Insider, und auch dann vielleicht eher als Schriftstellerin. Die 1925 in einer irischstämmigen Familie in New Jersey Geborene versuchte sich als Schauspielerin und Tänzerin, sang gelegentlich in Klubs und begann, eigene Songs zu schreiben. Mit ihrem zweiten Ehemann, *André Previn*, einem seinerzeit weltbekannten Pianisten, Dirigenten und Filmmusikkomponisten, bildete auch sie in den 1960er Jahren ein erfolgreiches Songwriter-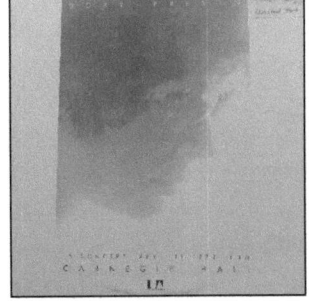

Gespann, bis ihr Mann sie 1970 für die Schauspielerin *Mia Farrow* verließ. Auch danach erschienen noch einige LPs von ihr, dazu ein paar Lyrikbände und autobiografische Texte. Nach mehreren Schlaganfällen ist *Dory Previn* 2012 auf ihrer Farm in Massachusetts verstorben. Von ihrem ebenfalls 1973 in der *Carnegie Hall* aufgenommenen Livealbum habe ich „Scared To Be Alone" ausgewählt – ein offensichtlich autobiografischer Song über die Angst vor der Einsamkeit. Darin singt sie: *„Vielleicht werde ich morgen versuchen, einen Freund zu finden, ihn wirklich zu erkennen, anstatt sich etwas vorzumachen. Ich werde ihn fragen, ob seine Füße schmerzen und ob er Lasten zu teilen hat. Und wenn er nicht abhaut, werde ich ihn fragen, ob auch er Angst hat, allein zu sein".*

Carole King: It's Too Late
Dory Previn: Scared to be alone

Die nächste Sängerin und Songschreiberin nimmt uns mit in etwas poppigere Gefilde: *Carly Simon*, 1945 in New York geboren, ist in wirklich reichen Verhältnissen aufgewachsen mit der einzigen Sorge, neben ihren älteren und erfolgreichen Schwestern zu wenig Aufmerksamkeit zu bekommen. Sie absolvierte eine Schauspiel-Schule, sang in Folkclubs und blitzte bei *Bob Dylans* Manager *Albert Grossman* ab, der ihr sagte, man höre ihren Songs an, dass sie nie erfahren habe, wie es sei, für sein Leben wirklich schuften zu müssen. Der Erfolg stellte

sich dennoch ein, insbesondere bei der weißen Mittelschicht-Jugend, die ihre gefälligen Kompositionen, ausgefeilten Arrangements und harmlosen Texte zu schätzen wusste. Und Titel wie „You're So Vain", 1973 Nummer Eins in den US-Charts, oder „All I Want Is You" tauchten auch in der Setlist anderer Künstlerinnen auf. Von 1972 bis 83 war sie übrigens mit dem schon erwähnten *James Taylor* verheiratet.

Da sie unter extremem Lampenfieber litt, war sie nur selten auf der Bühne zu erleben. Ihre einzige Liveplatte „Greatest Hits Live" gibt ein Konzert von 1989 wieder, bei dem sie vor einem geladenen Publikum auftrat – ein Heimspiel sozusagen. Daraus gibt's gleich „You're So Vain" zu hören.

Danach eine weitere bemerkenswerte Stimme – die von *Sally Oldfield* nämlich, der 1947 in Irland geborenen älteren Schwester von *Mike Oldfield*, mit dem sie in den 60er Jahren ein Folk-Duo bildete, ehe sich ihre musikalischen Wege trennten. Ein wenig Folk Rock, eine Prise New Age und hin und wieder keltische Anleihen zeichneten in der Folge die gefälligen Songs aus, die *Sally Oldfield* seit 1978 veröffentlicht hat. Ihre erste Single hieß „Mirrors", und genau den Titel habe ich von ihrer 1982 erschienenen Live-LP „In Concert" ausgewählt. In ihrer Band unter anderem dabei Schlagzeuger *Ian Mosley*, der zwei Jahre später bei *Marillion* einstieg, der bekannte britische Saxofonist *David Roach* und der Caravan-Bassist *John G. Perry*. In den Nullerjahren erlebte das Stück übrigens eine überraschende Renaissance in einer Dancefloor-Version, die auch das jüngere Publikum erreichte. *Sally Oldfield* ist noch immer sporadisch aktiv – auf ihrer leicht esoterisch grundierten Website verkündet sie: *„Ich bin noch lange nicht fertig!"* [87]

Deutlich rockiger kommt *Carolyne Mas* daher, die sich schon mal Vergleiche mit *Crissie Hynde* oder *Pattie Smith* gefallen lassen darf. Die 1955 in New York als Tochter einer Miss Puerto Rico geborene Singer/Songwriterin ist in ihrer Heimat kaum bekannt, dagegen in Kanada und Europa recht populär; ab 1989 hat sie einige Jahre in Deutschland gelebt. Hier entstand auch ihr 1992 erschienenes Album „Live!", auf der sie ihren

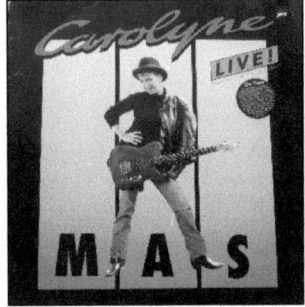

dereinst größten Erfolgssong „Sittin' In The Dark" auf 18 Minuten ausdehnt – so viel Zeit haben wir nicht mehr in dieser Sendung. Deshalb habe ich den Konzert-Opener „Hold On" ausgewählt.

Carly Simon: You're So Vain
Sally Oldfield: Mirrors
Carolyne Mas: Hold On

Zwei Singer/Songwriterinnen kann ich noch vor dem Schlusspunkt der Sendung präsentieren. Zunächst *Suzanne Vega*, die 1987 mit ihrem Hit „Luka" aus der Sicht eines missbrauchten, Gewalt ausgesetzten Kindes ein ebenso bitteres wie wichtiges Thema mit popmusikalischen Mitteln überzeugend aufgegriffen hat. Die gebürtige New Yorkerin des Jahrgangs 1959 gilt als führende Protagonistin des Folk-Revivals, das Mitte der 1980er Jahre einsetzte und mit Namen wie *Tanita Tikaram*,

---

[87] https://www.sallyoldfield.net/about-2/biographie-deutsch/.

Tracy Chapman oder *Michelle Shocked* verknüpft ist. Ihre anspruchsvollen Texte zeichnen oft eine diffizile, komplexe Welt, in der die zahlreichen Grau-Töne zwischen Schwarz- und Weiß-Klischees dominieren. Ein Zeichen ihres hohen Qualitätsanspruchs an sich selbst ist auch die Tatsache, dass sie zwischen ihren Plattenveröffentlichungen längere kreative und regenerative Pausen einlegt – seit 1985 hat sie gerade mal zehn reguläre Alben herausgebracht, diese aber allesamt auf hohem Niveau. Auf ihrem jüngsten Opus „An Evening of New York Songs and Stories", 2020 erschienen, findet sich auch ein Cover von „Walk On The Wild Side" von *Lou Reed*, der ihr seit vielen Jahren freundschaftlich verbunden ist. Anekdotisch erwähnt sei ihr Etikett „Mother of

mp3" – der Informatiker *Karlheinz Brandenburg* realisierte den ersten Praxistest des von ihm und seinem Team entwickelten Verfahrens zur Audiodatenkompression mp3 mit einer A-cappella-Version von *Suzanne Vegas* Titel „Tom's Diner" – *Suzanne Vega* hat den Forscher daraufhin sogar mal am Fraunhofer Institut besucht.

Wir hören *Suzanne Vega* mit einem Song über eine enttäuschte Liebe: „Black Widow Station" aus dem Jahr 1981 – ähnlich wie bei „Luka" verstärkt auch hier der Kontrast zwischen der fast fröhlichen, zum Tanzen einladenden Komposition und dem bitteren Text die Wirkung des Songs. Der Mitschnitt entstand 1986 in London.

Danach *Chi Coltrane*. Die 1948 geborene US-Amerikanerin gehört wie *Suzanne Vega* zu den anspruchsvollsten Singer/Songwriterinnen ihrer Generation. Sie beherrscht etliche Instrumente, auch wenn sie live das Piano bevorzugt, das sie mal sensibel streichelt, zumeist aber energisch malträtiert. Sehr schön zu spüren ist ihre unbändige Energie in der Liveversion ihres Hits „Go Like Elijah", aufgenommen bei einem Solokonzert der Künstlerin im Frühjahr 1982 vom deutschen Ton-Magier *Dieter Dierks*, den sie in den späten 70ern kennenlernte, als sie hierzulande mit der deutschen Band *Lake* auf Tour war. Die Kritik feierte sie seinerzeit als legitime Nachfolgerin von *Janis Joplin* – was für ein passender Brückenschlag zum Abschluss der heutigen LiveRillen.

Dazu gleich mehr nach *Suzanne Vega* und *Chi Coltrane*, die ich übrigens gern auf eine Stufe mit der großartigen *Beth Hart* stelle, die ja schon mehrfach in den LiveRillen zu hören war und heute leider nicht mehr in die Sendung passt.

Suzanne Vega: Black Widow Station
Chi Coltrane: Road To Tomorrow

Chi Coltrane tourt übrigens noch immer gern durch Europa und fühlt sich insbesondere auf deutschen Konzertbühnen sehr wohl – vielleicht können wir sie sogar im Laufe dieses Jahres hierzulande noch live erleben. Das ist uns beim Schlusspunkt der heutigen LiveRillen, die ganz der Vorstellung großartiger Sängerinnen aus Jazz, Blues, Soul, Country und Songwriting gewidmet war, leider nicht vergönnt: *Janis Joplin* ist 1971 im Alter von nur 27 Jahren ihrem exzessiven Lebensstil erlegen.  Bis heute als Jahrhundertstimme verehrt, wird sie nun zum Abschluss gemeinsam mit ihrer Band *Big Brother And The Holding Company* ihre Version von *George Gershwins* „Summertime" vortragen, aufgenommen im Juni 1968 im *Carousel Ballroom* in San Francisco – und auch der nächste Sommer kommt bestimmt…
Die nächste Ausgabe der LiveRillen entführt in den Süden der USA: „Staubtrocken" werde ich Südstaaten-Musik und ihre Künstler präsentieren, also beispielsweise *Stevie Ray Vaughn, Robert Earl Keane, Joe Ely, Townes Van Zandt* oder *Kris Kristoffersen*.

Janis Joplin: Summertime

Quellen:

- American Folk Blues Festival '72 (Big Mama Thornton), Do.-LP, L+R Records/Bellaphon, 1980
- American Folk Blues Festival: Blues Live '82 (Margie Evans), Do.-LP, L+R Records/Bellaphon, 1983
- Joan Baez: Early Joan Baez Vol. 1, LP, Vanguard, 1982
- Judy Collins: Living, LP, Elektra, 1971
- Fairport Convention: Live At Broughton Castle, LP, Black Box Records, 1983

- Ella Fitzgerald: Carnegie Hall 1973, Do.-LP, CBS, 1973
- Joy Fleming: Live, LP, Atlantic/WEA, 1975
- Aretha Franklin: Aretha Live At Filmore West, LP, Atlantic, 1971
- Frumpy: Live, Do.-LP, Philips, 1972
- Emmylou Harris: Last Date, LP, WEA/Warner, 1982
- Janis Joplin: In Concert, Do.-LP, CBS, 1972
- Carole King: Live At Montreux, LP, Rockingale Records/MOV, 2017
- Live im CHIKAGO (Jutta Weinhold), Do.-LP, Polydor, 1979
- Carolyne Mas: LIVE!, Do.-LP, SPV Records, 1992
- Susan McCann: Tribute To Buck Owens Live, LP, Homespun Records, 1985
- Melanie: In Concert At Montreaux, LP, Buddah Records, 1973
- Joni Mitchell And The L.A. Express: Miles Of Aisles, Do.-LP, Elektra/Asylum, 1974
- Sally Oldfield: In Concert, LP, Bronze, 1982
- Dory Previn: Live At Carnegie Hall, Do.-LP, United Artists, 1973
- The Seekers: Live At The Talk Of The Town, LP, EMI, 1968
- Carly Simon: Greatest Hits Live, LP, ARISTA, 1988
- Chi Coltrane: Live!, LP, TELDEC, 1982
- Suzanne Vega: Live In London 1986, LP, A&M Records, 1986
- Lucinda Williams: Live At KUT-FM Austin 1981, LP, DOL, 2015

No. 60: Staubtrocken? Country und Blues aus dem Süden der USA
März 2023

Mit dieser 60. Ausgabe der LiveRillen, die damit ihr fünftes Jahr vollenden und hoffentlich noch viele weitere vor sich haben, tauchen wir ein in die vom Country dominierte, aber durchaus auch folk- und bluesgetränkte Live-Szene des mittleren Südens der USA und landen in Texas, jenem Bundesstaat, der vielen als Wiege der originären US-amerikanischen Musik gilt. Nicht von ungefähr trägt die texanische Hauptstadt Austin den Beinamen *„The live music capital of the world"*. Und im Internet liest man dazu: *„Kaum an einem anderen Ort wird so viel musiziert wie in Texas, die unterschiedlichsten Klänge begleiten Besucher ab dem Flughafen von Austin bis in die kleinsten Dörfer."* [88]

So verwundert es auch nicht, dass die Musik des mittleren Südens mit dem Begriff „Texas Country" längst auch ein eigenes Subgenre erhalten hat, das seinen Ursprung in der Outlaw-Bewegung der 1960er Jahre hat, als sich etablierte Country-Stars wie *Willie Nelson* oder *Waylon Jennings* von der zunehmend kommerzialisierten Nashville-Szene abwandten, um zu den Wurzeln ihrer Musik zurückzufinden, wie uns ein Wiki-Brief [89] mitteilt. Man müsse keineswegs in Texas geboren oder aufgewachsen sein, um Texas Country zu spielen, heißt es dort weiter – zudem gebe es natürlich künstlerische Überschneidungen mit benachbarten Musikkulturen aus Oklahoma, Alabama oder Kentucky; so sei etwa der in Oklahoma populäre *Red-Dirt-Stil* kaum vom *Texas Country* zu unterscheiden, der wiederum dem *Alternative Country* nahesteht. Und auch wir wollen es gar nicht eng und puristisch sehen, sondern einfach mal die Ohren öffnen für den Sound jener Region, die meiner Generation mehrheitlich durch den Whiskey-trinkenden Zyniker *J. R. Ewing* aus der 1980er-Jahre-TV-Kultserie „Dallas" ins Bewusstsein gelangt sein dürfte. Der trug zwar auch – wie seine Brüder – stets den Cowboy-Hut, hat aber meines Wissens nie gesungen…

Als musikalischen Einstieg in diese staubtrockenen LiveRillen habe ich den schon genannten Nestor der Szene ausgewählt: *Willie Nelson*, 1933 im texanischen Abbott geboren und von *Siegfried Schmidt-Joos* als *„Sänger und Songschreiber von beachtlicher Eigenständigkeit und stilistischer Unabhängigkeit"* [90] gelobt, auch wenn ihm andere Kritiker vorwarfen, eine im Wesen reaktionäre und patriotisch grundierte

---

[88] https://bucketlistmagazin.com/texas-die-wiege-der-musik/.
[89] Vgl. dazu: https://de.wikibrief.org/wiki/Texas_country_music
[90] RL, Band 2, S. 638.

„Besänftigungsmusik für die vom Rock and Roll verstört schweigende Masse"[91] zu produzieren. Auf jeden Fall verweigerte er sich weitgehend der Nashville-Kommerzialisierung und spielte lieber in minimalistischer Besetzung in kleinen Klubs, Bars und Gemeindesälen.
Willie Nelson habe mehr für die Country-Music und das in ihr lebendige humanistische Element getan als jeder andere Musiker, heißt es (vielleicht etwas zu pathetisch?) im Covertext einer 1976 bei RCA erschienenen Liveplatte des Texaners. Von der spiele ich jetzt zwei Titel aus seiner Feder: „I Gotta Get Drunk" und „Something To Think About".

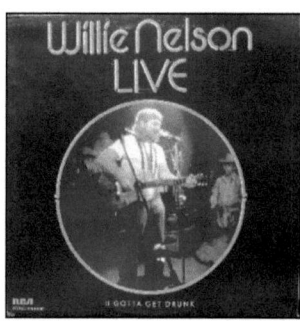

Willie Nelson: I Gotta Get Drunk / Something To Think About

Gut zu hören hier typische Instrumentierung des Texas Country Style, bei dem die Dominanz der Akustik- und E-Gitarren durch Klavier, Banjo, Akkordeon, Baritongitarre, Geige oder Mundharmonika ergänzt wird.
In den 1980er Jahren füllte *Willie Nelson* riesige Arenen mit zehntausenden Zuhörern, verkaufte Platten wie geschnitten Brot und galt den Medien wie seinen Fans als führender Vertreter in der Phalanx der klassischen amerikanischen Songwriter. Umso tiefer der Sturz, als ihn 1990 die US-amerikanische Finanzbehörde IRS ins Visier nahm und eine Steuernachzahlung von 32 Millionen US-Dollar verlangte, die *Nelsons* Anwälte zwar halbieren konnten, was den Bankrott des Sängers aber nicht verhinderte. Fünf Jahre lang hatte er an den Nachzahlungen zu knabbern, dann erst war *Willie Nelson* wieder schuldenfrei. Unterkriegen ließ er sich dadurch nicht: Im Jahr 2000 erhielt er einen Grammy für sein Lebenswerk, und noch heute ist der passionierte Kampfsportler mit dem markanten Stirnband musikalisch aktiv; im Vorjahr erschien mit „A Beautiful Time" sein vorerst letzter Longplayer, und *Rolling Stone* listet ihn auf Platz 77 der hundert besten Gitarristen aller Zeiten.
Hier zwei weitere Stücke von bzw. mit *Willie Nelson* vom 1978 erschienen Doppelalbum „Willie Nelson and Family Live", das der Texaner bei einem Konzert in Nevada mitschneiden ließ. Zunächst „If You Could Touch Her At All" des Country-Sängers *Lee Clayton;* eines dieser bittersüßen Liebeslieder des Country, das *Nelsons* Freund und Songwriter-Kollege *Waylon Jennings* 1974 auf

---

[91] Ebenda, S. 639.

seiner LP „This Time" erstmals veröffentlicht hatte, und danach „Good Hearted Woman", das beide gemeinsam verfasst haben. Übrigens haben *Willie Nelson* und *Waylon Jennings* in den 1970er Jahren gemeinsam mit *Kris Kristofferson* und *Johnny Cash* als *The Highwaymen* musiziert – eine echte Supergroup der Texas Country Music. Und auch von *Kristofferson* und *Cash* wird gleich noch einiges zu hören sein.

Willie Nelson and Family: If You Could Touch Her At All / Good Hearted Woman

Im Jahr 2010 war *Willie Nelson* Gast des *Crossroad Festivals*, mit dem ein gewisser Ex-Junkie namens *Eric Clapton* regelmäßig Gelder für die von ihm auf Antigua gegründete Suchtklinik generiert. Aus seinem dort gespielten Set hören wir sein unverwüstliches „On The Road Again", gesanglich unterstützt durch *Sheryl Crow*. Zudem stehen neben ihm *Vincent „Vince" Grant Gill* und *Albert William Lee* auf der Bühne. *Vince Gill*, ein 1957 in Oklahoma geborener Country-Sänger, -Gitarrist und Songschreiber, hat immerhin sagenhafte 22 Grammys im Trophäenregal zu stehen und ist seit 2017 Mitglied der *Eagles*, während der 1947 geborene Brite *Albert Lee* aufgrund seiner ausgefeilten Picking-Technik zu den einflussreichsten Instrumentalisten des modernen Country-Styles zählt. Rund 20 Jahre hat er mit den *Everly Brothers* zusammengearbeitet und wurde zwischen 1976 und 1980 von den Lesern des *Guitar Player Magazin* fünf Mal hintereinander zum besten Country-Gitarristen des Jahres gewählt. Mit seinem Auftritt beim *Crossroad Festival* 2010 feierte *Lee* zugleich sein 50-jähriges Bühnenjubiläum. Hier kommen die Genannten gleich gemeinsam mit *Willie Nelson*.

Danach noch ein Song des bereits erwähnten Country-Rockers *Lee Clayton*. Der ist zwar kein gebürtiger Texaner, sondern wurde 1942 in Alabama geboren, darf aber durch seine Zusammenarbeit mit *Waylon Jennings* und *Willie Nelson* durchaus als authentischer Vertreter des *Texas Country* gelten, der in seinem auch von zahlreichen Kollegen interpretierten Werk gern die Brücke schlägt zum eher intellektuellen Songwriting der Ostküsten-Szene. Die in einem kleinen Konzertcafé in Oslo 1988 mit jungen skandinavischen Musikern aufgenommene Live-Platte „Another Night" öffnete *Clayton* dann auch viele Türen in Europa, wo

er in den Folgejahren ausgiebig tourte. *Bono,* Sänger der irischen Band U2, sagte: *„Es gibt nur einen Country-Sänger, der mich beeinflusst hat, Lee Clayton."* [92]
Seit der Jahrtausendwende ist es ruhiger um ihn geworden; es gibt sporadische Songveröffentlichungen des inzwischen 80Jährigen auf diversen Download-Plattformen, zwei autobiografische Bücher sowie mit „The Streets Of Nashville" eine repräsentative Sammlung seiner Songtexte und Gedichte. Sein bekanntester selbstinterpretierter Song dürfte „I Ride Alone" sein. Als dieser 1979 auf der LP „Naked Child" erschien, an der auch *Klaus Voormann* am Bass beteiligt war, schrieb

ein Kritiker, *Clayton* klinge so, *„wie Dylan klingen müsste, wenn er noch wie Dylan klingen wollte"* [93]. Von der Stimmigkeit dieses Urteils können wir uns gleich überzeugen – vor *Lee Claytons* „I Ride Alone" zunächst aber noch *Willie Nelson* mit „On The Road Again".

Willie Nelson: On The Road Again
Lee Clayton: I Ride Alone

Eine der ältesten Liveplatten überhaupt in meinem Regal enthält Aufnahmen aus dem Jahr 1949. Ihr Interpret gehört zweifellos zu den wichtigsten frühen Vertretern des Country-Genres: *Hank Williams,* legendärer Sänger und Songschreiber aus Alabama, der am Neujahrstag 1953 nur 29jährig einem Herzinfarkt erlag – verursacht durch übermäßigen Alkoholgenuss in Verbindung mit überdosierten Medikamenten. Tragisches Ende eines Genies.
Schon mit 14, 15 Jahren trat er mit einer eigenen Band auf, die sich *Drifting Cowboys* nannte und ihm bis zu seinem frühen Tod, wenn auch in wechselnder Besetzung, mit Fiddle, Bass, Akustik- und Steelgitarren treu zur Seite stand. So auch im Oktober 1949 im *Castle Recording Studio,* das im Tulane Hotel von Nashville sein Domizil gefunden hatte. Aufgenommen wurden die Songs der LP „On Stage!" live vor kleinem Publikum; bei einigen Titeln ist auch seine Ehefrau *Audrey* zu hören, die er 1943 geheiratet hatte – sie managte den zunehmend dem Alkohol verfallenden Künstler auch bis zur Scheidung 1952. Wenige Monate später dann das Ende des Künstlers, der 1961 postum in die *Country Music Hall of Fame* aufgenommen wurde; zudem wurde er 2010 für sein poetisches Werk mit einem Pulitzer-Preis geehrt.

---

[92] Siehe: https://leeclaytononline.com/bio.
[93] Zitiert nach: https://de.wikipedia.org/wiki/Lee_Clayton.

Ausgewählt von der bei MGM erschienenen Mono-LP mit dem Zusatz „Recorded Live!" von *Hank Williams* habe ich mit „The Blues Comes Around" und „I'm A Long Gone Daddy" zwei Titel, die kompositorisch ihre Nähe zum Blues der Südstaaten keineswegs verleugnen. Beide Stücke waren 1948 als A- und B-Seite einer Single erschienen, die Platz 6 der US-Country-Single-Charts erreichte.

Hank Williams: The Blues Comes Around / I'm A Long Gone Daddy

Dass der Apfel oft nicht weit vom Stamm fällt, zeigt – im Positiven wie im Negativen – die Karriere seines 1949 geborenen Sohnes *Hank Williams Jr*. Er war keine drei Jahre alt, als sein Vater starb; die Mutter *Audrey* zog ihn allein groß, doch seine Kindheit war natürlich von der Musik des Übervaters geprägt. Und auch der Spitzname „Bocephus", der später in diversen Texten des Sohnes eine Rolle spielen wird, ist ein Vermächtnis von Hank Senior, der den kleinen Hank so nach einer gleichnamigen Puppe nannte, die der seinerzeit sehr populäre Komiker *Rod Brasfield* in einer Comedy-Nummer benutzt hatte. Ob eine gewisse Ähnlichkeit des Kleinen mit der Puppe dafür den Ausschlag gab, wird zwar behauptet, ist aber nicht bewiesen... [94]

1964 nahm *Hank Williams Junior* jedenfalls eine erste LP mit Songs seines Vaters auf – da war er gerade 15. Der Erfolg blieb nicht aus, auch wenn sich *Hank Junior* stärker in Richtung Country Rock entwickelte – nicht zuletzt, um sich aus dem übermächtigen Schatten des Vaters zu befreien, wie er in seinem ersten eigenen Charterfolg, dem Song "Standing In The Shadows", besingt – den Titel hören wir gleich inklusive der Ansage, in der *Hank Junior* auf den Schatten „*of a very famous man*" verweist. Überhaupt blieb die Auseinandersetzung mit dem längst Verstorbenen lange Zeit bestimmend für *Hank Williams Junior*, was man an Plattentiteln wie „Father & Son", „My Own Way", „Songs My Father Left Me", „Removing The Shadow" oder „Living Proof" ersehen kann. Neben dem künstlerischen Erfolg gehörte aber auch

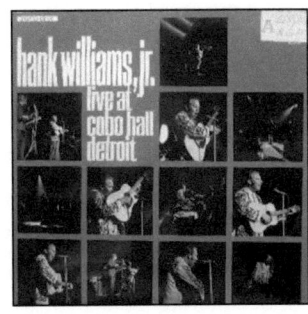

---

[94] Vgl. dazu: https://wgna.com/who-is-bocephus-story-behind-hank-williams-jr-s-nickname/.

die Anfälligkeit für Alkohol und Drogen zum Erbe, an dem *Hank Williams Junior* zu schleppen hatte. Zudem offenbarte er durch seine Äußerungen zur US-amerikanischen Politik häufig eine von ländlicher Nostalgie geprägte erzkonservative, republikanische Grundhaltung – bis heute nicht ungewöhnlich für die weiße Country-Szene im mittleren Süden der Vereinigten Staaten. „A Country Boy Can Survive" – wie ein Junge vom Land überleben kann, besingt *Hank Junior* in einem seiner Songs, der gleich zu hören sein wird. Als drittes Stück habe ich eine Komposition von *Kris Kristofferson* ausgewählt, zu dem ich im Anschluss noch einiges sagen will – auch er hat seinem einstigen Idol einen Song gewidmet, den hier der Sohn interpretiert: „If You Don't Like Hank Williams". Die letztgenannten Aufnahmen stammen von der 1986 bei Konzerten in Tennessee mitgeschnittenen LP „Hank Live"; das erste Stück „Standing In The Shadows" von einem Konzert des damals erst 19Jährigen, das in der *Cobo Hall*

Detroit aufgezeichnet und 1969 bei MGM veröffentlicht wurde.

Hank Williams jr.: Standing In The Shadows / A Country Boy Can Survive / If You Don't Like Hank Williams

Über *Kris Kristofferson*, den Urheber des zuletzt gehörten Songs, schreibt *Thomas Jeier* in seinem Lexikon der Country Music: *„Was Bob Dylan in den sechziger Jahren für die Rock Music bedeutete, stellte Kris Kristofferson zehn Jahre später für die Country Music dar"* [95]. Zudem lobt *Jeier, Kristoffersons* poetische und einfühlsame Texte seien das Kreativste, was die Country Music je hervorgebracht habe.

Der 1936 im texanischen Brownsville geborene Sohn eines US-Offiziers wurde musikalisch vor allem durch die Songs von *Hank Williams* geprägt, die den Jungen bei den aufgrund der Tätigkeit des Vaters häufigen Umzügen der Familie verlässlich begleiteten. Es dauerte mehr als drei Jahrzehnte, bis er begann, mit eigenen Songs neue Akzente in der thematisch erstarrten Country-Szene zu setzen – noch 1966 hatte er während der „Blonde On Blonde"-Sessions von *Bob Dylan* lediglich als Reinigungskraft im Studio ausgeholfen. Dann aber kam 1971 quasi ein doppelter Paukenschlag: *Kristoffersons* erste LP mit dem grandiosen Song „Me And Bobby McGhee", der auch als Untertitel der LP fungierte und dessen Zeile *„freedom's just another word for nothing left to loose"* zum geflügelten Wort wurde. Und

---

[95] Thomas Jeier: Das neue Lexikon der Country Music, a.a.O., S. 218.

fast zeitgleich erschien die LP „Pearl" von *Janis Joplin* mit ebendiesem Song, den die am 4. Oktober 1970 an einer Überdosis Heroin verstorbene Sängerin erst wenige Stunden zuvor im Studio eingesungen hatte – es sei ihr bester Song überhaupt geworden, urteilt *Siegfried Schmidt-Joos* in seinem Rocklexikon.

Für *Kris Kristofferson* folgte eine Zeit der Höhen und Tiefen – neben seinen Plattenveröffentlichungen schrieb er Songs für diverse Filme und war als Schauspieler (unter anderem neben *Barbra Streisand, Jane Fonda* und *Isabelle Huppert*) aktiv, ohne sich in Hollywood wirklich etablieren zu können; zudem galt er als trinkfreudig und streitsüchtig, was 1979 wohl auch zum Aus seiner Ehe mit der als „Delta Lady" bekannten Sängerin *Rita Coolidge* führte.

Danach war es wohl vor allem die freundschaftliche Zusammenarbeit mit *Waylon Jennings, Johnny Cash* und *Willie Nelson* in der lockeren Formation *The Highwaymen*, die ihn vor Schlimmerem bewahrte. Seine künstlerischen Aktivitäten wurden seltener und dadurch reifer. 2004 wurde er in die *Country Music Hall of Fame* aufgenommen; zudem ist er Mitglied in der *Songwriters Hall of Fame* – der *Rolling Stone* führt ihn auf Rang 87 der hundert besten Songwriter aller Zeiten. Ob der inzwischen 86Jährige noch mal auf die Livebühne zurückkehren wird, ist ungewiss – vielleicht gerade deshalb hat das Label *New West Records* im Vorjahr einen Konzertmitschnitt aus dem Jahr 1981 veröffentlicht: „Live At Gilley's", aufgenommen im texanischen Pasadena. In *Kristoffersons* Band spielte seinerzeit übrigens auch der 2009 verstorbene Country-Gitarrist *Stephen Bruton*, der unter anderem mit *Christine McVie, Elvis Costello, Delbert McClinton, Sonny Landreth* oder *Carly Simon* gearbeitet hat.

Hier nun also zwei Stücke von *Kris Kristofferson*, zunächst „Me And Bobby McGhee" und danach „Casey's Last Ride" – so ein typischer Lonely-Looser-Song über diesen Casey, der in der anonymen, hohlen Großstadt rumsteht, sein Bier trinkt, die Blicke der Passanten als peinlichen Spiegel empfindet und sich, als er beim Weggehen stolpert, fragt, ob daran nun das Bier in seinem Bauch oder doch die Tränen in seinem Auge schuld sein?

Kris Kristofferson: Me And Bobby McGhee / Casey's Last Ride

Mehrfach fiel bereits der Name *Johnny Cash*, der legendäre *Man In Black*, der nicht nur eingefleischten Country-Fans ein Begriff sein dürfte.

1932 wurde *J. R. Cash* als viertes von sieben Kindern auf einer armseligen Farm in Arkansas geboren; drei Jahre später verbesserte sich die schwierige Lage der Familie durch die von US-Präsident *Roosevelt* unter dem Begriff „New Deal" durchführten Sozial- und Wirtschaftsreformen. Dennoch musste schon der Fünfjährige auf den Baumwollfeldern mitarbeiten. Mit Zehn bekam er von der Mutter, die einer indigenen Familie der Cherokee-Indianer entstammte, seine erste Gitarre geschenkt; zum High-School-Abschluss stand er dann erstmals als Sänger auf der Bühne. Während seiner Zeit in der U.S. Army war *Cash* auch im oberbayerischen Landsberg am Lech stationiert. Hier gründete er mit den *Landsberg Barbarians* auch seine erste Band.

Zurück in den USA, heiratete er 1954 und wurde bis 1961 Vater von vier Töchtern. Tagsüber arbeitete er als Vertreter einer Elektrofirma; abends stand er mit befreundeten Musikern, die sich *The Tennessee Two* nannten, in den Clubs von Memphis auf der Bühne (komplettiert durch einen Schlagzeuger, wurden daraus 1960 *The Tennessee Three*). 1955 erschien seine erste Single, er wurde im Vorprogramm von *Elvis Presley* präsentiert, und im Folgejahr lernte er *June Carter* kennen, Spross der weit über Country-Kreise hinaus populären *Carter Family*. Sie sollte nicht nur seine Muse werden, sondern auch seine große Liebe und spätere zweite Frau.

In den späten 1960er Jahren wurde er schließlich zum Idol, wenn auch einem widersprüchlichen: Er engagierte sich für die amerikanischen Ureinwohner, sympathisierte mit den Hippies, war mit *Dylan* fast befreundet, vertrat aber auch naiv-religiöse und patriotische Positionen und verurteilte keineswegs die Vietnam-Politik *Richard Nixons*. Berühmt wurden seine Auftritte vor Insassen der Zuchthäuser von Folsom und St. Quentin. Musikalisch gesehen sind seine Kompositionen keineswegs originell oder gar innovativ; sein Gitarrenspiel ist eher durchschnittlich, seine charismatische Bass-/Bariton-Stimme hatte mitunter eine pathetische Attitüde. Dennoch gelang es dem Sänger, schon zu Lebzeiten zu einer *„unangreifbaren und unabhängigen Größe"*[96] zu werden, wie *Siegfried Schmidt-Joos* schreibt, die über die Grenzen des Country-Genres hinaus hohes Ansehen unter Musikerkolleginnen und -kollegen genoss, die sich auch gern zur Mitwirkung an diversen Live- und Studioprojekten überreden ließen. Von den *Highwaymen* gemeinsam mit *Nelson, Jennings und Kristofferson* war ja schon die Rede; *Cash* reaktivierte das Projekt zu Beginn der 90er Jahre erneut. Nach gesundheitlichen Problemen wurde bei *Cash* Ende der 90er Jahre Neuropathie diagnostiziert; hinzu kamen schweres Asthma und Diabetes. Als seine Frau *June* im April 2013 starb,

---

[96] RL, Band 1, S. 172.

saß *Cash* bereits im Rollstuhl; er überlebte die Frau, mit der 35 Jahre verheiratet gewesen war, nur um vier Monate.

Nun aber Musik vom Superstar, der sein schwarzes Outfit tragen wollte, solange es Kriege und Armut gebe, und jedes seiner Konzerte mit den schlichten Worten „*Hello, I'm Johnny Cash!*" begann. So auch jenes, das ihn am 11. April 1978 hinter den Eisernen Vorhang führte, in die Sporthalle der tschechoslowakischen Hauptstadt Prag. Fünf Jahre später erschien in Kooperation mit *CBS* dann ein Konzertmitschnitt beim staatlichen Label *Supraphon*. Daraus zunächst „Sunday Morning Coming Down" – genau, das ist einer der populärsten Songs von *Kris Kristofferson* und zeigt, wie eng die personellen und inhaltlichen Verflechtungen in der Country-Szene sind – und danach mit dem programmatischen „I Walk The Line" ein geradezu ikonisches Werk des Meisters persönlich.

Johnny Cash: Sunday Morning Coming Down / I Walk The Line

Mit dem nächsten Künstler kehren wir wieder unmittelbar nach Texas zurück – der Sänger, Gitarrist und Songschreiber *Joe Ely* wurde im Februar 1947 im texanischen Amarillo geboren – vor gut einem Jahr habe ich anlässlich seines 75. Geburtstages bereits einiges von ihm gespielt. Seine musikalischen Anfänge liegen allerdings keineswegs im populären Bereich, sondern in der Klassik: Er erlernte zunächst das Geigenspiel und musizierte einige Jahre im Schulorchester, ehe er als Teenager dann doch von Rock'n'Roll, Blues und Country infiziert wurde. Mit 13 Jahren verkaufte *Ely* seine Geige zugunsten einer elektrischen Gitarre; mit 15 gründete er gemeinsam mit seinem Schulfreund *Butch Hancock,* Jahrgang 1945, einem bis heute ebenfalls sehr populären Country-Sänger und Songwriter, seine erste Band *Flatlanders* und tourte seitdem unermüdlich durch die Clubs im Süden und Westen der USA, ehe mit 30 endlich sein Plattendebüt bei MCA erschien, das der britische *Melody Maker* zum „Country Album of the Year" kürte. Das wiederum führte zu einer Einladung als Support für eine England-Tour von *The Clash* im Jahr 1980, woraus die LP „Live Shots" resultiert, aus der ich gleich „Johnny's Blues" spiele.

Danach von der 1990 bei *MCA* erschienenen Konzertplatte „Live At Liberty Lunch" das wunderbar poetische Liebeslied „If You Were A Bluebird", das sein alter Weggefährte *Butch Hancock* verfasst hat: *„Wenn du ein Regentropfen wärst, würdest du leuchten wie ein Regenbogen / Und wenn Du eine Zughaltestelle wärst, würde der Schaffner leise singen / ... / Wenn du ein Hotel wärst, würde ich mich an deine Türklingel lehnen / Und ich würde dich mein Zuhause nennen ..."* – was für ein Reichtum an lyrischen Bildern. Erstveröffentlicht wurde der Song, den später auch *Emmylou Harris* gecovert hat, übrigens durch *Joe Ely* auf seinem LP-Debüt 1977 – hier ist die Liveversion des noch heute musikalisch aktiven Texaners; zuvor hören wir „Johnny's Blues".

Joe Ely: Johnny's Blues / If You Were A Bluebird

In den 2000er Jahren hat *Ely* sogar *The Flatlanders*, das legendäre texanische Trio aus *Butch Hancock, Jimmie Dale Gilmore* und ihm selbst, reaktiviert und mit seinen alten Kumpels mehrere Platten veröffentlicht und hoch gelobte Live-Performances abgeliefert. Möge das so weitergehen!
Bei unserem Streifzug durch die Livemusikszene der US-Südstaaten treffen wir nun den texanischen Singer/Songwriter *Robert Earl Keen*. 1956 in Houston geboren in einer wohlhabenden Familie – der Vater war im Ölgeschäft tätig, die Mutter Anwältin – gilt *Keen* als einer der *„wesentlichen Wegbereiter und Repräsentanten der sich gegenüber dem Nashville-Mainstream abgrenzenden Alternative-Country-Richtung"*[97], wie Wikipedia zu berichten weiß. Seine von materiellen Sorgen freie Jugend brachte ihn zum Schreiben von Gedichten; während seines Journalistikstudiums nach der High-School griff er zur Gitarre und vertonte seine Texte, und spätestens die Bekanntschaft mit dem Songschreiber *Lyle Lovett* stellte dann die Weichen für seine eigene Karriere. 1984 erschien beim Independent-Label *Shugar Hill Records* seine Debüt-Platte, 1988 gefolgt von einer ersten Live-LP. Seither gibt es alle paar Jahre eine neue Veröffentlichung des Texaners, dessen Leben abseits von Studio und Bühne eher unauffällig zu verlaufen scheint – er macht weder durch Alkohol- und Drogenexzesse oder familiäre Desaster von sich reden. Dafür genießt seine Musik in Fach- und Fan-Kreisen bis heute hohes Ansehen. Das Online-Musikmagazin *rocktimes.de* charakterisierte den Texaner so: *„Auf dem Fundus von*

---

[97] https://de.wikipedia.org/wiki/Robert_Earl_Keen.

Country aufbauend, perfektioniert er in langer Erfahrung einen Stilmix, in dem man Folk, Bluegrass und ja – auch Rockelemente – wie selbstverständlich findet." [98]

Dieses breite Spektrum lässt sich bei den beiden Songs gut nachvollziehen, die ich ausgewählt habe: Zunächst der fröhliche Country-Song „I'm Going To Town", mit dem er häufig seine Konzerte eröffnet, und danach das folkig-lyrische „I'm Comin' Home" im Singer/Songwriter-Stil. Beide Titel finden sich auf dem 1997 erschienenen Livealbum „No. 2 Live Dinner", das zwanzig Jahre später von *Dual Tone* noch einmal in einer Neupressung auf rotem Vinyl veröffentlicht worden ist.

Robert Earl Keen: I'm Going To Town / I'm Comin' Home

Konnte ich bei *Robert Earl Keen* noch darauf verweisen, dass sein Leben ohne größere Dramatik verlaufen ist und hoffentlich noch lange dauert, ist beim folgenden Protagonisten der texanischen Szene das Gegenteil der Fall: *Townes Van Zandt*. Er darf als einer der großen Unbekannten gelten, den weder das Rock- noch das Country-Lexikon hierzulande auf dem Schirm hatten; immerhin hat Wikipedia die Informationslücke über den 1944 im texanischen Fort Worth geborenen Wegbereiter des Alternative Country einigermaßen gefüllt. Auch er entstammt einer wohlhabenden texanischen Öl-Dynastie, galt aber schon in der Jugend als introvertierter Außenseiter, auch wenn er aktiv American Football, Baseball und sogar Wrestling betrieb. Dem standen früher Alkohol- und Drogenkonsum sowie psychische Behandlungen wegen suizidaler Neigungen gegenüber.

Mit neun Jahren hatte er begonnen, Gitarre zu spielen; während seines Jurastudiums in Houston folgten erste Auftritte in kleinen Klubs. Als Orientierung nannte er selbst *Hank Williams, Bob Dylan* und *Lightnin' Hopkins*. Die ab 1968 erscheinenden eigenen LPs fanden bestenfalls lokale Beachtung.

Er freundete sich mit *Steve Earle* an, zog sich ansonsten aber weitgehend aus der Öffentlichkeit zurück, von gelegentlichen Plattenveröffentlichungen und Konzerten abgesehen, die ihm aufgrund der lyrischen Qualität seiner Texte, die tief in seine Seele blicken ließen, immerhin einen Insider-Kult-Status verschafften. Zudem galt er als Meister der kleinen, intimen Auftritte, bei denen oft die Storys,

---

[98] zitiert nach Ebenda.

mit denen er seine Songs anmoderierte, mehr Raum einnahmen als diese selbst. Alkohol und Drogen waren seine steten Begleiter; ein tragisches Ende war da abzusehen: *Townes Van Zandt* wurde nur 52 Jahre alt. Er erlag am Neujahrsmorgen 1997 einem Herzinfarkt – auf den Tag genau 44 Jahre nach dem Tod seines Idols *Hank Williams*.
Im Herbst 1996 war *Townes Van Zandt* noch zu Klubkonzerten in Europa unterwegs gewesen und spielte auch im halleschen *Objekt 5*, wo ich wenige Meter vor ihm im Publikum stand – auch dieses Mal war er schon zu Konzertbeginn ziemlich betrunken und wirkte irgendwie abwesend, und mir war – ehrlich gesagt – nicht bewusst, dass ich an diesem Abend dem Abgesang einer tragischen Legende beiwohnen durfte.
Besser lief es offensichtlich bei einem Auftritt im *Down House* von Johnson City in Tennessee, den *Townes Van Zandt* am 18. April 1985 absolvierte. Ein Mitschnitt des Konzerts wurde 2016 bei DOL veröffentlicht. Daraus habe ich „Mr. Gold & Mr. Mud", „If I Needed You" und "To Live Is To Fly" ausgewählt. Leider überliefern die Credits auf dem Plattencover nicht, wer den Sänger an diesem Abend auf der Flöte begleitet hat – auf jeden Fall unterstützt deren Klang absolut stimmig die melancholische Grundfärbung der Songs.

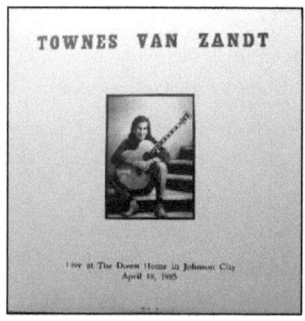

Townes Van Zandt: Mr. Gold & Mr. Mud / If I Needed You / To Live Is To Fly

Und auch der letzte Künstler, den ich heute präsentiere, hat sich früh in den Musikerhimmel verabschiedet: *Stevie Ray Vaughan*. 1954 in Dallas geboren, war auch er waschechter Texaner, der allerdings nicht die regional vorgezeichneten Country-Pfade einschlug, sondern sich dem elektrifizierten Blues in der Nachfolge eines *Jimi Hendrix* verschrieb, woran neben seinen *King*-Vorbildern *Albert, B.B.* und *Freddie* sicher auch sein drei Jahre älterer Bruder *Jimmie Vaughan*, der die straighte Leadgitarre bei den *Fabulous Thunderbirds* spielte, seinen Anteil hatte.
An gitarristischem Ruhm allerdings überholte *Stevie Ray* seinen Bruder schon bald – in den frühen 80er Jahren galt er mit seiner Band *Double Trouble* als die große weiße Hoffnung des Blues, wenn auch Kritiker bemängelten, sein Blues käme eher

aus den Fingern als aus dem Herzen [99]. Immerhin führt ihn der *Rolling Stone* auf Rang 12 der hundert weltbesten Gitarristen aller Zeiten!

Mitte der 80er unternahm er einige Ausflüge in den Jazz, die eher den Fachleuten als dem Publikum gefielen; hinzu kamen die für die Szene fast obligatorischen Alkohol- und Drogenexzesse. Dennoch gelang ihm 1986 mit seiner Band *Double Trouble* und „Live Alive" eines der wohl bedeutendsten Konzertalben der 1980er Jahre. Sein vielleicht bestes Studioalbum, mit dem er zu seinen Blueswurzeln zurückfand, erschien dann 1989 unter dem Titel „In Step". Wer weiß, wie es weitergegangen wäre mit dem extrovertierten und auch modisch stets extravaganten Genie, wenn nicht der Hubschrauber, der ihn am 27. August 1990 von einem gemeinsamen Auftritt mit *Eric Clapton, Robert Cray* und *Buddy Guy* zum nächsten Konzert in Chicago bringen sollte, im dichten Nebel gegen einen Berg geprallt wäre – *Stevie Ray Vaughan* starb dabei im Alter von nur 35 Jahren.

Ich erinnere an ihn mal nicht mit seinem berühmten und bekannten „Live-Alive"-Album, sondern mit einer Veröffentlichung, die erst 2019 von *Radio LoopLoop* in England veröffentlicht wurde – das Doppelalbum enthält Konzertaufnahmen vom Herbst 1989 aus Albuquerque und Denver, wobei neben der Double-Trouble-Besatzung *Reese Wynans* an den Keyboards, *Tommy Shannon* am Bass und *Chris Layton* am Schlagzeug auch noch die jüngst verstorbene Gitarrenlegende *Jeff Beck* als Gast mitwirkte.

Daraus jetzt mit „Texas Flood" ein Blues, den der Texaner *Larry Davis* 1958 auf einer Single veröffentlicht hatte und der auch auf dem „Live Alive"-Album von *Stevie Ray Vaughan* aus dem Jahr 1986 enthalten ist – wer diese Fassung kennt, wird erstaunt sein über das Tempo, das er drei Jahre später anschlägt – das sind ja mindestens zehn Beats per Minute mehr auf dem Tacho! Und wenn die Zeit noch reicht, gibt's zum Ausklang ein paar Takte des *Hendrix*-Covers „Voodoo Child", das stets zum Liveset der *Double-Trouble*-Konzerte gehörte.

Damit endet meine musikalische Reise durch den staubtrockenen Süden der USA. In den nächsten LiveRillen werde ich mich ganz dem Schlagzeug widmen auf den Spuren von *Pete Yorck,* der nicht nur als Drummer der legendären *Spencer-Davis-Group* von sich reden machte, sondern auch mit seinen *Super-Drumming*-Aktivitäten dafür sorgte, dass die Rhythmusgeber der Rockmusik gebührend ins Rampenlicht gerückt wurden.

---

[99] Vgl. RL, Band 2, S. 961.

Stevie Ray Vaughan: Texas Flood / Voodoo Child

Quellen:

- Johnny Cash: Konzerts v praze (Live in Prag), LP, CBS/Supraphon, 1983
- Eric Clapton And Guests: Crossroads Revisited / Selections From The Crossroads Guitar Festivals, 6-LP-Set, RHINO/Reprise Records/Duck Records, 2019 (> Willie Nelson)
- Lee Clayton: Another Night, LP, Provogue, 1989
- The Joe Ely Band: Live Shots, LP (+ Single), MCA/South Coast Records, 1980
- Joe Ely: Live At Liberty Lunch, LP, MCA, 1990
- Robert Earl Keen: No. 2 Live Dinner, Do.-LP, Dualtone, 2017
- Kris Kristofferson: Live At Gilley's – Pasadena, TX, LP, New West Records, 2022
- Willie Nelson: I Gotta Get Drunk / Live, LP, RCA, 1976
- Willie Nelson: Willie And Family Live, Do.-LP, CBS, 1978
- Steve Ray Vaughan: Live in Albuquerque & in Denver, Radio Looploop, 2019
- Hank Williams: On Stage | Recorded Live (1949), MGM Records, o. J.
- Hank Williams Jr.: Live At Cobo Hall Detroit, LP, MGM Records, o. J.
- Hank Williams Jr.: Hank Live, LP, Warner, 1987
- Townes Van Zandt: Live At The Down Home in Johnson City (1985), LP, DOL, 2016

No. 61: Superdrumming – der Herzschlag des Rock
April 2023

Mit dieser LiveRille startet die Sendereihe nun in ihr sechstes Jahr auf Radio Corax. Schön, dass ihr – nach wie vor oder auch zum ersten Mal – dabei seid. Die heutige Ausgabe ist einem britischen Musiker und vor allem seinem Instrument gewidmet: dem Schlagzeug. Und dass *sein* Name in der 2016 vom Musikmagazin *Rolling Stone* veröffentlichten Liste der hundert weltbesten Schlagzeuger nicht aufgeführt wird, ist in meinen Augen ein kleiner Skandal, aber nun ja – wie misst man eigentlich musikalische Qualitäten? Vielleicht haben ihn die mit dieser Zusammenstellung betrauten Experten in Übersee ein wenig aus den Augen verloren, als er 1984 aus England nach Deutschland umgezogen ist, wo er zunächst mit seiner Frau, die er zehn Jahre zuvor bei einem Auftritt in München kennengelernt hatte, lange am Starnberger See wohnte, bevor er jüngst nach Bad Tölz umgezogen ist. Auch seine zahlreichen musikalischen Aktivitäten sind hierzulande möglicherweise besser bekannt als jenseits des großen Teiches – die Rede ist von *Pete York,* dem inzwischen 80jährigen einstigen Drummer jener legendären Band, die der studierte Deutschlehrer und Freizeitmusiker *Spencer Davis* 1964 unter eigenem Namen ins Leben gerufen hatte. Gemeinsam mit Keyboarder *Steve Winwood,* der schon als 17jähriger über eine reife Bluesrock-Röhre verfügte, und dessen älterem Bruder *Muff Winwood* am Bass stellten sich mit „Keep On Running", „Somebody Help Me", I'm A Man" oder „Gimme Some Lovin'" Hits am Fließband ein, bevor 1967 mit dem Ausstieg von *Steve Winwood*, der seine eigene Band *Traffic* gründete, eine einschneidende Zäsur erfolgte. Die neue Besetzung der *Spencer Davis Group* mit *Eddie Hardin* an der Orgel und *Ray Fenwick* am Bass konnte nicht an die alten Erfolge anknüpfen, und so machten sich *Pete York* und *Eddie Hardin* bald als experimentelles Orgel/Schlagzeug-Duo selbstständig. Doch ich will nicht vorgreifen – also der Reihe nach…

Geboren wurde *Peter York* im August 1942 in Middlesbrough in der britischen Grafschaft North Yorkshire. Mit sieben, acht Jahren begann er, wie auf seiner Website [100] zu lesen ist, auf einer Spielzeugtrommel und den Kochtöpfen seiner Mutter zu spielen, während er im Radio amerikanischen Jazz hörte. Als Schüler spielte er Schlagzeug im Schulorchester, und mit 18 stand fest, dass Musik sein Lebensinhalt sein würde. Er ging nach Birmingham und spielte in der dortigen

---

[100] http://www.peteyork.com/biography/.

Musikszene alles von Dixieland bis Modern Jazz, bevor er vier Jahre später mit den bereits genannten Musikern der regionalen Szene zum Mitbegründer der *Spencer Davis Group* wurde. Leider sind aus ihrer besten Phase keinerlei Liveaufnahmen auf Vinyl erhalten geblieben.

Um dennoch an ihre große Zeit zu erinnern, greife ich zu einer Platte, die am 1. Oktober 1984 bei einem Konzert im kleinen Jazzclub Arche in Freiburg-Waldkirch aufgenommen wurde. *Pete York*, zu dessen Haupteigenschaften seine freundliche Kollegialität gehört, hatte dazu neben *Spencer Davis* den virtuosen Bassisten *Colin Hodgkinson* aus dem Dunstkreis von *Alexis Korner* eingeladen, der bereits bei diversen *Spencer-Davis*-Projekten der 1970er Jahre mitgemischt hatte. So sind denn diese Liveaufnahmen der frühen Erfolge auch ganz wesentlich von seinem druckvollen Bass-Akkordspiel und seiner Fingerfertigkeit geprägt; die sparsame Besetzung lässt aber auch *Pete York* viel Raum für seine rhythmischen Kapriolen, während *Davis'* Gitarre doch eher nur eine Füllfunktion besitzt. Zudem bewährt sich *Pete York,* der zu dieser Zeit ja seinen Hauptwohnsitz nach Deutschland verlagert hatte, als launiger Moderator, was dem Publikum ganz offensichtlich viel Freude bereitete. Hier zunächst zwei Stücke von dieser „Live Together" betitelten Platte, die beim kleinen deutschen *Rimpo*-Label erschienen ist:

„Keep On Running" sowie die *Hodgkinson*-Version von *Robert Johnsons* „Walking Blues": *Pete York* am Schlagzeug mit seinen langjährigen Freunden *Colin Hodgkinson* am Bass sowie *Spencer Davis*, der im Jahr 2020 verstorben ist.

Pete York/Spencer Davis/Colin Hodgkinson: Keep On Running / Walking Blues

Ohne *Steve Winwood,* der im nächsten Monat seinen 75. Geburtstag feiern kann und dessen Karriere nach der *Spencer-Davis*-Zeit mit *Traffic* und *Blind Faith* sowie als Solist eine grandiose Fortsetzung fand, hätte *Spencer Davis* „*nicht einen einzigen erinnerungswürdigen Song gehabt*"[101], urteilt *Siegfried Schmidt-Joos* in seinem Rocklexikon. Tatsächlich waren es vor allem *Winwoods* raue Stimme und sein rotziges Orgelspiel, was Stücken wie „Somebody Help Me" oder „Gimme Some Lovin'" ihren unverwechselbaren Charakter verliehen.

---

[101] RL, Band 1, S.251.

Das versucht die Trio-Besetzung *Davis/York/Hodgkinson* auf dieser „Live Together"-LP glücklicherweise gar nicht erst zu kopieren. Bei ihrem fröhlichen Zusammenspiel entsteht zwangsläufig eine andere, extrem lockere Atmosphäre, die aber auch Spaß macht, wenn man sich darauf einlässt und den Originalsound einfach mal aus dem Hinterkopf ausblendet. Das schlage ich auch für die beiden bereits genannten Rockklassiker der 1960er Jahre vor – hier sind „Somebody Help Me" und „Gimme Some Lovin'".

Pete York/Spencer Davis/Colin Hodgkinson: Somebody Help Me / Gimme Some Lovin'

Songs, die mehr als ein halbes Jahrhundert auf dem Buckel haben und doch nicht verstauben, gerade wenn man nicht sklavisch versucht, den Originalsound zu kopieren, sondern – wie hier das Trio *York, Davis* und *Hodgkinson* – frisch, fröhlich und frei damit umgeht. Liveaufnahmen aus dem Jahr 1984 waren das, und in dieser Besetzung war das Trio noch mehrfach unterwegs, sodass ich es kurz nach dem Mauerfall auch hier in Halle auf der Bühne des *CAPITOL* erleben durfte. Sprung zurück in die späten 1960er Jahre: Ich erwähnte bereits, dass *Pete York* zu dieser Zeit mit dem *Steve-Winwood*-Ersatz *Eddy Hardin* an den Tasten ein durchaus ungewöhnliches Duo bildete, das in den frühen Siebzigern als einer der größten Rock-Acts in Europa galt und oft gemeinsam mit *Deep Purple* konzertierte. Seit dieser Zeit verbindet *Pete York* eine herzliche und nicht nur aufs Musikalische beschränkte Freundschaft mit dem *Deep-Purple*-Drummer *Ian Paice* und dem leider schon verstorbenen Keyboarder *Jon Lord*.
Hardin und *York* wurden von den Medien als kleinste Bigband der Welt gefeiert, die einen erstaunlich kompakten, voluminösen Sound auf die Bühne brachte, und nutzten dieses griffige Etikett gern auch selbst, beispielsweise als Titel einer Liveplatte, zu der ich gleich komme. Zudem profilierte sich *Edward „Eddie" Hardin* als origineller Komponist und Arrangeur, er schrieb unter anderem für die *Allman Brothers* und *Deep Purple,* aber auch Chansons für *Sascha Distel* oder *Nana Mouskouri*. Das Duo mit *Pete York* bildete dennoch eine gewisse Konstante im ansonsten bewegten musikalischen Leben von *Eddie Hardin,* der seine Projekte aber auch mit gestandenen Größen wir *John Entwistle* von *The Who, Phil Manzanera* von *Roxy Music* oder *Chris Thompson* von der *Manfred Mann's Earth Band* realisierte. Noch im Frühjahr 2015 war er mit seinem alten Kumpel *Spencer Davis* in Deutschland auf Tour gewesen; im Sommer desselben Jahres erlitt *Eddie Hardin* beim Schwimmen in seinem Pool einen Herzinfarkt, den er nicht überlebte.

Von der 1970 bei BELL erschienenen *Hardin&York*-LP „The World's Smallest Big Band", das die beiden live in den *De Lane Studios* im Londoner Stadtteil Soho vor kleinem Publikum eingespielt haben, spiele ich das Instrumental „The Pike", bei dem *Pete York* bestens nachweisen kann, dass die Einschätzung von *Siegfried Schmidt-Joos*, er habe sich „*von einem ungeschlacht-emotionalen Schlagzeuger zum Trommel-Techniker mit besonderem Talent für differenzierte Becken-Sounds*"[102] entwickelt, absolut berechtigt ist. Anschließend noch ein Rock & Roll Medley aus „Jailhouse Rock", dem „Mean Woman Blues" und „Rip It Up!", bei dem *Eddie Hardin* neben seinem wuchtigen Orgelspiel auch seine gesanglichen Qualitäten unter Beweis stellt. Und so huldigen *Pete York* und *Eddie Hardin* als Duo aus Schlagzeug und Orgel ganz ohne Gitarren dem Rock'n'Roll – das ist schon eine ungewöhnliche und originelle Interpretation der einst durch *Elvis Presley* und *Little Richard* bekanntgewordenen Klassiker.

Hardin & York: The Pike / Rock & Roll Medley

Dass *Pete York* schon als Jugendlicher auch dem Jazz in seinen unterschiedlichen Spielarten gegenüber offen war, habe ich bereits erwähnt. Diese alte Liebe wärmte er – das klingt schon etwas kurios – ausgerechnet in Deutschland wieder auf, wohin ihn die neue Liebe nun häufig lockte, seit er 1974 nach einem Konzert in München *Mecky Meeder* kennengelernt hatte – 1977 heirateten beide, zwei Jahre später wurde ihre Tochter Stephanie geboren.
Andererseits zeigt sich in der nun folgenden intensiven Zusammenarbeit mit zahlreichen Jazzgrößen, welchen hohen Stellenwert die deutsche Jazzszene in den 1970er Jahren weltweit besaß. An erster Stelle zu nennen ist da sicher der Saxofonist und Bandleader *Klaus Doldiger,* der in Kürze seines 87. Geburtstag feiern wird und dessen Band *Passport*, in der Hochkaräter wie der Bassist *Wolfgang Schmid*, *Curt Cress* am Schlagzeug und *Kristian Schultze* an den Tasteninstrumenten spielten, mit ihrem hochklassigem Fusion-Jazz für Furore sorgte.
Zu seinem 20jährigen Bühnenjubiläum hatte *Doldinger* im Oktober 1973 zu zwei Konzerten in Düsseldorf und Hamburg eingeladen; das Rolling-Stones-Mobilstudio war glücklicherweise vor Ort, und so konnten diese durch zahlreiche Gäste angereicherten Sternstunden des modernen Jazz der Nachwelt als

---

[102] RL, Band 1, S. 396.

Mitschnitt erhalten bleiben. Zu den Stars, die *Doldinger* auf die Bühne bat, zählte neben den Gitarristen *Alexis Korner* und *Volker Kriegel,* dem Saxofonisten *Johnny Griffin* und dem britischen Orgelvirtuosen *Brian Auger* eben auch *Pete York*, der gemeinsam mit dem angestammten *Passport*-Drummer *Curt Cress* die rhythmisch-perkussive Basis für das furiose und zugleich so differenzierte Feuerwerk schuf, das in jeweils ganz unterschiedlicher Besetzung auf *Doldingers* Geburtstagsparty entfacht wurde. Daraus zunächst zwei Stücke – „Freedom Jazz Dance" ist eine Komposition des schwarzen US-amerikanischen Jazzers *Eddie Harris,* hier ausgesprochen funky dargeboten im Quartett, das aus *Brian Auger* an der Orgel, *Wolfgang Schmid* am Bass und den beiden Drummern *Curt Cress* und *Pete York* bestand.

Siegfried Schmidt-Joos, der den Text im Klappcover der LP beisteuerte, hebt besonders den Schluss hervor, der *„nach einem intelligenten Schlagzeug-Dialog zwischen Cress und York wieder so überraschend (käme), daß er einen von der Musik angetörnten Zuhörer in vollem Flug unweigerlich aus dem Cockpit schleudert"* – also, Freunde, bitte gut festhalten! Danach das Blues-Traditional „Rock Me Baby" im Arrangement von *Alexis Korner,* der den Titel auch singt und der ihn nach *Schmidt-Joos'* Meinung *„noch nie so packend dargeboten (habe) wie in dieser Allstar-Umgebung".*

Doldinger – selbst eigentlich kein Blues-Fan – steuert immerhin einen schlichten Saxofon-Chorus bei, und *Pete York* sitzt wiederum als Taktgeber am Schlagzeug.

Doldinger: Freedom Jazz Dance / Rock Me Baby

Dem Jazz blieb *York* auch in der Folgezeit verbunden, so etwa 1975 auf einer gemeinsamen Tour mit *Doldinger;* später war er unter anderem mit *Chris Barber,* dem *Duke-Ellington-Orchester* sowie in verschiedenen Jazz-Allstar-Besetzungen aktiv. Im Gegensatz zu anderen Schlagzeugern, die sich an einem extensiven Drum-Set mit doppelter Bassdrum, drei Hängetoms, zwei Standtoms, dazu noch an Steeldrum, Bongos und einer ganzen Kaskade Messing verausgaben, blieb *Pete York* bis heute diesbezüglich eher Minimalist – aus der Konfiguration Bassdrum, Hängetom, Standtom und Snare des Schlagzeugbauers Pearl sowie Hi-Hat, drei Becken und einem Splash-Becken holt er das Maximale heraus. Dabei ist seine stilistische Bandbreite, die er sich im Laufe seines langen und erfolgreichen Musikerlebens erarbeitet hat, schon beeindruckend.

Gleich noch ein überzeugendes Beispiel für seine Herkunft aus der Rockwelt der Vier-Viertel-Takts, die dennoch im Zusammenspiel mit *Curt Cress* eine höchst differenzierte Gestaltung erfährt. Übrigens auch eine höchst interessante Figur, dieser inzwischen 70jährige Hesse, der wohl Deutschlands erfolgreichster Schlagzeuger überhaupt sein dürfte – er sei an rund 12.000 Musikaufnahmen beteiligt und auf mindestens 400 Millionen verkaufter Tonträger zu hören, weiß Wikipedia [103] zu berichten, und ist mit seiner Medienproduktions-Holding bis heute im Musik-, Film- und Fernsehgeschäft höchst aktiv. Zu seinen wichtigsten Stationen zählt natürlich *Passport,* jenes 1971 von *Klaus Doldinger* gegründete Allstar-Ensemble des deutschen Jazzrock, das international durchaus in einer Liga mit *Joe Zawinuls Weather Report* oder *Chick Coreas Return To Forever* mitmischen konnte. Nachdem im Gründungsjahr der seinerzeit noch unbekannte *Udo Lindenberg* am Schlagzeug saß, übernahm 1973 *Curt Cress* den Rhythmuspart und behielt ihn über zehn Jahre hinweg inne. In mehrfach veränderter Besetzung existiert *Passport* aber bis heute.

Hier noch ein Ausschnitt aus dem Konzert zu *Doldingers* Bühnenjubiläum: „Rockport" heißt das Stück, bei dem *Curt Cress* und *Pete York* gemeinsam als sich kongenial ergänzende Schlagzeuger zu hören sind.

Dramaturgisch gekonnt, wie das rockige Riff, das *Doldingers* Komposition zugrunde liegt, im Mittelteil von *Kristian Schultzes* Mellotron besänftigt wird, ehe es im *Hafen des Rock* zum furiosen Showdown der Instrumentalisten kommt – das reißt einen doch regelrecht vom Hocker!

Doldinger: Rockport

Die Kontakte, die *Pete York* über *Klaus Doldinger* und seine Musikerfreunde knüpfen konnte, sorgten dafür, dass der freundliche Brite, den man auf Fotos zumeist entspannt lächeln sieht, auch nach seiner Übersiedlung nach Deutschland nicht über Mangel an Arbeit klagen konnte. Vor allem jazzige Projekte reizten ihn, der dereinst zwar im klaren Vier-Viertel-Beat der 1960er Jahre unterwegs gewesen war, seinen musikalischen Horizont aber längst erweitert hatte. So stand er in Verbindung mit dem *United Jazz + Rock Ensemble,* das seit 1977 führende Musiker aus Europa in mitreißenden Fusion-Projekten vereinte und in dem unter anderem *Wolfgang Dauner* am Piano und *Charlie Mariano* am Saxofon aktiv waren. Diese wiederum rekrutierte der bayrische Song-Anarchist *Konstantin Wecker* nach dem Aus seines früheren *Teams Musikon* Mitte der 1980er Jahre als neue Begleitband,

---

[103] Vgl. https://de.wikipedia.org/wiki/Curt_Cress.

ergänzt durch den bereits erwähnten *Colin Hodgkinson* am Bass, und wo der auftauchte, war auch *Pete York* nicht weit, zumal er ja jetzt sozusagen bei *Wecker* gleich nebenan wohnte.
1986/87 war man dann gemeinsam auf Tour, und mit diesen phantastischen Musikern, zu denen noch *Frank Diez* an der Gitarre, *Johannes Faber* an Trompete und Flügelhorn sowie *Christof Lauer* am Tenorsaxofon gehörten, erreichten die Weckerschen Tongemälde noch einmal eine ganz neue künstlerische Qualitätsstufe, wie ich finde. Eindrucksvoll stellt das die 1987 bei Polydor erschienene Live-Platte „Wieder dahoam in Wien und Graz" unter Beweis.
Daraus jetzt zwei Stücke, die in ihrer epischen Anlage auch entsprechenden Freiraum für die solistischen Qualitäten der beteiligten Musiker bieten: „Fangt mi wirklich koaner auf" und „Lass mi wieder falln". Und wir achten beim Zuhören mal besonders auf das sensible Schlagzeugspiel von *Pete York,* das eben nicht nur den Takt setzt, sondern in manchen Passagen eine geradezu dialogische Funktion in der Kommunikation mit den anderen Instrumentalisten erhält.

Konstantin Wecker: Fangt mi wirklich koaner auf / Lass mi wieder falln

Inzwischen hat der Brite an der Seite seiner deutschen Frau auch fleißig deren Muttersprache gelernt, sodass er nicht nur im Alltag kommunizieren, sondern auch launig moderieren kann. *„Durch eine zufällige Begegnung mit TV-Regisseur Michael Maschke"* – so liest es sich in *Pete Yorks* Biografie auf seiner Website – *„kam es zu Gesprächen über diverse TV-Projekte und die Idee zu ‚Superdrumming' war geboren."* [104] Eine Sendung, die wohl weltweit ihresgleichen sucht, denn wo sonst darf ein Rock- und Jazz-Drummer prominente Berufskollegen ins Sendestudio einladen, sie befragen und mit ihnen auch noch gemeinsam und live musizieren? Dieses Wagnis ging die ARD sehr wohl ein, und zwischen 1987 und 1990 flimmerten drei Staffeln der Sendereihe über den Bildschirm – ganz großes Kino für alle Fans der populären Musik, denn ihnen wurde mit *Simon Philipps, Cozy Powell, Ian Paice, Nippy Noya, Billy Cobham, Zak Starkey, Bill Bruford, John Hiseman* oder *Herman Rarebell* wirklich die *Créme de la Créme* der internationalen Schlagzeug-Zunft ins Wohnzimmer gebracht. Und auch die Studio-Band, mit der hier

---

[104] http://www.peteyork.com/biography/.

getrommelt wurde, war mit dem unvermeidlichen *Colin Hodgkinson,* mit *Brian Auger* und *Wolfgang Schmid* oder *Barbara Thompson* und *Eddie Hardin* jeweils hochkarätig besetzt – es macht sich eben bezahlt, wenn man – wie *Pete York* – in der Szene nicht nur gut vernetzt, sondern einfach auch beliebt ist.

Sowohl die Sendungen selbst als auch die auf mehreren LPs veröffentlichten Mitschnitte haben nur einen einzigen Nachteil: Alles passierte live vor laufenden Kameras, aber leider ohne Publikum! So muss ich also in der letzten halben Stunde dieser LiveRillen Aufnahmen vorstellen, die den Anspruch meiner Sendung, nur Live-Gespieltes von Vinyl zu präsentieren, sehr wohl erfüllen, auch wenn zu Beginn und am Schluss der Stücke ungewohnte Stille herrscht. Sei's drum – die illustre Musikerschar, die dort zugange war, ist es allemal wert, dass wir ihr aufmerksam lauschen.

Ausschnitte aus den im Februar 1987 in der ehemaligen Pfarrkirche von Staig, einer kleinen Gemeinde in Baden-Württemberg, aufgenommenen Sessions der ersten Superdrumming-Staffel sind im selben Jahr unter der Lizenz von BMG beim Label *GLOBAL Records* als Doppelalbum erschienen. Daraus spiele ich drei ganz unterschiedliche Stücke: In „Collapso, Calypso" – einer Komposition des Bassisten *Wolfgang Schmid* – präsentiert *Pete York* den Perkussionisten *Nippy Noya,* der 1946 als Sohn eines japanischen Taiko-Schlagzeugers in Indonesien geboren wurde und als einer der weltweit besten Bongo-Spieler gilt. Seit 1968 lebt er in Europa, vor allem in den Niederlanden, aber von dort ist es ja nicht weit bis Deutschland, sodass er auch hierzulande mit zahlreichen Jazzern und Rockern zusammengespielt hat. Die Liste reicht von *Peter Herbolzheimer* und *Volker Kriegel* über *Udo Lindenberg* und *Peter Maffay* bis zu *Herbert Grönemeyer, Ulla Meinecke* oder – ja, tatsächlich! – der *Kelly-Family.*

Danach kommt *Deep-Purple*-Drummer *Ian Paice,* ein enger Freund von *Pete York,* mit dem flotten „Ian's Shuffle" zum Zuge – auch diese Komposition stammt von *Wolfgang Schmid.* Und schließlich wird's richtig rockig: „Dance With The Devil" mit

Cozy Powell, dem leider schon 1998 verstorbene britische Hardrock-Drummer, der unter anderem mit *Jeff Beck, Gary Moore* und *Peter Green* sowie bei den *Deep-Purple*-Ablegern *Rainbow* und *Whitesnake* getrommelt hat. Das Instrumental war 1973 übrigens ein echter Hit für *Cozy Powell* gewesen: Platz 3 in Großbritannien, Platz 4 in den deutschen Charts.

Superdrumming 1: Collapso, Calypso / Ian's Shuffle / Dance with The Devil

1990 erschien dann eine weitere Superdrumming-LP mit Ausschnitten der zweiten Staffel; nach der Staiger Kirche war der Aufnahmeort nun die Völklinger Hütte, ein erst kurz zuvor stillgelegtes Stahlwerk im Saarland. Zu Gast waren unter anderem *Ringo Starrs* Sohn *Zak Starkey*, der britische Folkrock-Drummer *Dave Mattacks* von *Fairport Convention*, sein Landsmann *Bill Bruford*, der bei diversen Progressive-Rock-Acts wie *Yes, King Crimson, Jethro Tull* oder *Genesis* mitgewirkt hat, und *Nicko McBrain*, der seit 1982 bei *Iron Maiden* den Heavy-Metal-Pulsschlag vorgab. In der R&B-Begleitband war diesmal sogar *Deep-Purple*-Mitbegründer *Jon Lord* an der Hammond-Orgel dabei.

Aus dieser Platte habe ich ein Medley ausgewählt, das noch einmal zum Ursprung der Sendung und damit auch der Musik von *Pete York* zurückführt: Mit „Gimme Some Lovin'" und „I'm A Man" hören wir zwei Klassiker der großen *Spencer-Davis-Zeit*, hier gesungen von *Eddie Hardin* und dem Gitarristen *Miller Anderson*. Am Schlagzeug sitzt natürlich auch *Pete York*, und neben ihm mit dem 23 Jahre jüngeren *Zak Starkey* ein versierter Vertreter der Söhne-Generation. Der hatte sich schon als Zehnjähriger durch *Keith Moon* von *The Who* fürs Schlagzeugspiel inspirieren lassen, nicht ahnend, dass er 1996 selbst den Platz des an seinem Drogenmissbrauch verstorbenen *Who*-Drummers einnehmen würde. Heute ist *Zak Starkey*, inzwischen 57, ein gefragter Tour- und Studio-Drummer, der übrigens auch passabel Gitarre spielen kann.

Superdrumming II: Gimme Some Lovin' / I'm A Man

Unbedingt noch erwähnt werden soll (was Eingeweihte sicher wissen), dass *Pete York* gemeinsam mit dem US-amerikanischen Kontrabassisten *Jimmy Woode* in dem genial-komischen Kinofilm „Jazzclub – der frühe Vogel fängt den Wurm" des Kult-Kabarettisten und passionierten Jazzers *Helge Schneider* mitwirkt und auch nach *Woodes* Tod 2005 immer wieder mit dem Meister der absurden Improvisation gemeinsame Sache gemacht hat.

Die nächste LiveRille gibt's im Wonnemonat Mai unter dem Motto: *4 Way Street*. Und bei dem Stichwort fällt einem natürlich das legendäre Konzert-Album von *Crosby, Stills, Nash & Young* ein, das 1970 unter eben diesem Namen die vierspurige Straße beschwor, auf der die vier Individualisten zumindest zeitweise gemeinsam voranschritten und dabei großartige Livemomente geschaffen haben. Der kürzliche Tod von *David Crosby* ist mir Anlass, auf das musikalische Schaffen aller vier einzugehen – nicht nur im gemeinsamen Quartett, sondern auch bei diversen anderen Gelegenheiten – freut euch drauf!

Zum Abschluss für heute gibt's noch ein instrumentales Schmeckerchen in Kleinstbesetzung: *Pete York* begleitet am Schlagzeug feinfühlig die beiden Bassisten *Colin Hodgkinson* und *Wolfgang Schmid,* die den „Old Man River", den wohl bekanntesten Song aus dem *Jerome-Kern*-Musical „Show Boat", auf eine zuvor wahrscheinlich nie gehörte Weise interpretieren – auch das ein Ausschnitt aus der zweiten Superdrumming-Session der *ARD* aus dem Jahr 1988…

Superdrumming II: Old Man River

Quellen:

- Klaus Doldinger & Passport: Doldinger Jubilee Concert, LP, WEA/Atlantic, 1974
- Hardin & York: The World's Smallest Bigband, LP, BELL/CBS, 1970
- Konstantin Wecker & Die Band: Live In Austria, Do.-LP, Polydor, 1987
- Pete York presents: Spencer Davis/Colin Hodgkinson – Live Together, LP, Rimpo/in-akustik, 1985
- Pete York Presents: Super Drumming, Do.-LP, BMG Ariola, 1987
- Pete York Presents: Super Drumming, Volume II, LP, BMG Ariola, 1990

No. 62: Unterwegs auf der vierspurigen Straße: Crosby, Stills, Nash & Young
Mai 2023

Der Mai ist gekommen, liebe Freundinnen und Freunde, und ich lade ein zu einer entsprechend poesievollen Doppelstunde unter dem Motto „4Way Street". Seit vor nunmehr reichlich fünfzig Jahren (1970) ein gleichnamiges Konzertalbum erschienen ist, steht die Metapher der vierspurigen Straße in der Historie der populären Musik für den zumindest zeitweise gemeinsamen Weg von vier herausragenden Individualisten des akustischen Folkrock: *David Crosby, Stephen Stills, Graham Nash* und *Neil Young.*

Ihr durchschlagender Erfolg seinerzeit ist aus mehreren Gründen erklärbar. Zum einen waren sie keineswegs neu in der Szene, sondern hatten sich in diversen Vorläuferprojekten bereits reichlich Sporen verdient – dazu gleich mehr. Zudem nutzten sie die Gunst der Stunde, um die vor allem gegen den Vietnamkrieg gerichtete Protestsongbewegung der 1960er Jahre, für die Namen wie *Phil Ochs, Pete Seeger, Bob Dylan, Joan Baez* oder *Barry McGuire* stehen, mit der harmonischen Poesie der bunten Hippie-Generation zu einer kommerziell tauglichen und interpretatorisch perfekten Mischung zusammenzuführen. Und schließlich passte das Timing ihres Erscheinens dramaturgisch perfekt – ihr erst zweites gemeinsames Konzert fand nämlich im August 1969 auf den Kuhwiesen von Bethel statt – beim legendären *Woodstock-Festival* also!

Und mit drei Songs aus diesem Set, die 1971 auf dem Live-Album „Woodstock Two" veröffentlicht wurden, steigen wir musikalisch ein: zunächst das von *David Crosby* für seine bei einem Autounfall tödlich verunglückte Freundin Christine geschriebene „Guinnevere", gefolgt von *Stephen Stills'* „4 + 20", und schließlich dem „Marakesch Express" aus der Feder von *Graham Nash.*

CSN&Y: Guinnevere / 4 + 20 / Marakesch Express

Der Jubel der Woodstock-Besucher spricht für sich: Immerhin wohnten sie hier der Geburt der wohl bedeutendsten Supergroup des akustischen Folkrock bei! In meiner Sendung will ich die Wege der vier Individualisten, die – vielleicht mit

Ausnahme des Briten *Graham Nash* – ja durchaus als schwierige, höchst eigenwillige Charaktere gelten, anhand von Liveaufnahmen aus mehreren Jahrzehnten nachzeichnen, wobei *Neil Young* heute mal nicht im Fokus stehen wird – ihm hatte ich ja bereits eine komplette Sendung anlässlich seines 75. Geburtstages gewidmet (siehe Band 3 der LiveRillen-Buchausgabe ab S. 45). Bedauerlicher Anlass für diese Retrospektive ist nicht zuletzt der Tod von *David Crosby* im Januar dieses Jahres, der – wenn auch nicht ganz überraschend gekommen – so doch jegliche Spekulationen über eine mögliche Wiederbelebung des Quartetts auf ihrer 4-Way-Street obsolet macht. Doch beginnen wir ganz am Anfang – also tief in den 1960er Jahren mit ebenjenem *David Crosby*. Der 1941 in Los Angeles Geborene galt schon in jungen Jahren als rebellisch, flog mehrfach von der Schule und war bei Polizei und Justiz kein Unbekannter.

Als Gitarre spielender Teenager stieß er auf den inzwischen maßgeblich von der New Yorker Greenwich-Village-Szene geprägten Folk und gründete gemeinsam mit *Roger McGuinn* und *Gene Clark* die *Byrds*. So nannte sich das durch *Chris Hillman* und *Michael Clarke* komplettierte Quintett ab 1964. Die *Byrds* elektrifizierten als erste Band der Rockgeschichte den Folk, schon bevor *Bob Dylan* beim *Newport Folk Festival* 1965 für einen Eklat sorgte, als er seine Akustik-Gitarre gegen eine Fender Stratocaster tauschte und mit dieser musikalischen Unabhängigkeitserklärung eine ganze Generation verstörte, wie kürzlich im *Rolling Stone* [105] zu lesen war.

Bei den *Byrds* klangen die *Bob-Dylan*-Titel, die zunächst einen beträchtlichen Teil des Repertoires ausmachten (man denke etwa an „Mr. Tambourine Man"), ja durchaus gefällig – mehrstimmiger Satzgesang, getragen von der sphärischen 12-Saiter von *Roger McGuinn* und insgesamt etwas schaumgebremst. Kein Vergleich zur aggressiven Spielweise der *Paul Butterfield Blues Band*, mit der *Dylan* die traditionellen Folkies dann in Monterey verprellte.

Zurück zu den *Byrds*. Die veröffentlichten bis 1967 fünf LPs, auf denen sich nun auch *David Crosby* zunehmend als Songschreiber profilierte, was zwangsläufig zu Spannungen mit *Roger McGuinn* und *Gene Clark* führte, die auch schon mal in Handgreiflichkeiten ausarten konnten.

Gene Clark stieg 1966 bei den *Byrds* aus; der Tourstress war ihm wohl zu viel geworden. Im Herbst 1967 erklärten die Rest-*Byrds* auch *David Crosby* zur unerwünschten Person, nachdem dieser beim *Monterey Popfestival* einfach mal bei *Buffalo Springfield*, der mit den *Byrds* durchaus konkurrierenden Band von *Stephen Stills* und *Neil Young*, mitgespielt hatte.

---

[105] Vgl. https://www.rollingstone.de/bob-dylan-newport-folk-festival-legendaere-konzerte-2264021/.

Leider existieren aus der frühen *Byrds*-Zeit mit *David Crosby* keine Liveaufnahmen. Erst das neunte Album [106] der personell stark veränderten Band kam sozusagen hybrid daher – drei der vier Plattenseiten enthielten Liveaufnahmen, die vierte war mit Studiomaterial ergänzt worden, das die neue Besetzung, zu der außer *Roger McGuinn* nun *Gene Parsons, Clarence White* und *Skip Battin* gehörten, 1970 eingespielt hatte. Im Live-Teil findet sich mit „Eight Miles High" immerhin ein Stück, an dem *David Crosby* maßgeblich beteiligt war – der Titel war 1966 zunächst auf einer EP der Band erschienen und zählt mit seinen indischen und jazzigen Anklängen zu den Wegbereitern des *Psychedelic Rock*. Mitkomponist *Gene Clark* behauptete zwar, die titelgebende Höhe von acht Meilen bezöge sich allein auf seine Abneigung gegen das Fliegen; dennoch landete der Song aufgrund vermuteter Anspielungen auf Drogenerfahrungen auf dem Index zahlreicher US-amerikanischer Radiostationen.

Darüber sind wir heutzutage erhaben – hier ist der gut viertelstündige Livemitschnitt des großartigen Songs, der vor allem die musikalische Handschrift von *David Crosby* trägt.

The Byrds: Eight Miles High

Als es im Jahr 2000 mal wieder zu einer der kurzzeitigen Wiedervereinigungen von *Crosby, Stills, Nash & Young* kam, hatten sie „Eight Miles High" in einer Folk-Version auch in ihr Liverepertoire integriert.
Die Zeit nach den *Byrds* nutzte *David Crosby* zu verschiedenen Aktivitäten. So produzierte er das erste Folk-Album der Kanadierin *Joni Mitchell*, schrieb Songs für befreundete Bands wie *Jefferson Airplane* und musizierte hin und wieder mit den schon erwähnten *Buffalo Springfield*, einer Band, die *„möglicherweise das Pech (hatte), ihrer Zeit zu weit voraus zu sein"* [107], wie *Siegfried Schmidt-Joos* in seinem Rocklexikon feststellt. *Stephen Stills, Neil Young, Richie Furay, Bruce Palmer* und *Dewey Martin* verschmolzen in ihren Konzerten Country und Folk mit Western-Balladen und Rock'n'Roll zu einer ganz eigenen stilistischen Mischung, die rauer war als der sehr harmonische *Byrds*-Sound und insgesamt durch die häufigen Stilwechsel gerade im Konzert eine größere Wucht entfaltete. Allerdings waren auch die Spannungen der beiden Alpha-Tiere *Stills* und *Young* nicht zu übersehen – es gab Handgreiflichkeiten auf der Bühne, und *Neil Young* blieb des Öfteren

---

[106] …bzw. das zehnte, wenn man die frühe „Greatest Hits"-Ausgabe von 1967 mitzählt…
[107] RL, Band 1, S. 149 (siehe allgemeine Quellenangaben am Schluss des Buches).

unentschuldigt den Auftritten fern – in Monterey hatte das ja zur erwähnten Aushilfe durch *David Crosby* geführt.

Von *Buffalo Springfield* sind nur wenige Liveaufnahmen erhalten geblieben – darunter aber auch ein Mitschnitt jenes Festivalauftritts in Monterey im Sommer 1967, bei dem *David Crosby* spontan für den abwesenden *Neil Young* eingesprungen war. Daraus jetzt die beiden *Stephen-Stills*-Nummern „Rock & Roll Woman" und „Bluebird" – *Buffalo Springfield* live und unter kräftiger Mithilfe von *David Crosby*.

Buffalo Springfield: Rock & Roll Woman / Bluebird

Dass sich die Musiker der reichen kalifornischen Szene auch gern mal durchmischten, ist allerdings kein Geheimnis – Personalwechsel und Gastauftritte waren bei vielen Bands sozusagen die Regel.
2017 veröffentlichte das Label *Live On Vinyl* einen Konzertmitschnitt vom Dezember 1970 aus dem *Matrix* in San Francisco. *David Crosby* musizierte an diesem Abend gemeinsam mit dem Gitarristen *Jerry Garcia* an der Pedal Steel, dazu dem Bassisten *Phil Lesh* sowie *Mickey Hart* am Schlagzeug und damit einem Großteil der *Grateful Dead*-Musikerkommune, die in dieser Zeit gerade für das studentische Publikum der Westküste zu den einflussreichsten Acts gehörten. Ausgewählt habe ich „Laughing", ein elfminütiger, nachdenklicher Song mit einer interessanten Entstehungsgeschichte: *David Crosby* schrieb ihn für sein erstes Solo-Album, das dann 1971 unter dem ironischen Titel „If I Could Only Remember My Name" erschien, als Reaktion auf ein Gespräch mit *George Harrison*, der ihm

begeistert seine inspirierende Begegnung mit dem indischen Guru *Maharishi Mahesh Yogi* geschildert hatte. *Crosby* war diese kritiklose Faszination eher suspekt, und so kommt er im Songtext zu dem Schluss, dass die einzige Person, die die Wahrheit kenne, ein Kind sei, das in der Sonne lacht [108]. Bei der Studioaufnahme, die schon im Oktober 1969 erfolgt war, hatten ihn bereits die genannten *Grateful-Dead*-Musiker unterstützt – zudem sang

---

[108] Vgl. https://www.songfacts.com/facts/david-crosby/laughing.

dort *Graham Nash* die zweite Stimme, und am Ende steuerte sogar *Joni Mitchell* noch ein paar gesungene Worte bei. Pikantes Detail am Rande: Die blonde Szene-Muse *Mitchell* war zu dieser Zeit mit *Graham Nash* auch privat verbunden, nachdem sie zuvor mit *David Crosby* liiert gewesen war.
Hier nun das meditative Lächeln eines Kindes – *David Crosby* live im Dezember 1970.

David Crosby: Laughing

Auch wenn sich manche wundern mögen, dass *David Crosby* angesichts seiner jahrelangen Drogen- und Alkoholprobleme überhaupt so alt geworden ist, ist sein nun endgültiges Verstummen doch höchst bedauerlich. In einem Interview im Jahr 2018 sagte *Crosby* noch, er frage sich oft selbst, wie er seine verbleibende Lebenszeit nutzen solle. *„Ich meine, dass ich Musik machen sollte, denn das ist wirklich der einzige Beitrag, den ich leisten kann. Die Welt ist in einem sehr traurigen Zustand, die Menschen brauchen Aufmunterung – und Musik ist eine Aufmunterung!"* [109] Diesem Anspruch, der heute ebenso wie vor fünf Jahren gilt, ist der Mann mit dem markanten Schnauzer jedenfalls bis zum Schluss treu geblieben.
Nun aber zum Titelgeber dieser LiveRillen-Ausgabe – der Liveplatte „4Way Street", die *Crosby, Stills, Nash & Young* noch im Jahr 1970 unmittelbar nach ihrem Studio-Debüt „Déjà Vu" veröffentlichten. Beide Platten – von den Fans nach dem Woodstock-Erfolg sehnsüchtig erwartet – verkauften sich millionenfach und katapultierten das Quartett unmittelbar auf den Olymp der populären Musik; selbst Kritiker-Vergleiche mit den *Beatles* fehlten nicht, und auch *Siegfried Schmidt-Joos* lobt ihre *„raffinierte(n) Songgebilde voll geschickter Tempowechsel, überraschender Breaks, Chorus-Variationen und komplizierter Zwischenstrophen"* [110].
Dafür jetzt einige Beispiele, und zwar ganz demokratisch von jedem der vier Protagonisten eine Komposition: zunächst „The Lee Shore" von *David Crosby*, dann *Stephen Stills'* Ohrwurm „Love The One You're With"; „Teach Your Children" – ein kluges und versöhnliches Plädoyer zum wechselseitigen Verständnis der Generationen von *Graham Nash* – sowie das ermutigende „Don't Let It Bring You Down" von *Neil Young*. Geniale Sternstunden des Folkrock,

---

[109] GoodTimes 2/2023, S. 66.
[110] RL, Band 1, S. 235.

eingefangen bei Konzerten im Jahr 1970 und als Tonspuren auf der vierspurigen Straße für die Nachwelt konserviert im klingenden Vinyl.

CSN&Y: The Lee Shore / Love The One You're With / Right Between The Eyes / Don't Let It Bring You Down

Bereits 1972 trennte sich das Quartett allerdings wieder, da jeder der Vier auch eigene Projekte verwirklichen wollte und durch die gute Vernetzung der US-amerikanischen Musikszene insbesondere an der Westküste dazu auch stets geeignete Mitstreiter fand – zumindest für begrenzte Zeit. Dass es dennoch immer wieder zu Reunions von *CSNY* kam, zeigt, dass die wechselseitigen Gravitationskräfte der vier Egomanen durchaus wirksam blieben. So taten sich etwa *David Crosby* und *Graham Nash* für einige Zeit zusammen, um ihre Songs gemeinsam zu präsentieren, was uns Gelegenheit gibt, den einzigen Briten des Quartetts etwas genauer zu betrachten.

Geboren wurde *Graham Nash* 1942 in Blackpool. Bereits als Teenager spielte er Folkblues mit seinem Schulfreund *Allan Clarke*, und zu Weihnachten 1963 gründeten sich aus diesen Anfängen heraus *The Hollies*, die in den 1960er Jahren zu einer der wichtigsten Formationen der so genannten British Invasion wurden und zeitweise mehr Songs in den Charts platzieren konnten als die *Beatles* und die *Stones* zusammen. An den frühen Erfolgen der ersten fünf *Hollies*-Jahre hatte *Graham Nash* als Songschreiber (hier häufig unter dem Pseudonym L. Ransford), aber auch als versierter Gitarrist und markanter Sänger hohen Anteil. Allerdings genügten ihm die mitunter doch etwas simplen *Hollies*-Harmonien a la „Bus Stop", „Carrie Ann" oder „On A Carousel" auf Dauer nicht, doch da seine Bandkollegen ihr kommerziell erfolgreiches Konzept nicht durch kompositorische Experimente gefährden wollten, nutzte *Graham Nash* seine bereits bestehenden Kontakte zur nordamerikanischen Folkrock-Szene und stieg 1968 während einer US-Tour der Hollies aus. *David Crosby* und *Stephen Stills* – beide gerade ohne aktuelle Bandprojekte – empfingen den Briten mit offenen Armen, und die erste gemeinsame Platte des Trios enthielt mit dem bereits beim Woodstock-Auftritt erwähnten „Marrakesh Express" bereits einen veritablen Hit aus der Feder von *Graham Nash*. Unverständlich, warum dieser Song auf keiner der weiteren Liveplatten auftaucht, die ich unter Beteiligung von *Graham Nash* im Regal stehen habe – das sind immerhin acht an der Zahl.

Nach der Komplettierung des Quartetts durch *Neil Young* blieb *Nash* als Komponist präsent, aber doch zunächst eher im Hintergrund, sodass der Wunsch, sein eigenes Material selbst zu veröffentlichen, verständlich ist – 1971 und 1973

erschienen gleich zwei Solo-Platten von *Graham Nash*, und die Single „Chicago" aus dem ersten Album wurde ein echter Hit.
Bevor ich dazu komme, hören wir zwei Titel aus der erwähnten Zusammenarbeit mit *David Crosby*, die 1977 auf einer wunderbaren Live-LP dokumentiert ist. Im Hintergrund der beiden Frontmen sind übrigens illustre Musiker am Werk, so der Schlagzeuger *Russ(el) Kunkel*, der als Sessionmusiker so ziemlich alle namhaften Folk- und Singer/Songwriter-Größen von *Jackson Browne* und *Joni Mitchell* über *Harry Chapin, Neil Diamond, Bob Dylan* und *Glenn Frey* bis zu *Carole King, Bob Seger, James Taylor, Joe Walsh* oder *Steve Winwood* begleitet hat. Dazu der ebenfalls äußerst gefragte Studio-Gitarrist *Danny Kortchmar*, der kürzlich verstorbene Multiinstrumentalist *David Lindley* (hier an der Geige), der Keyboarder *Craig Doerge*, der unter anderem auch mit *James Taylor* gearbeitet hat, und schließlich der langjährige *James-Brown*-Bassist *Tim Drummond*. Von der im Zusammenspiel dieser Hochkaräter entstandenen Konzertplatte „Crosby-Nash Live" hier zunächst „Simple Man" – ein selbstironischer Song von *Graham Nash*; danach das von *David Crosby* verfasste und auch gesungene „Foolish Man", in dem er sich fühlt wie ein hilfloses Kind, das nicht versteht, was um ihn herum passiert.

Crosby & Nash: Simple Man / Foolish Man

Für einige der erfolgreichsten und bekanntesten Stücke von *Crosby, Stills, Nash & Young* ist *Graham Nash* verantwortlich – „Teach Your Children", „Our House" oder „Wasted On My Way" stammen aus seiner Feder. 1971 erschien seine erste Solo-LP, mit einigem Understatement „Songs For Beginners" betitelt. Darauf „Chicago", das im optimistischen Schlusschor „We Can Change The World" gipfelt. Zwei Jahre später folgte mit „Wild Tales" eine weitere Solo-Platte. Im Vorjahr hat *Graham Nash* in Eigenregie ein Album veröffentlicht, für das er 2019 beide Studioplatten in vier Shows aufführte, begleitet von einer siebenköpfigen Band, die von seinen langjährigen Weggefährten, dem Gitarristen *Shane Fontayne* sowie *Todd Caldwell* an den Keyboards, geleitet wurde. Die Kritik bescheinigte dem noch immer schlanken Senior mit dem weißen Haupthaar: *„aus seiner Musik spricht pralle Lebenserfahrung, und die siebenköpfige Band musiziert brillant"* [111].

---

[111] Stereo, Juli 2020; zitiert nach: https://www.jpc.de/jpcng/poprock/detail/-/art/graham-nash-graham-nash-live/hnum/10896460.

Davon können wir uns gleich überzeugen, wenn „Chicago / We Can Change The World" erklingt. Zuvor noch ein weiteres Beispiel für das politische Engagement des Briten, der 1979 gemeinsam mit Stars wie *Jackson Browne, Bonnie Raitt, James Taylor* oder *Bruce Springsteen* eine Konzertreihe gegen Nukleartechnik unter dem Namen *Musicians United for Safe Energy (MUSE)* organisierte, von der unter dem Titel „No Nukes" auch ein Dreifach-Live-Album erhältlich ist, das ich anlässlich des 40. Jahrestages dieses Großereignisses in den November-LiveRillen 2019 ausführlich vorgestellt habe (vgl. Band 2 der LiveRillen-Buchausgabe ab S. 22). Aus diesem Konzert spiele ich passenderweise *Bob Dylans* „The Times Are A-Changin'", gemeinsam dargeboten von *Graham Nash*. Schließlich ist der Kampf um eine nichtnukleare Zukunft heute aktueller denn je – und so engagieren sich Künstler schon vor über 40 Jahren für den notwendigen gesellschaftlichen Wandel.

James Taylor, Carly Simon und Graham Nash (No Nukes): The Times They Are A-Changin'
Graham Nash: Chicago / We Can Change The World

„All die Dinge, für die wir standen, dass Liebe besser ist als Hass, dass Frieden besser ist als Krieg, dass wir uns um unsere Mitmenschen kümmern müssen, weil das alles ist, was wir auf diesem Planeten haben – diese Dinge sind auch heute noch wahr. Ich muss wissen, dass ich etwas in die Welt gebracht habe, das positiv und nicht negativ war" [112] – Selbstaussagen von *Graham Nash*, die für sich sprechen...

An Ehrungen für den inzwischen 81 Jährigen mangelt es ebenfalls nicht – obwohl er seit langem die US-Staatsbürgerschaft besitzt, ernannte ihn Königin Elizabeth 2010 zum *Officer of the Order of the British Empire*, und gleich zwei Mal wurde er in die *Rock and Roll Hall of Fame* aufgenommen – zunächst gemeinsam mit *Crosby* und *Stills*, dann 2009 auch noch mit den *Hollies*. Dass er nebenher begeisterter Fotograf ist und ein Verfahren zum hochwertigen Druck von digitalen Bildern entwickelt

---

[112] https://www.jpc.de/jpcng/poprock/detail/-/art/graham-nash-graham-nash-live/hnum/10896460.

hat, rundet das facettenreiche Bild des engagierten Künstlers und Menschen *Graham Nash* ab, der noch in diesem Monat (Mai 2023) mit „NOW" ein neues Studioalbum herausbringen wird – nach eigenen Worten *„das persönlichste Album, das ich je gemacht habe".* [113]

Nun will ich aber auch noch *Stephen Stills* würdigen, um nicht nur das einseitige Bild des streitsüchtigen und narzisstischen Egomanen stehen zu lassen. Der 1945 geborene Texaner war und ist zweifellos ein großartiger Songschreiber und zudem ein begnadeter, stilistisch höchst variabler Gitarrist, was er nach dem mitverschuldeten Ende von *Buffalo Springfield* zunächst 1968 in den legendären Supersessions mit *Al Kooper,* dem Keyboarder von *Blood, Sweat & Tears,* nachdrücklich unter Beweis stellen konnte. Der *Rolling Stone* listet *Stephen Stills* 2003 auf Platz 28 der hundert weltbesten Gitarristen aller Zeiten; knapp zehn Jahre später reichte es immerhin noch zu Platz 47! Sein Songwriting bescherte dem Trio mit *Crosby* und *Nash* bzw. dem durch *Neil Young* komplettierten Quartett einige Sternstunden *"hochqualitativer Rock-Folklore"* [114], wie es *Siegfried Schmidt-Joos* ausdrückt – man denke nur an die "Suite: Judy Blue Eyes", die er für seine Lebensabschnittsgefährtin *Judy Collins* schrieb, an "Carry On" oder "49 Bye-Byes". In diesen zumeist ja recht kurzlebigen Quartett-Phasen wurde seine Exzentrik durch das fundierte Selbstbewusstsein seiner drei Mitstreiter ausgebremst; in den längeren Solo-Phasen dazwischen machten ihm vor allem Drogen und Alkohol schwer zu schaffen, und auch der Versuch, Anfang der 1970er Jahre mit *Manassas* ein eigenes Bandprojekt zu realisieren, war nur von kurzer Dauer, wenngleich die Hinterlassenschaft der hochkarätig besetzten Band (unter anderem waren der ex-*Byrds*-Gitarrist *Chris Hillman* und der texanische Studiomusiker *Al Perkins,* der als einflussreichster Dobro-Spieler der Folkrock-Szene gilt, mit von der Partie) absolut überzeugt.

1975 veröffentlichte *Stephen Stills* auf *CBS* dann ein interessantes Live-Album, dessen A-Seite mit Band aufgenommen war, während sich *Stills* auf der B-Seite rein akustisch präsentierte. Beides hat seinen Reiz, wie an den ausgewählten Beispielen hörbar wird – zunächst kommt mit "Wooden Ships" einer seiner bekanntesten Songs in der Band-Version, danach "Change Partners" als akustischer Take.

---

[113] Zitiert nach: GoodTimes, 2/2023, S. 7.
[114] RL, Band 2, S. 892.

Stephen Stills: Wooden Ships / Change Partners

Der Workaholic bleibt bis ins hohe Alter aktiv. 2013 veröffentlicht der fast Siebzigjährige mit "Can't Get Enough" ein lupenreines Blues-Rock-Album, das er gemeinsam mit dem Gitarristen *Kenny Wayne Shepherd* und dem in Blueskreisen seit den späten 1950er Jahren als Legende gehandelten Keyboarder *Barry Goldberg*, der schon an den Supersessions mit *Al Kooper* mitgewirkt hatte, unter dem Bandnamen *The Rides* eingespielt hat. In den US-amerikanischen Charts erreichte die Platte Platz 42; in Deutschland kam sie sogar bis auf Platz 15, *„was für jeden der drei Hauptbeteiligten als Solo-Künstler die höchste Chart-Platzierung in Deutschland überhaupt bedeutete"* [115]. In den separat geführten US-amerikanischen Blues-Charts kam das Album – ebenso wie der 2016 erschienene Nachfolger "Pierced Arrow" – sogar auf Platz 1. Und im Folgejahr stand *Stephen Stills* dann erstmalig mit der einstmals heftig umworbenen *Judy Collins* für eine US-Tour auf der Bühne, um das gemeinsam eingespielte Album "Everybody Knows", das im September 2017 erschienen ist, zu promoten. Was für eine beeindruckende künstlerisch-kreative Energie, die nicht zuletzt in der doppelten Mitgliedschaft in der *Rock and Roll Hall of Fame* ihre Würdigung fand: 1997 kam er sowohl als Mitglied von *Buffalo Springfield* als auch von *Crosby, Stills & Nash* zu dieser Ehre – er ist damit der einzige Musiker, der am selben Abend gleich zwei Mal in die Ruhmeshalle des Rock eintreten durfte. Zudem wurde er im Juni 2009 auch in die *Songwriters Hall of Fame* aufgenommen.

Dass *Stephen Stills* seine 2007 öffentlich gewordene Krebserkrankung nach einer im Folgejahr durchgeführten Operation überwunden hat, sei ebenfalls erwähnt. Die fragile Konstante in seinem musikalischen Schaffen war aber zweifellos die ebenso komplizierte wie kreative Zusammenarbeit mit *David Crosby, Graham Nash*

und *Neil Young*, die im Laufe der Zeit zahlreiche Neubelebungen und erneute Brüche erfuhr. Eines dieser denkwürdigen Konzerte fand am 18. November 1989 – neun Tage nach dem Fall der Berliner Mauer! – in der großen Versammlungshalle der Vereinten Nationen in New York statt. Angekündigt waren *Crosby, Stills & Nash*, doch überraschend tauchte dann auch noch *Neil Young* auf der Bühne auf und stärkte seinen Kollegen den Rücken. Von dieser Konzertplatte spiele ich zunächst das

---

[115] https://de.wikipedia.org/wiki/Stephen_Stills.

idyllisch-harmonische „Our House", geschrieben von *Graham Nash*, gefolgt von seinem „House Of Broken Dreams", das wie eine späte Relativierung der Idylle klingt: *„Leben in einem Haus zerbrochener Träume, / Wo Schatten andere Schatten an die Wand werfen, / Und Erinnerungen sind Berge, die es zu erklimmen gilt, / Wohl wissend, dass jeder dabei abstürzen kann".*
Der Song erschien offiziell übrigens erst 1990 auf der hochgelobten LP „Live It Up" des Trios.

Crosby, Stills & Nash: Our House / House Of Broken Dreams

Zwei Stunden des Erinnerns an *Crosby, Stills, Nash & Young* gehen damit ihrem Ende entgegen; der Tod von *David Crosby* hat leider jegliche Hoffnung auf eine Wiedervereinigung des legendären Quartetts zunichte gemacht. Den Schlusspunkt setzt das Trio *Crosby, Stills & Nash* mit einem Konzertmitschnitt aus dem Jahr 1985 aus dem *jfk Stadium Philadelphia* mit der von *Stephen Stills* geschriebenen „Suite: Judy Blue Eyes". Ausschnitte dieses Konzerts wurden als Zugabe auf der vierten Plattenseite des Doppelalbums „The California Hungerton Benefit 1988" mitgeliefert, das 2016 bei *Parachute Recordings* erschienen ist. Und wer sich jetzt beschwert, dass *Neil Young* in dieser Ausgabe zu kurz weggekommen ist – ihm war ja die November-Sendung 2020 anlässlich seines 75. Geburtstages komplett gewidmet, nachzulesen im Band 3 der LiveRillen, die man in jeder Buchhandlung bestellen kann.

Die nächste LiveRille im Juni stellt ein Instrument der populären Musik mit unverwechselbarem Sound in den Mittelpunkt: die Hammond-Orgel und einige ihrer herausragenden Protagonisten von *Jon Lord* über *Edward Hardin* und *Lee Michaels* bis *Don Airey* oder *Robin Piso*. Hier zum Abschluss für heute *Crosby, Stills & Nash* mit ihrem Hohelied auf die Folk-Ikone *Judy Collins...*

Crosby, Stills & Nash: Suite: Judy Blue Eyes

Quellen:

- Buffalo Springfield: Live 1967, LP, 1960s Records Limited, Rhythm & Blues
- The Byrds: (Untitled), Do.-LP, Columbia, 1970
- David Crosby (with Jerry Garcia, Phil Lesh and Mickey Hart): Live At The Matrix, December 1970, LP, LOV, 2017
- Crosby & Nash: Live, LP, ABC, 1977
- Crosby, Stills & Nash: Live At United Nations General Assembly Hall, WXRK NYC. November 18 1989, LP, STEMRA, o.J.
- Crosby, Stills, Nash & Young: 4 Way Street, Do.-LP, Atlantic, 1970
- Crosby, Stills, Nash & Young: Live Broadcast 1970, LP, Laser Media, o.J.
- Crosby, Stills, Nash & Young (with Jackson Browne & J.D. Southern): The California Hungerton Benefit 1988, Do.-LP, Parachute, 2016
- Graham Nash: Live (Songs For Beginners / Wild Tales), Do.-LP, Proper Records, 2022
- Stephen Stills: Live, LP, Atlantic, 1975
- No Nukes – From The Muse Concerts For A Non-Nuclear Future, 3-LP, Asylum, 1979
- Woodstock Two, Do.-LP, Atlantic, 1971

Index der Bands, Musiker und Stichworte

(nur Hauptnennungen – bitte jeweils auch die Folgeseiten beachten)

Adams, Bryan	87
American Folk Blues Festival	114
Anderson, Eric	51
Aswad	94
Average White Band	73
Baez, Joan	36, 116
Barrelhouse	55
Beach Boys, The	10
Beatles, The	5
Beck, Jeff	13
Beverly, Frankie	71
Big Country	97
Big Mama Thornton	113
Big Twist & The Mellow Fellows	71
Black Sabbath	38
Bland, Bobby	93
Bloomfield, Mike	25
Bogle, Eric	33
Bonamassa, Joe	76, 85
Brandos, The	41
Branduardi, Angelo	50
Brown, James	64
Bryant, Danny	78
Buffalo Springfield	36, 90, 153
Burnham, Charles	46
Byrds, The	152
Cale, J.J.	95, 96
Cash, Johnny	133
City	35
Clapton, Eric	25
Clark jr., Gary	58
Clayton, Lee	129
Collins, Albert	54
Collins, Judy	86
Coltrane, Chi	124
Commander Cody And The Lost Planet Airmen	93

Commodores	70
Concerts for the People of Kampuchea	9
Creedence Clearwater Revival	37
Cress, Curt	146
Crosby, David	152
Crosby, Stills, Nash & Young	151
Crossroads Festival	15, 25, 58, 82, 129
Curved Air	47
Davis, Spencer	141, 143
Deep Purple	80, 143
DeWolff	82
Doldinger, Klaus	144
Donovan Philipp Leitch	36
Doors, The	37
Dylan, Bob	25, 35, 60, 62, 152
East Of Eden	48
Ely, Joe	135
Escovedo, Pete	26
Evans, Margie	114
Faces, The	14
Fairport Convention	50, 119
Fitzgerald, Ella	112
Flack, Roberta	72
Flairck	50
Fleming, Joy	115
Foreigner	77
Four Tops, The	68
Franklin, Aretha	66, 112
Frumpy	115
Gaye, Marvin	70
Gazich, Michele	51
Gentle Giant	49
Gov't Mule	84
Graham, Bill	22, 55
Grateful Dead	154
Hardin, Eddie	141, 143
Harris, Emmylou	120
Hart, Beth	85
Haynes, Warren	84
Heartbreakers, The	59
Hendrix, Jimi	139

Hodgkinson, Colin	111, 142
Hollies, The	156
Ike & Tina Turner	66
Iron Butterfly	91
It's A Beautiful Day	52
Jacksons, The	69
Jefferson Airplane	52
Joel, Billy	40
Joplin, Janis	113, 125
Journey	23, 26
Keen, Robert Earl	136
King, B.B.	93
King, Carole	86, 121
King Crimson	47
Kooper, Al	25, 159
Korner, Alexis	142, 145
Kristofferson, Kris	132
Lennon, John	29, 42
Lightnin' Hopkins	54
Lindenberg, Udo	116
Live Aid Festival	60
Mas, Carolyne	123
Maze	71
McCann, Susan	120
McCartney, Paul	5
McDonald, (Country) Joe	31
McLauchlan, Murray	92
McLaughlin, John	23
Melanie (Safka)	117
Mey, Reinhard	99
Miles, Buddy	21
Mitchell, Joni	118
M.-Jones-Band	35
Molly Hatchet	38
Monterey Popfestival	37, 45, 66, 90, 152
Moore, Gary	39
Morse, Steve	80
Mp3	124
Nash, Graham	156
Nelson, Willie	7, 127
New Barbarians, The	17

No Nukes	158
O'Jays	68
Oldfield, Sally	122
Passport	144
Paul Butterfield Blues Band	91, 152
Paxton, Tom	32
Peter, Paul & Mary	32
Petty, Tom	58
Plastic Ono Band	29
Ponty, Jean-Luc	44
Previn, Dory	121
Rainbow Concert	14, 73
Redding, Otis	66
Reed, Lou	124
Richie, Lionel	70
Rockestra	9
Rockpalast	41, 82, 94
Rolling Stones, The	13, 16
Ross, Diana	72
Rumpf, Inga	115
Saint-Marie, Buffy	36
Sanders, Rick	49
Santana, Carlos	20
Seeger, Pete	32
Seekers, The	117
Simon, Carly	122
Soft Machine	49
Spencer Davis Group	141
Stewart, Rod	14
Stills, Stephen	159
Stocks	95
Superdrumming	147
Supremes, The	72
Taylor, James	86, 121
Temptations, The	68
Third World	93
Toto	83
Trout, Walter	78
Tubes, The	8
Ulmer, James Blood	46
U.K.	48

Urban Heroes	41
Van Zandt, Townes	137
Vaughan, Stevie Ray	138
Vega, Suzanne	123
Wader, Hannes	33, 103
Wecker, Konstantin	107, 146
Weinhold, Jutta	116
Williams, Hank	130
Williams, Hank Jr.	131
Williams, Lucinda	120
Wilson, Brian	10
Wings, The	8
Winwood, Steve	142
Withers, Bill	69
Wood, Ron	13
Woodstock Festival	20, 30, 91, 116, 118, 151
York, Pete	111, 141
Young, Neil	151
Zenit	95

Inhaltsverzeichnis

Noch 'ne Rille vorneweg	03
No. 51: Paul McCartney | Brian Wilson | Ronnie Wood	05
No. 52: Carlos Santana wird 75	20
No. 53: Give Peace A Chance – Songs Against War	29
No. 54: Hot Strings – die Violine in der populären Musik	44
No. 55: Eiskalter Blues und heißer Country-Folkrock	54
No. 56 Soul Music – Wenn die Seele singt	64
No. 57: Ein rundes Dutzend – Mein Konzertjahr 2022	76
Sonder-LiveRille: Meine Top-Erwerbungen 2022	90
No. 58: Mey, Wader, Wecker – Das deutsche Liedermacher-Triumvirat	99
No. 59: Famous Female Voices	112
No. 60: Staubtrocken? Country und Blues aus dem Süden der USA	127
No. 61: Superdrumming – der Herzschlag des Rock	141
No. 62: Unterwegs auf der vierspurigen Straße: Crosby, Stills, Nash & Young	151
Index der Bands, Musiker und Stichworte	163
Inhaltsverzeichnis	168
Nachsatz	169
LiveRillen live – eine musikalische Lesung	170
Im Schatten großer Brüder – eine musikalische Lesung	171
Raum für Notizen	172

Nachsatz

Für meine Recherchen habe ich unter anderem die folgenden Quellen genutzt:

- Barry Graves/Siegfried Schmidt-Joos/Bernward Halbscheffel: Das neue Rocklexikon. 2 Bände, Hamburg, 1998 (Zitate als RL gekennzeichnet)
- Frank Laufenberg: Rock- und Pop-Lexikon. 2 Bände, Düsseldorf, 1995
- Frank Laufenberg: Pop Diary. Daten, Fakten, Geschichten, 2 Bände, München, 1995
- Manfred Langner: Beat-Lexikon. Vom Mersey-Beat bis zum Bubblegum – Die Sound-Invasion der Sixties, Berlin, 1999
- Thomas Jeier: Das neue Lexikon der Country Music. München, 1992
- Jürgen Wölfer: Lexikon des Jazz. München, 1993
- Ca. 200 weitere Musikbücher, Broschüren und Zeitschriften (z. B. „GoodTimes") sowie aktuell ca. 1200 Live-Alben in meinem Regal
- Tagespresse
- Wikipedia (deutsch/englisch)
- Diverse Band- und Fan-Websites im Internet

Nicht auszuschließen in der Darstellung sind natürlich objektive Fehler oder Ungenauigkeiten. Ich freue mich deshalb über jegliche Hinweise und Korrekturen unter der Mailadresse LiveRillen@gmx.de! Danke an Michael Bäuerle…!

Die im Text geäußerten Bewertungen sind rein subjektiv. Das mag mancher ganz anders sehen – okay! Vielleicht bieten die LiveRillen euch und Ihnen aber Anregungen, sich mit den genannten Künstlern, Bands und Konzertereignissen erneut und vertiefend auseinanderzusetzen. Die meisten Platten sind in guten Second-Hand-Geschäften und/oder im Internet erhältlich; viele Mitschnitte sind zudem auf diversen Audio- und Videoplattformen zu finden.

Nicht zuletzt möchte ich alle am Thema Interessierten einladen zu meiner monatlichen Rundfunksendung **LiveRillen** auf **Radio Corax**, UKW 95,9 (Raum Halle/Leipzig) sowie weltweit im Netz unter **https://radiocorax.de/** - jeweils **am ersten Freitag des Monats von 16 bis 18 Uhr** sowie als Wiederholung **am dritten Sonntag desselben Monats von 12 bis 14 Uhr**. Jeweils 12 Sendemanuskripte erscheinen zudem in leicht bearbeiteter Form als Buch. All das ist kein Ersatz für den livehaftigen Konzertgenuss, wohl aber eine mögliche Ergänzung.

In diesem Sinne: *„Let's listen to the music – and let's talk about it!"*

LiveRillen live – eine musikalische Lesung

Unterhaltsame Ausflüge in die livehaftige Geschichte der populären Musik der vergangenen sechs Jahrzehnte, angereichert durch humorvolle Anekdoten, interessante Fakten, verborgene Zusammenhänge und lebendigen Zeitgeist – das ist das Konzept der „LiveRillen", die ich als Rundfunksendung im Frühjahr 2018 „erfunden" hat. Seither stelle ich monatlich zwei Stunden lang thematisch ausgewählte Konzertereignisse aus sechs Jahrzehnten auf dem nichtkommerziellen Lokalsender Radio Corax vor, der im Raum Magdeburg/Halle/Leipzig auf UKW 95,9 sowie natürlich weltweit im Netz zu empfangen ist. So entsteht eine ganz besondere Sicht auf die Musik – sozusagen aus der Bühnenperspektive, die auch den aufschlussreichen Blick hinter die Kulissen ermöglicht. Das alles wird so aufbereitet, dass keineswegs nur Musikexperten auf ihre Kosten kommen, sondern daraus ein die Generationen verbindendes Vergnügen wird!

Der Erfolg der Sendung hat mich 2021 dazu bewogen, die überarbeiteten Sendemanuskripte nach und nach in Buchform zu veröffentlichen.

Und nun kommt der nächste Schritt: **Die livehaftige Lesung der LiveRillen!**

Die Veranstaltung ist für Bibliotheken und Literaturhäuser, Schallplattengeschäfte und Musik-Stores, Buchhandlungen und Lesebühnen konzipiert, dauert ca. 90 bis 100 Minuten und kann gern durch eine Pause unterbrochen werden.

Das Publikum darf übrigens selbst bestimmen, welche LiveRillen-Themen während der Lesung vorgestellt werden. Und in jeweiligen Kurzfassungen erklingen dann auch die dabei erwähnten Musiktitel – ganz authentisch so, wie sie auf Vinyl verewigt sind. So wird die Kulturgeschichte eines guten halben Jahrhunderts nacherlebbar, und für viele Zuhörerinnen und Zuhörer dürfte dies verbunden sein mit Erinnerungen an ihre eigene Jugend!

Anfragen zu Terminen und Konditionen bitte an:

Prof. Dr. **Paul D. Bartsch**
Klausbergstraße 4
06114 Halle (Saale)
Mail: LiveRillen@gmx.de
Web: www.zirkustiger.de

Musikalische Lesung mit Paul Bartsch:
Im Schatten großer Brüder

Die DDR im Frühjahr 1970. An der Erweiterten Oberschule einer Kleinstadt im real existierenden Provinz-Sozialismus liefert der *Deutsche Soldatensender* den Soundtrack des freien deutschen Jugendlebens. Man diskutiert gelangweilt die Schlagzeilen des *Neuen Deutschland*, begeistert sich für grüne Gurken im Februar und erwartet die Trapo-Streife im Zug wie ein ungeschriebenes Gesetz.
Da bringt das Gerücht, die englische Beatgruppe *The Hollies* werde demnächst in Ostberlin gastieren, Thomas Mertin und seinen Freund Maikel auf die Idee, selbst eine Combo zu gründen. Zunächst scheint alles ganz einfach: Mitstreiter sind schnell gefunden, aus Ideen entstehen eigene Titel, und Frauke, der Schwarm der ganzen Schule, wird sie singen. Auch mit der FDJ kann man sich arrangieren, wie es scheint. Doch dann versetzt ein Zufall den Apparat in Wallung, und was die Jugendlichen anfangs eher amüsiert, verstrickt sich rasch zu einem gefährlichen Netz, in dem nicht mehr klar ist, wer da an welchen Fäden zieht...
Dazu erklingen Songs der damaligen Zeit *(The Hollies, James Taylor, Cat Stevens...)* und eigene Lieder von Paul Bartsch aus mehr als drei Jahrzehnten: Bluesige Kommentare & poetische Legenden von Niederlagen & Aufständen. Da geht es um Freundschaft und Vertrauen, um verpasste Momente und späte Einsichten, um die Träume der Kindheit, verblichene Weggefährten, den Frost und den Frühling, Schiffbruch und Bergnot, um die vergehende Zeit und vor allem um das, was uns davon bleiben sollte.
Daraus wird: Ein höchst unterhaltsames literarisches Konzert voll komischer Tragik, Humor und Poesie!

Paul D. Bartsch:
„Große Brüder werfen lange Schatten"
BoD Norderstedt, 2023 (3. Auflage)
(ISBN 978-3-73473-353-6)

Kontakt/Anfragen gern per Mail:
zirkustiger@gmail.com

Raum für Notizen

MIX
Papier aus verantwortungsvollen Quellen
Paper from responsible sources
FSC® C105338